EM BUSCA DA PEDAGOGIA DA Infância

B975 Em busca da pedagogia da infância : pertencer e participar / Organizadoras, Tizuko Morchida Kishimoto, Júlia Oliveira-Formosinho. – Porto Alegre : Penso, 2013.
216 p. : il. ; 23 cm.

ISBN 978-85-65848-69-5

1. Educação. 2. Educação infantil. I. Kishimoto, Tizuko Morchida. II. Oliveira-Formosinho, Júlia.

CDU 373.2

Catalogação na publicação: Ana Paula M. Magnus – CRB 10/2052

Tizuko Morchida Kishimoto
Júlia Oliveira-Formosinho
Organizadoras

EM BUSCA DA PEDAGOGIA DA Infância

Pertencer e Participar

penso

2013

Gerente editorial: *Letícia Bispo de Lima*

Colaboraram nesta edição

Editora: *Lívia Allgayer Freitag*

Capa: *Fabiano Candido* – Arte-finalização: *VS Digital*

Ilustração de capa: *Lia da Glória da S. Lopes*

Preparação de original: *Adriana Sthamer Gieseler*

Leitura final: *Lara Frichenbruder Kengeriski*

Editoração eletrônica: *Formato Artes Gráficas*

SÃO PAULO
Av. Embaixador Macedo Soares, 10.735 – Pavilhão 5 – Cond. Espace Center
Vila Anastácio – 05095-035 – São Paulo SP
Fone (11) 3665-1100 Fax (11) 3667-1333

SAC 0800 703-3444 – www.grupoa.com.br
IMPRESSO NO BRASIL
PRINTED IN BRAZIL
Impresso sob demanda na Meta Brasil a pedido de Grupo A Educação.

Autores

Tizuko Morchida Kishimoto (Org.) – Pós-doutora em Educação pela Université Paris 13, França, e pela Gakuguei Daigaku University, Japão. Doutora e Mestre em Educação pela Universidade de São Paulo (USP). Pedagoga. Especialista em Brinquedos e Brincadeiras e Formação de Professores de Educação Infantil. Professora Titular da Faculdade de Educação da USP (FEUSP). Coordenadora do Laboratório de Brinquedos e Materiais Pedagógicos (LABRIMP) e do Museu da Educação e do Brinquedo (MEB) da FEUSP.

Júlia Oliveira-Formosinho (Org.) – Doutora em Estudos da Criança pela Universidade do Minho, Portugal. Professora da Universidade Católica Portuguesa (UCP) e Professora Aposentada da Universidade do Minho. Vice-presidente da Associação Criança. Diretora do Centro de Investigação em Pedagogia da Infância da Associação Criança. Membro da Direção da Associação Europeia de Investigação em Educação de Infância (European Early Childhood Education Research Association, EECERA).

Idméa Semeghini-Siqueira – Pós-doutora em Educação pela Université Paris 13, França. Doutora em Linguística pela USP. Professora de Graduação e Pós-graduação da FEUSP. Coordenadora do Grupo de Pesquisa "Diversidade Cultural, Linguagem, Mídia e Educação" e do Laboratório de Leitura e Expressão Criadora da FEUSP.

João Formosinho – Doutor em Educação pela University of London, Reino Unido. Professor do Instituto de Estudos da Criança da Universidade do Minho, Portugal. Presidente do Conselho Científico-Pedagógico da Formação Contínua. Presidente da Associação Criança. Membro da EECERA.

Joaquim Machado – Doutor em Educação pela Universidade do Minho, Portugal. Professor Auxiliar Convidado da UCP. Membro do Conselho Científico--Pedagógico da Formação Contínua.

Manoel Oriosvaldo de Moura – Doutor em Educação pela USP. Mestre em Ensino de Ciências e Matemática pela Universidade Estadual de Campinas (Unicamp). Licenciado em Matemática pela USP. Livre-docente e Professor Titular da FEUSP. Coordenador do Grupo de Estudos e Pesquisas sobre a Atividade Pedagógica da FEUSP.

Marcos Garcia Neira – Pós-doutor em Educação Física pela Unicamp e em Currículo pela Universidade do Minho, Portugal. Doutor e Mestre em Educação pela USP. Livre-docente em Metodologia do Ensino de Educação Física pela USP. Professor de Metodologia do Ensino da FEUSP. Coordenador do Grupo de Pesquisas em Educação Física Escolar da FEUSP.

Mônica Appezzato Pinazza – Doutora e Mestre em Educação pela USP. Professora da FEUSP. Corresponsável pela coordenação do Grupo de Pesquisa "Contextos Integrados de Educação Infantil" e Coordenadora do Grupo de Estudos "Formação Profissional e Práticas de Supervisão em Contexto" da FEUSP. Coordenadora e Professora de cursos de formação contínua em serviço em parcerias realizadas entre a universidade e Secretarias Municipais de Educação.

Sumário

Apresentação

"Geralmente, a recusa de uma gramática pedagógica com nome é uma porta aberta para a adoção, por defeito, da pedagogia sem nome nem rosto do autor anônimo do século XX." Esta frase encerra o capítulo de Júlia Oliveira-Formosinho publicado em livro organizado por ela e mais duas autoras desta obra, há alguns anos.[1] Qual a ligação dessa afirmação com o conceito de pedagogia participativa proposto em seu capítulo neste livro e qual o eixo comum partilhado com as contribuições dos demais autores aqui reunidos?

Para o público brasileiro, parece importante tentar evidenciar os nexos entre essas posições, devido à natureza das polêmicas que têm prosperado nos meios educacionais, especialmente no que se refere aos modelos pedagógicos propostos para a educação infantil.

Com efeito, as críticas aos modelos identificados com as pedagogias transmissivas ou tradicionais parecem ter dado impulso a uma rejeição a qualquer tentativa de formulação de modelos pedagógicos alternativos. Toda a esperança passa a ser depositada na capacidade de construção de projetos pedagógicos por parte das equipes de educadores das unidades, quando não das professoras de turmas, de forma autônoma e isolada. Nesse movimento, as características do contexto histórico, social e cultural das redes educacionais e de seus profissionais no Brasil de hoje não parecem ser levadas em conta: aponta-se para um ideal desejado, sem que se tenha clareza de como construir um caminho que conduza até ele.

---

1 OLIVEIRA-FORMOSINHO, J.; KISHIMOTO, T. M.; PINAZZA, M. A. (Org.). *Pedagogia(s) da infância:* dialogando com o passado, construindo o futuro. Porto Alegre: Artmed, 2007.

Este livro sugere algumas pistas para uma reflexão crítica sobre esses impasses. Voltando às duas posições mencionadas, a que afirma a necessidade de uma "gramática pedagógica" e aquela que propõe uma "pedagogia-em-participação", é necessário admitir, para que possam ser coerentes, que essa pedagogia também necessita de uma "gramática", de um modelo de organização dos espaços, dos tempos, dos materiais, das pessoas, que forneça um suporte e consista, ao mesmo tempo, em uma condição para que essa pedagogia aberta e participativa aconteça.

Na ausência de um modelo que sirva de andaime para a construção de um ambiente em que crianças e adultos possam ter voz e ser ouvidos, que oportunize e estimule a criação e o florescimento das cem linguagens cantadas pela poesia de Malaguzzi, o alerta sobre a tendência à reprodução da pedagogia anônima de um passado ainda próximo deve ser seriamente considerado.

Para quem assim denominou uma pedagogia de tipo tradicional ou transmissiva, o autor anônimo é identificado com a estrutura burocrática que sustentou os sistemas escolares públicos, desde sua formatação como ensino compulsório, baseada em mecanismos hierarquizados de controle que deveriam operar de forma impessoal e uniforme em todos os níveis de decisão, conforme mencionam Formosinho e Machado. As características desse modelo são conhecidas: um mestre que ensina conteúdos escalonados de forma sistemática a grupos de alunos da mesma idade, organizados em espaços e tempos baseados na unidade "aula". A direção da ação vai do mestre ao aluno, todos realizam as mesmas tarefas ao mesmo tempo, a disposição das salas e do mobiliário indica a posição que cada um deve ocupar no ambiente, sendo reservado ao mestre um lugar que claramente indique sua autoridade e poder de condução das atividades: o estrado mais alto, a mesa maior e voltada para as fileiras de carteiras onde se sentam os alunos, o quadro negro próximo, a porta da sala ao seu lado.

Porém, no caso da educação infantil, especialmente da creche, seria importante considerar um outro autor anônimo, vindo de uma área situada fora da burocracia educacional original. Trata-se da área da assistência e da filantropia, própria daquelas instituições voltadas para a infância considerada abandonada, para as crianças da extrema pobreza. Para elas, foram criadas instituições destinadas a protegê-las, alimentá-las, banhá-las e inculcar-lhes "bons hábitos". Essa é uma tradição que ainda permanece viva e se reproduz com mais vigor onde se encontra ausente algum modelo pedagógico alternativo, com autoria e gramática própria. Diferentemente da lógica da burocracia weberiana, este é um padrão ancorado nos vínculos pessoais, na relação favor-gratidão, no controle que se exerce por vias que dispensam a transmissão de conhecimento, na focalização dos serviços em alguns grupos sociais que escapam das situações consideradas normais em uma sociedade. Saem os livros e cadernos padronizados, os globos terrestres, os mapas e enciclopédias e entram os berços enfileirados, as "linhas de montagem" para a alimentação, a higiene e o banho, os longos períodos de sono compulsório e de ócio, a criança sem voz e sem direito ao movimento e a posição subalterna reservada às famílias.

Como desconstruir esses modelos que, como se fossem fantasmas sem nome, continuam a se fazer presentes para contingentes infantis cada vez mais numerosos?

Sobre alguns dos caminhos possíveis nesse percurso de superação e de construção de modelos alternativos é que tratam os capítulos reunidos neste livro. Rotas já percorridas e refletidas há algum tempo, outras apenas se iniciando, todas elas na mesma procura, embora em estágios diversos de suas buscas.

Não tratam apenas da educação infantil, mas também dos primeiros anos do ensino fundamental, em que hoje já se encontram muitas crianças menores de 7 anos. De diferentes maneiras, os textos chamam a teoria – e a história – para fundamentar suas posições, estabelecendo mediações muitas vezes desconhecidas ou desconsideradas nas polêmicas que vicejam na área educacional.

Esse é o caso da revisão realizada por Kishimoto sobre as interfa-ces entre o brincar e o letramento na infância. A autora traz resultados de estudos, na maioria internacionais, que investigaram o papel de atributos identificados por Piaget e Vygotsky nas brincadeiras infantis – "imaginação, categorização, regras, envolvimento/prazer, mediações culturais, liberdade de ação e agência/decisão da criança" – no processo de letramento. Uma primeira característica relevante que se mostra como condição favorecedora para o desenvolvimento do letramento, da mesma forma como motiva os jogos de papéis, é a qualidade do ambiente e dos materiais. Outro atributo comum ao brincar e ao letramento é o envolvimento da criança, "[...] que leva à concentração e à perseverança [...]",[2] condição para a aprendizagem

[2] LEAVERS, F. Deep learning: an exemplary application on the area of physical knowledge. *European Early Childhood Education Research Journal*, v. 1, n. 1, p. 53-67, 1993.
OLIVEIRA-FORMOSINHO, J. Pedagogia(s) da infância: reconstruindo uma práxis de participação. In: OLIVEIRA-FORMOSINHO, J.; KISHIMOTO, T. M.; PINAZZA, M. A. (Org.). *Pedagogia(s) da infância:* dialogando com o passado, construindo o futuro. Porto Alegre: Artmed, 2007. p. 13-36.

significativa. Análises sobre a atividade de contar histórias e as narrativas infantis revelam também a presença de características comuns aos processos lúdicos: categorização, mediação, agência da criança. O contexto da cultura infantil, que incorpora elementos da cultura popular nas brincadeiras e narrati-vas – por exemplo, personagens de programas de TV ou de *games* eletrônicos –, aparece como aspecto importante em diversos estudos, alguns deles realizados no Brasil; esses são elementos que deveriam estar contemplados nos processos de letramento e que merecem ser mais bem pesquisados, como indica a autora.

Essas diversas articulações que podem ser encontradas entre o brincar e o letramento fundamentam diversas propostas pedagógicas, como na educação infantil italiana, no currículo High Scope, nas escolas nórdicas e japonesas, que propõem organizações do espaço e do tempo, assim como modelos de intervenção do adulto favorecedores tanto do brincar quanto do letramento.

Este último é um traço que merece ser salientado, pois nem o desenvolvimento do brincar, nem os processos de letramento prescindem da presença atenta e ativa do adulto no ambiente da creche ou da escola, para que ocorram de forma a envolver todas as crianças e ajudá-las a se abrirem para todas as suas potencialidades.

Ao recuperar as origens históricas de conceitos básicos da matemática, Moura descreve seu desenvolvimento a partir de referências concretas que presidiam transações entre indivíduos em culturas da antiguidade até o ponto em que se transformaram em conceitos abstratos, aplicáveis a qualquer objeto ou situação. Seu argumento é que entender esses nexos entre o concreto e o abstrato não constitui um processo natural, no sentido de ser espontâneo na criança, mas sim que se trata de uma aprendizagem que precisa ser por ela construída, com apoio em recursos pedagógicos dispostos de forma intencional pelo adulto e interagindo com ele e com o grupo. Seus exemplos mostram como, em situações que propiciam essa aprendizagem significativa, as crianças descobrem alguns dos nexos entre quantidades e suas notações gráficas que as sociedades antigas levaram centenas de anos para consolidar.

O acompanhamento de turmas de alunos de 6 anos no 1º ano do ensino fundamental de uma escola que atende funcionários de uma universidade paulista leva Semeghini-Siqueira a constatações importantes, que agregam algumas hipóteses a essa linha de argumentação. Com efeito, a autora descreve como, para uma parcela significativa de alunos, o processo de alfabetização apresenta dificuldades maiores do que para outros. A conduta adotada pela escola, de oferecer a esses alunos horários extras para atividades de reforço, sugere que mais tempo e maior assistência do professor seriam necessários para eles experienciarem de forma mais positiva os primeiros passos no aprendizado da leitura e da escrita, nesse início do ensino fundamental. O capítulo suscita dúvidas a respeito das características da programação das pré-escolas frequentadas por esses alunos, pois todas as crianças das classes avaliadas tinham passado pela educação infantil, mas não houve pesquisa sobre essas escolas. Teriam algumas crianças, mais do que outras, tido acesso a ambientes e atividades que favorecessem o letramento? Parece que somente as distinções de origem familiar não chegam a explicar todas as diferenças constatadas entre os resultados de aprendizagem dos alunos. De qualquer forma, o estudo relatado aponta para direções semelhantes àquelas sugeridas no capítulo sobre a aprendizagem de matemática: enfatizar a construção do conhecimento pela criança, de forma significativa, não equivale a esperar que conceitos complexos e com grau crescente de abstração sejam dominados de forma natural ou espontânea, sem que haja uma intencionalidade que se expresse em uma determinada pedagogia, que ressalta a importância da ludicidade nas atividades de oralidade, leitura e escrita.

O desconhecimento de muitos professores sobre o desenvolvimento infantil e sobre as diversas culturas da infância fazem falta no planejamento de atividades que tenham significado para as crianças, como revelam as observações sobre aulas de educação física no primeiro ano da escola discutidas no capítulo de Neira. Ao contrapor situações em que foram propostas abordagens mais participativas na organização de jogos com as crianças, o autor mostra como, na interação com o adulto e nas negociações entre as crianças, é possível obter resultados positivos, assim como maior inclusão e envolvimento de todos nas atividades. O papel do professor mostra-se fundamental nesse processo, pois é ele que atua como mediador junto às crianças, levando o próprio grupo a encontrar soluções para os impasses que ocorrem durante o planejamento conjunto e a realização das atividades.

No capítulo de Neira, assim como no de Pinazza, surge outro elemento importante: a atuação de profissionais externos à classe ou à escola na orientação ao educador que trabalha diretamente com as crianças. Neira apenas sugere uma interação desse teor em seu capítulo; no relato de Pinazza, ao contrário, esse tipo de intervenção é o foco da experiência analisada. A abordagem cooperativa adotada em um trabalho de assessoria a uma unidade de educação municipal em São Paulo permite desencadear um processo de revisão de práticas educativas que se encontravam estratificadas e, até certo ponto, naturalizadas aos olhos dos educadores. A observação e a reflexão coletiva proporcionadas pela intervenção da pesquisadora da universidade levam os educadores a, gradativamente, adquirir uma visão mais crítica sobre suas práticas, o que lhes permite dar os primeiros passos para sua desconstrução, em direção a uma pedagogia mais aberta ao protagonismo infantil. O contato com o grupo de pesquisa da universidade cria situações desafiadoras que induzem à superação do isolamento e à aceitação do novo.

As falas dos professores envolvidos nesse processo de formação continuada revelam os limites que foram superados no percurso descrito pela autora: "a gente fazia e não conseguia entender", "eu aprendi a consultar livros, coisa que eu não tinha o hábito", "era tudo assim... vai na valsa". Ainda que muitos problemas continuem a ser identificados na unidade, os depoimentos revelam que os professores conseguem reconhecê-los e se sentem motivados a enfrentá-los. Superadas as primeiras resistências e desconfianças, o estilo de trabalho participativo, que consegue evidenciar as relações entre os novos conhecimentos e a prática no contexto da unidade, ganha corações e mentes: "eu percebo que é uma troca", "forma uma aliança", "porque eu acho que hoje eu não sou a mesma pessoa, não sou mesmo!".

Essas são algumas das características comuns ao modelo de formação continuada proposto na Pedagogia-em-Participação, exposta no capítulo de Oliveira-Formosinho e Formosinho. A participação caracteriza as relações que se estabelecem tanto entre pesquisadores, assessores e professores quanto entre adultos e crianças, crianças e seus pares e profissionais e famílias. Descrevendo o modelo de ação, pesquisa e reflexão adotado na Associação Criança, em Portugal, os autores evidenciam o conhecimento construído a partir de uma experiência de muitos anos, desenvolvida em vários centros de educação infantil, a qual alcançou o grau de maturidade necessário à elaboração da síntese teórica apresentada no capítulo.

Nessa síntese, dois conceitos parecem ser estruturantes: a democracia e a participação. A democracia apresenta-se como "proposta ética", "simultaneamente um fim e um meio", como queria Dewey. A participação, que também supõe uma ética, inspira e sustenta as práticas desenvolvidas nessas experiências pedagógicas. A construção de uma prática reflexiva, partilhada por adultos e crianças, permite, de um lado, a "autovigilância profissional" sobre as ações educativas e, de outro, o protagonismo infantil na aprendizagem ativa e com sentido.

Os autores organizam a apresentação da Pedagogia-em-Participação, definindo sua sustentação teórica, seus eixos, as áreas de aprendizagem e as dimensões que organizam o ambiente educativo. Partem de uma opção ética e teórica, porém não se furtam a explicitar as articulações entre esses fundamentos e a organização prática que lhes confere concretude no cotidiano. Em cada uma das dimensões abordadas, o capítulo reafirma suas diferenças em relação ao modelo da "pedagogia transmissiva", o que recupera e reforça, a cada momento, a identidade da proposta apresentada.

Parece interessante trazer ao leitor algumas informações sobre as propostas pedagógicas adotadas nos centros de educação infantil onde se realizam as experiências mencionadas no capítulo. Como informam os mesmos autores, em outra publicação, "[...] os modelos curriculares que a Associação Criança tem como referência [...]" são: "[...] High/Scope, Movimento da Escola Moderna – MEM, Reggio Emilia, Trabalho de Projeto [...]".[3] Kishimoto[4] relata suas observações sobre duas turmas do Colégio D. Pedro V, em Braga, notando que "[...] a rotina segue os pressupostos do High Scope com as modalidades: pequenos grupos, grande grupo e planejar, executar e rever [...]". Esses modelos são utilizados de forma aberta, permitindo, por exemplo, que sejam desenvolvidos projetos sobre temas sugeridos pelas crianças, os quais caminham paralelamente às atividades cotidianas, sem serem tolhidos por elas, mas também sem a obrigação de preencherem todos os momentos ou ocuparem todas as crianças. Ao descrever o desenvolvimento de um projeto sobre as diferentes formas como a lua se apresenta no céu, interesse suscitado pelo relato de algumas crianças de um centro de educação infantil situado em Lisboa, parceiro da Associação Criança, Oliveira-Formosinho e Costa[5] observam, em uma passagem, que "[...] a rotina diária continua a possibilitar a tomada de decisões pessoais e grupais, o seu desenvolvimento e a sua apreciação [...]".

---

[3] OLIVEIRA-FORMOSINHO, J.; FORMOSINHO, J. A formação em contexto: a perspectiva da Associação Criança. In: OLIVEIRA-FORMOSINHO, J.; KISHIMOTO, T. M. (Org.) *Formação em contexto:* uma estratégia de integração. São Paulo: Pioneira Thomson Learning, 2002. p. 1-40.

[4] KISHIMOTO, T. M. Um estudo de caso no Colégio D. Pedro V. In: OLIVEIRA-FORMOSINHO, J.; KISHIMOTO, T. M. (Org.). *Formação em contexto:* uma estratégia de integração. São Paulo: Pioneira Thomson Learning, 2002, p. 153-201.

[5] OLIVEIRA-FORMOSINHO, J.; COSTA, H. Porque é que a lua é redonda e bicuda? In: OLIVEIRA-FORMOSINHO, J.; GAMBÔA, R. (Org.). *O trabalho de projeto na pedagogia-em-participação.* Porto: Porto, 2011. p. 83-123.

Tais referências parecem importantes para desencorajar interpretações sobre as abordagens participativas preconizadas para o currículo que levem a uma visão de que a participação possa ser construída sobre um vazio de fundamentos e uma ausência de modelos de organização do trabalho pedagógico. Como demonstram os relatos sobre as experiências orientadas pela Associação Criança, é justamente o fato de que as educadoras da infância sentem-se seguras e apoiadas por uma determinada organização do uso do espaço, do tempo e do trabalho cotidiano com as crianças que lhes permite avançar na direção da escuta mais atenta delas, de uma colaboração mais intensa com as famílias, da abertura de novas oportunidades de aprendizagem, participação e criação coletiva.

No Brasil, a formação inicial das professoras de crianças pequenas, seja no nível médio, seja no superior, dificilmente lhes proporciona o conhecimento sobre o rico legado de teorias e propostas de programas educativos para crianças pequenas revisitado no livro *Pedagogia(s) da infância: dialogando com o passado, construindo o futuro*.[6] Ao enfrentar suas primeiras experiências com turmas de educação infantil, tanto as professoras recém-formadas quanto as educadoras leigas que ainda aguardam uma oportunidade para se qualificar profissionalmente em geral só encontram, para apoiar sua prática, aqueles modelos sem nome que reproduzem posturas assistencialistas e/ou calcadas em uma pedagogia transmissiva tradicional. Mesmo que revestidas com novos conceitos e ideais – tais como cidadania, direitos da criança, gestão democrática, diversidade cultural –, as práticas não diferem muito do que sempre foram nas escolas destinadas ao povo. A essa realidade, os grupos de especialistas e intelectuais da educação contrapõem modelos pedagógicos inspirados em experiências reconhecidas internacionalmente como de alta qualidade; mas, na maioria das vezes, os cursos de formação não discutem, nem ensinam, os caminhos para construir experiências pedagógicas igualmente significativas, mas diversas, para nossa realidade.

Uma das respostas possíveis a esses impasses é o trabalho em parceria descrito em alguns dos capítulos que compõem este livro. São experiências em pequena escala, construídas ao longo de muitos anos. Ao final da leitura, sobram perguntas. Como difundi-las, para que ganhem em escala? Ou melhor: quais condições precisam estar presentes para

[6] OLIVEIRA-FORMOSINHO, J.; KISHIMOTO, T. M.; PINAZZA, M. A. (Org.). *Pedagogia(s) da infância:* dialogando com o passado, construindo o futuro. Porto Alegre: Artmed, 2007.

que se viabilizem? Quem deve se responsabilizar por garantir que tais condições sejam oferecidas a todas as crianças, e não apenas a algumas? Uma vez garantido esse patamar básico, como estimular as equipes a desenvolver um trabalho pedagógico significativo para elas, para as crianças, para suas famílias e para a sociedade? Questões desse teor não podem, é claro, ser respondidas apenas por escrito. Envolvem processos sociais complexos, interconectados a estruturas econômicas, políticas e sociais, marcadas por heranças históricas e culturais. Este livro procura dar sua contribuição para iluminar um caminho difícil, mas absolutamente necessário.

Maria Malta Campos
Pedagoga. Professora do Programa de Pós-graduação em Educação/ Currículo da Pontifícia Universidade Católica de São Paulo (PUC-SP).

Prefácio

Como resultado de contatos profissionais realizados, desde 1994, entre a Professora Doutora Júlia Oliveira-Formosinho (Universidade do Minho/Instituto de Estudos da Criança e Associação Criança) e a Professora Doutora Tizuko Morchida Kishimoto (Universidade de São Paulo/Faculdade de Educação), concebeu-se o projeto de pesquisa "Contextos integrados de educação infantil", em 2000, registrado no CNPq. Em torno desse projeto, constituiu-se uma rede de pesquisadores com coordenação geral da Professora Doutora Tizuko Morchida Kishimoto e o acompanhamento científico dos Professores Doutores João Formosinho e Júlia Oliveira-Formosinho.

A cooperação internacional entre a Faculdade de Educação da USP e a Universidade do Minho, em Braga, Portugal, vem se consolidando nos âmbitos da pesquisa acadêmica, da formação de professores de crianças de 0 a 10 anos e do acompanhamento de processos de intervenção em práticas educativas de unidades infantis vinculadas à rede municipal de São Paulo e a contextos infantis do Distrito de Braga, Portugal.

Nesse contexto, foi elaborado o Projeto Capes/Grices nº 143/05, sob o título "Infância – formação/pesquisa/intervenção – emergência das linguagens letramento/literacia", que foi a base para a elaboração do conteúdo deste livro, denominado *Em busca da pedagogia da infância: pertencer e participar.*

O projeto Capes/Grices investigou o segmento da infância (crianças de 0 a 10 anos) e a emergência das linguagens, letramento/literacia, integrando pesquisa, formação e intervenção. Desenvolvido no período de

2005 a 2006, com um ano de prorrogação, prolongou-se até setembro de 2008, em decorrência da agenda dos pesquisadores.

As atividades colaborativas entre Brasil e Portugal foram permeadas por propósitos e quadros teórico-metodológicos comuns, respeitadas as especificidades típicas de culturas de países irmanados pela língua, mas com sistemas educativos diversos.

Para implementar o projeto, as equipes foram coordenadas respectivamente, no Brasil, por Tizuko Morchida Kishimoto e, em Portugal, por Júlia Oliveira-Formosinho e João Formosinho.

O eixo que perpassa as intenções das duas equipes é a pesquisa de temáticas relacionadas à emergência das diversas linguagens, literacia/letramento na matemática, linguagem oral e escrita, movimento e multiculturalidade, brincar e aprender, por meio da formação do professor, da pesquisa e da intervenção nas escolas.

Brasileiros com missões em Portugal financiadas pela Capes atuaram em seis missões de trabalho de professores doutores, duas missões de pós-doutorado e três missões de estudo de doutorado sanduíche. Portugueses, com auxílio do Grices, realizaram no Brasil cinco missões de trabalho.

A produção dos capítulos do livro resulta desse trabalho de colaboração e incide sobre as pesquisas realizadas durante o período de vigência do programa.

Tizuko Morchida Kishimoto
Júlia Oliveira-Formosinho

1

Brincar, letramento[1] e infância

Tizuko Morchida Kishimoto

O letramento na infância tem sido tema polêmico, refletindo-se em eventos científicos, como no Congresso de Leitura do Brasil (COLE), realizado na Universidade Estadual de Campinas (Unicamp), em 2003, em que afloram diversas concepções sobre o mundo da escrita da pequena infância, e no XV Encontro Nacional de Didática e Prática de Ensino (ENDIPE), em Belo Horizonte, em 2010, que desnuda as convergências e tensões no campo da alfabetização e letramento. Esse embate aparece em publicações (Faria; Mello, 2005; Frade et al., 2010) que tratam da questão na ultima década. Afirmações de que não se pode alfabetizar crianças pequenas se contrapõem a outras que mencionam ser a alfabetização um processo que tem início desde o nascimento e a outras, ainda, que tratam a alfabetização como algo diverso do letramento.

Diante do problema, o presente capítulo pretende aprofundar a questão inserindo um novo elemento na educação do primeiro segmento da infância – o brincar, em decorrência das novas Diretrizes Curriculares Nacionais da Educação Infantil (Brasil, 2009), propor relações entre o brincar, as interações e o letramento. Essa tarefa exige a compreensão dos atributos que diferenciam o brincar de outros atos do cotidiano que contribuem para o letramento.

Se o brincar é um ato imaginário, com significações e raízes na cultura (Brougère, 1995, 2005; Corsaro, 2002; Geertz, 1989; Vygotsky, 1978, 1999), qual é seu papel na cultura da infância nos tempos atuais?

A cultura da infância (Kishimoto, 2007) relacionada com o objeto deste estudo inclui duas modalidades de brincadeiras: aquela construída conjuntamente pelo adulto e pela criança (Vygotsky, 1978, 1999) e a produzida entre crianças, conhecida como cultura lúdica ou cultura infantil, em que crianças de diferentes idades brincam juntas, reproduzem e recriam os artefatos e as expressões lúdicas veiculadas pela cultura (Corsaro, 2002).

As diferentes formas de expressar tais culturas dependem dos valores que a sociedade assume, do peso da cultura e da história, resultando na diversidade dos sistemas adotados pelos países na condução da educação da primeira infância (Rayna; Brougère, 2000). Para o nosso estudo, adota-se um dos novos paradigmas da contemporaneidade, que concebe a criança pequena, sua educação e o brincar como questões de qualidade e de direitos humanos (Dahberg; Moss; Pence, 1999; Woodhead, 2007), e as relações entre a educação e o letramento, na mesma perspectiva internacional dos direitos humanos (Farrell, 2009).

Neste capítulo, não se separa a alfabetização entendida como "[...] a ação de alfabetizar, tornar o indivíduo capaz de ler e escrever [...]" (Soares, 1998, p. 31) do letramento, pois ambos são interdependentes (Soares, 2004). Embora o significado de letramento tenha inúmeras interpretações, neste texto ele implica a ação de ensinar e aprender práticas sociais de leitura e escrita e envolve a identidade e agência do aprendiz na aquisição da linguagem, como comenta Soares (1998, p. 30): "[...] apropriar-se da escrita é tornar a escrita 'própria', ou seja, é assumi-la como sua 'propriedade [...]'". A tradução de *literacy* por letramento é atribuída a Mary Kato, em 1986, e será adotada neste livro.

A aproximação do brincar com o letramento requer explicações sobre como se aprende por meio do brincar. O debate em torno da dicotomia brincar-aprender referenda pedagogias em que ora a aprendizagem é o foco, eliminando-se o brincar, ora o brincar reina em terreno hegemônico. Tais orientações levam pesquisadores a produzir estudos para mostrar as especificidades do brincar e do aprender (Brougère, 1995, 2005, 2010a, 2010b; Christie, 2003, 2006; Dewey; Dewey, 1915; Fox, 2003; Fromberg; Bergen, 2006; Marsh, 2003; Moyles, 1989), contribuindo para esclarecer a natureza de cada um e propor caminhos para a inclusão de ambos nas práticas educativas.

O interesse em conectar o brincar ao letramento aparece em 1974 e amplia-se nos anos de 1990, inspirado pela valorização da infância e do letramento antes da escola. A conexão brincar-letramento torna-se tema de pesquisa no final do século XX e leva Christie e Roskos (2009) a identificar altos níveis de processos cognitivos, incluindo a imaginação, a categorização e a solução de problemas tanto no brincar como no letramento. Tais indícios foram reforçados pelos estudos de Pellegrini e Galda (1994), que sugerem a existência de categorias comportamentais aparentemente partilhadas entre as brincadeiras simbólicas e o letramento. Para Pellegrini (2007 apud Christie; Roskos, 2009), embora as teorias clássicas não expliquem como a atividade do brincar influencia o letramento, elas oferecem categorias comportamentais partilhadas por ambas, durante a imaginação, no pensamento narrativo e nas interações sociais, o que leva o presente estudo a investigar quais categorias o brincar e o letramento partilham em áreas importantes para a infância, como o jogo simbólico e de regras, o contar histórias e as narrativas infantis.

O objetivo do capítulo é compreender a relação entre o brincar e o letramento pesquisando estudos internacionais e nacionais para identificar categorias comuns em ambos os objetos de estudo. Foram utilizadas publicações internacionais e nacionais colhidas pela ferramenta Ludilib, alocada no Laboratório de Brinquedos e Materiais Pedagógicos da Universidade de São Paulo, que se estrutura sobre uma ontologia em que o brincar é o foco, com buscas em bibliotecas digitais abertas ao mundo. A rede de descritores possibilitou a localização, no período 30 de janeiro a 04 de fevereiro de 2011, de 65 estudos relacionados com os termos: literacia (57), alfabetização (4), oralidade (4) e letramento (3), que serviram para a construção deste capítulo.

Outra fonte incluiu sínteses de pesquisas internacionais sobre a temática (Baker, 2010; Hall; Larson; Marsh, 2003; Makin; Jones Diaz, 2005a, 2005b; Olson; Pahl; Rowsell, 2005; Torrance, 2009; Vanderbroek, 2005). Os estudos acadêmicos nacionais incluíram dissertações e teses da Capes do período de 2000 a 2009 e artigos publicados na base Scielo e em revistas especializadas (*Educação e Sociedade, Pesquisa e Educação, Cadernos de Pesquisa* e *Revista Brasileira da Educação*), no mesmo período.

Após a análise dos atributos comuns ao brincar e ao letramento, o tema de estudo será tratado em dois segmentos, com uso de referências predominantemente internacionais: 1. Brincadeiras de faz de conta, jogos de regras e letramento; 2. contar histórias, as narrativas infantis e o brincar. Em seguida, será efetuada a análise das publicações nacionais sobre a temática.

ATRIBUTOS DO BRINCAR E DO LETRAMENTO

Para Wittgenstein (1975) e Henriot (1983), o brincar tem significações distintas conforme o contexto em que se insere. Há um espírito do brincar em cada tempo e espaço (Sutton-Smith, 1986), e os significados e as regras da brincadeira têm origens sociais (Brougère, 1995; Corsaro, 2002) e histórico-culturais (Vygotsky, 1978, 1999).

Um dos grandes entraves para relacionar o brincar ao aprender (letramento) relaciona-se com as categorias da incerteza e da futilidade que predominam no brincar (Brougère, 2010b; Caillois, 1967; Huizinga, 1951; Kishimoto, 1996). Enquanto o brincar, ao depender da vontade e decisão do brincante, torna-se ato incerto, o aprender requer foco e busca sistemática de conteúdos a aprender. A futilidade, vista como algo que se opõe ao sério (Brougère, 2010b), cria dificuldades para processos de aprendizagem. O brincar visto como futilidade significa que posso pilotar um avião em um brincar sem consequências, em um mundo imaginário, que é diverso de ser piloto na realidade cotidiana, que requer um árduo treinamento para essa função, caso contrário há consequências sérias. Da mesma forma, posso brincar com cartelas de letras sem ter a preocupação de aprender a ler, mas simplesmente pelo prazer de fazer castelos de cartas. O brincar por não ter consequências (Bruner et al., 1976) cria desafios e encanta os brincantes. Apesar do brincar opor-se ao aprender, em várias situações, há um espaço privilegiado para o estabelecimento dessa relação: a escolha de contextos de educação informal (Brougère, 2005, 2010b; Kishimoto, 2011) ou contextos situados (Lave, 2001), dentro de comunidades de crianças que, ao expressar a cultura lúdica, ultrapassam a simples imitação e recriam (Corsaro, 2002). É nesse espaço que ocorre a aprendizagem, em um processo lúdico partilhado entre as crianças. Portanto, a relação entre o brincar e o letramento pode ocorrer em contextos situados em ambientes de educação informal, em que a emergência do letramento é potencializada por meio da organização de cenários, materiais e mediações de objetos, pessoas e artefatos culturais, sempre privilegiando a ação livre da criança.

Para o nosso estudo, selecionamos seis atributos do brincar para estabelecer a relação com o letramento: 1. imaginação ou representação de segundo grau; 2. ato regrado; 3. agência/decisão do brincante; 4. envolvimento, bem-estar e prazer; 5. natureza social e cultural; e 6. ato de natureza categorial que pode levar à solução de problemas.

Imaginação, categorização, regras, decisão/agência

Para a identificação dos atributos comuns entre o brincar e o letramento, serão utilizadas principalmente as contribuições das teorias de Piaget (1971) e Vygotsky (1978, 1999), por oferecerem forte base teórica para a investigação das relações entre o brincar e o letramento. Os atributos de imaginação, categorização, regras, decisão/agência merecem atenção neste segmento.

A liberdade de ação da criança é condição essencial da expressão lúdica. Sem ela, a cultura lúdica deixa de existir. Dela dependem a agência da criança, a tomada de decisão que possibilita o ingresso ou não no imaginário.

A imaginação, enquanto atributo simbólico, encontra-se na imitação (Piaget, 1971; Vygotsky, 1978, 1999). Para Piaget (1971), a criança atribui significados enquanto brinca, ou seja, categoriza ações e objetos em processos de assimilação durante as brincadeiras imaginárias. Pensar é categorizar, fazer inferências e resolver problemas (Bruner, 1973).

Para Vygotsky (1978, 1999), a situação imaginária é construída como atividade principal da fase pré-escolar, como uma das modalidades da atividade do ser humano no mundo social. Nos dois autores, a imaginação é o atributo mais importante no brincar, que requer a liberdade de ação e a decisão da criança para categorizar papéis imaginários, que são expressos durante a brincadeira. Segurar uma boneca nem sempre significa que se está brincando. O ato lúdico depende do ingresso no imaginário, da decisão da criança de a/o boneca/o representar algo, por exemplo, categorias da atividade do mundo social, como ser a/o filha/o, em uma brincadeira entre mãe/pai-filha/o. Para Piaget (1971), o brincar e o aprender dependem de processos de assimilação, tendo os mesmos atributos, e as regras dos jogos provêm da sociedade. No caso de Vygotsky (1978), o brincar depende de regulações provenientes de conteúdos e atividades do contexto social e cultural que define regras para seus usos, de precondições ditadas pelo contexto social para orientar o tipo de papel a desempenhar (Vygotsky, 1978). O que os autores mencionam é que todos os jogos possuem regras. Nas brincadeiras de faz de conta, predominam as regras implícitas e, nos jogos de xadrez ou amarelinha, as explícitas. Seguindo a trilha de Vygotsky, Bruner (1976) investiga a descoberta de regras na brincadeira interativa de esconder e achar, do bebê com o adulto, na qual se aprendem palavras como "cu-cu" e sequências de ações, em atos episódicos, que são contextuais. Quando o bebê descobre como funciona a brincadeira, ou domina a regra, ele inicia o brincar repetindo-o prazerosamente, recriando novas situações e aprende o uso da linguagem, no contexto situado da brincadeira interativa, com a mãe ou professora da creche.

O letramento, como prática social de aquisição de significados da linguagem verbal e não verbal, contempla um sistema linguístico que contém regras, estruturas e significações construídas em contextos situados (Makin; Jonez Diaz, 2005a, 2005b). A mente humana não se limita a reproduzir experiências do passado, mas é um órgão criativo, que elabora e recria elementos a partir de experiências passadas. "[...] A psicologia chama imaginação ou fantasia a esta atividade criadora do cérebro humano baseada na combinação [...]" (Vygotsky, 2003, p. 9), e Brougère (2005, 2010b) a denomina representação de segundo grau.

A imaginação como um ato do pensamento é fruto desse processo, que a criança usa para criar sua própria linguagem, ao manipular diferentes gêneros de textos, a partir de combinações de elementos de seu cotidiano, de criação de uma gramática que lhe possibilita compreender as situações no processo de aquisição da linguagem verbal e não verbal. Os desenhos infantis são exemplos do impacto da imaginação. As linguagens não verbais, como gestos, desenhos, sons, atualmente considerados textos multimodais, conhecidos como linguagens expressivas, são ressignificadas pelas crianças, com apoio das regras que elas aprendem do mundo da cultura (Kishimoto, 2010). Conforme avança em seu conhecimento, a criança pensa e categoriza as situações de seu cotidiano, em direção ao contexto real, utilizando as regras e os conteúdos provenientes do mundo que a cerca por meio de instrumentos mediadores e das relações e interações que estabelece com o mundo da cultura (Hall; Larson; Marsch, 2003).

A compreensão de que a aprendizagem do letramento é processo interno (Clay, 1991), que depende da decisão, da vontade e do interesse de cada criança, de sua agência, tem gerado perspectivas que valorizam a escuta da criança como ponto de partida da educação (Campos; Coelho; Cruz, 2006; Oliveira-Formosinho, 2008). A categoria da decisão/agência da criança aparece nos estudos de Rowe (1994), que descreve como os estudos piagetianos assumidos por Ferreiro e Teberosky (1985) utilizam a noção de agência ou tomada de decisão como categoria para explicar o funcionamento da mente e a aquisição de conhecimentos sobre o letramento. Essa categoria requer a liberdade de ação da criança e seu envolvimento e tem sido considerada parte do processo cognitivo e da produção de textos. A perspectiva construtivista dá a ideia de que as crianças estão construindo livremente seus próprios conhecimentos sobre a natureza do sistema de escrita. Elas constroem e testam hipóteses sobre seu grafismo (Ferreiro; Teberosky, 1985; Teale; Sulzby, 1986), não imitam o grafismo do ambiente e nem são espelhos dos adultos. As crianças tornam-se autoras quando criam mensagens com intenção de comunicar ou marcas, para se comunicar com outros que as compreendem. Assim, surgem as explicações sobre como a criança tem suas hipóteses sobre ortografia, pronúncia, aspectos grafofonêmicos da escrita, gêneros de escrita e organização semântica e sintática.

Os seguidores de Piaget (Ferreiro; Teberosky, 1985; Teale; Sulzby, 1986) mostram que a criança constrói o conhecimento sobre o letramento pelo processo de acomodação e assimilação enquanto interage com o ambiente. Perspectivas sociolinguísticas e socioculturais (Bodrova; Leong, 2006; Rowe, 2003) focalizam as interações sociais nesse processo, e Vygotsky (1978) ressalta que até o processo individual de agência é formado e formatado na interação com o mundo social e cultural. Algumas ponderações sobre a questão da agência da criança são postas por Rowe (2003), que adverte: se, na escrita, as crianças se apropriam de materiais culturais; com uso de outros sistemas semióticos como a fala, o desenho, os gestos e as brincadeiras dramáticas, há necessidade de expansão do significado de agência.

A noção de agência vista apenas do ponto de vista do processo individual da criança pode levar às práticas empobrecidas de educação infantil, considerá-la multimodal significa integrar processos individuais e sociais/culturais. Rowe (2003) propõe questões provocativas mostrando como as perspectivas cognitivas, culturais e semióticas proveem diferentes questões e dúvidas sobre a natureza da agência da criança, que começa com hipóteses da escrita convencionais e deixam de lado outros contextos, como o papel da família e da comunidade ou os textos multimodais.

No próximo segmento, serão apresentados atributos relacionados conjuntamente ao brincar e ao letramento como as mediações pela cultura material e imaterial e o envolvimento/prazer.

MEDIAÇÃO, ENVOLVIMENTO/PRAZER

Para Vygotsky (1999), é a mediação o conceito-chave que explica como conteúdos culturais estão na base da situação imaginária de pré-

-escolares ou nos jogos com uso de artefatos culturais, durante a transição para o ensino fundamental (Kishimoto et al., 2011).

Mediações podem ser feitas por relações sociais estabelecidas por sujeitos (crianças e adultos), ações sobre objetos (jogos e materiais) e artefatos culturais, como os signos e a linguagem que mobilizam o pensamento e geram representação simbólica (Cole, 1999; Daniels, 2003; Vygotsky, 1999) a partir de configurações materiais, como técnicas mnemônicas, sistemas de contagem, símbolos algébricos, obras de arte, esquemas, diagramas, mapas, desenhos; e psicológicas, como as funções psicológicas internas, conduzidas pela própria criança (Davydov, 1988). As sinalizações, marcas, códigos escritos e desenhos "[...] resultam de um complexo processo de desenvolvimento [...] que combina em si o natural e o cultural no comportamento da criança [...]" (Vygotsky, 1999, p. 9), ou seja, a brincadeira com uso de signos inclui, ao mesmo tempo, os interesses e as necessidades da criança e os elementos culturais e simbólicos provenientes da sociedade. Ao propiciar a progressiva transição de comportamentos que são reativos e impulsivos para os que são deliberados, Vygotsky abre as portas para que a situação imaginária, os papéis e as regras suplementem diferentes mecanismos para promover o desenvolvimento de comportamentos autorregulados, entre os quais os relacionados ao letramento. Pode-se enriquecer a linguagem oral ao prover novas palavras para descrever os personagens assumidos nos diferentes papéis e o que se pode dizer durante as brincadeiras. Ao criar cenários em que há materiais específicos para leitura e escrita, praticar a codificação e decodificação de mensagens, estabelecer correspondências entre sons e símbolos, voz e as palavras impressas, propicia-se a compreensão de diversidade de textos, preparando o caminho para a introdução de conteúdos e habilidades relacionados ao letramento (Bodrova; Leong; 2006; Kishimoto et al., 2011; Leong et al., 1999). Portanto, todo contexto de jogo e de letramento é, antes de tudo, mediado pela cultura. O que varia são as formas de intervenção: direta do adulto sem o respeito aos interesses da criança, ou indireta, por meio da cultura material ou presença de artefatos culturais (signos e linguagem) partilhados pelas crianças e adultos. Brincadeiras livres, embora possam parecer "livres" no sentido de condução da própria criança, têm o suporte da cultura material ou imaterial do próprio contexto em que brincam as crianças. É importante considerar a natureza contextual, de ações situadas que favorecem a aprendizagem tanto no brincar como no letramento e que depende de suportes materiais e imateriais (Daniels, 2003). Esse é o espaço privilegiado em que o brincar se cruza com o letramento.

Em relação ao prazer, pode-se encontrar esse atributo no brincar (Fromberg; Bergen, 2006; Piaget, 1971) e também na leitura ou narrativa, pela dimensão estética da produção de texto (Bakhtin, 1992). Embora nem todo brincar inclua o prazer, na relação entre o brincar e o letramento, esse atributo está presente. O brincar pode ser caracterizado como um fluxo, que surge e desaparece conforme a motivação do brincante (Cziksent-mihalyi, 1999). Esse fluxo leva ao envolvimento (Laevers, 1993, 1994, 2000; Laevers et al., 2005), outro aspecto relacionado ao brincar e ao letramento. Quando a criança brinca ou aprende, envolve-se com profundidade, investindo energia, concentração e atenção, manifestando criatividade e complexidade, resolvendo questões que surgem no processo, características que podem ser observadas em sua linguagem verbal ou não verbal.

Pascal e Bertram (2006, p. 187) descrevem a importância da oferta de "[...] experiências lúdicas de qualidade [...]" como um desafio para os profissionais da primeira infância, com base no brincar visto como veículo de aprendizagem. Os autores propõem um modelo de avaliação e melhoramento do brincar, incluindo um ciclo de avaliação, planejamento da ação, implementação e reflexão. Esse modelo, ao conceber a avaliação como processual, decorrente de análise de documentos, observação e entrevista com crianças, planejamento, implementação e reflexão, diferencia-se dos modelos de testes pré-fixados.

No próximo segmento, serão confrontados estudos que mencionam a relação entre as brincadeiras de faz de conta ou de regras e o letramento.

BRINCADEIRAS DE FAZ DE CONTA, JOGOS DE REGRAS E LETRAMENTO

A expressão de brincadeiras de faz de conta, com regras implícitas, parece criar espaço para a emergência do letramento. Essa perspectiva requer o distanciamento de práticas de salas vazias de recursos materiais ou totalmente preenchidas com mesas e cadeiras, uma vez que o ingresso no imaginário depende de ambientes que contenham objetos, cenários que possibilitem a expressão da brincadeira. Baquedano-López (2003) indica que crianças pequenas desenvolvem a linguagem e o letramento em brincadeiras espontâneas, especialmente com objetos como telefones. Nessa fase, a criança entra no imaginário, mobilizada pela visualização do objeto (telefone). Enquanto uma criança maior brinca de telefonar, usando gestos ou objetos substitutivos (bloco de construção), a menor precisa do objeto que conhece (telefone) como auxílio visual para o ato de telefonar. Portanto, nas salas de referência das crianças pequenas, os objetos e os cenários dão pistas para temas imaginários e desenvolvem a linguagem oral. Essa é a razão que justifica a presença de áreas de faz de conta, como a cozinha – contendo pratos, xícaras, talheres, panelas, colher de pau, fogão, pia –, que sugere ações de fazer comida, lavar louça, oferecer café, as quais levam à expressão do imaginário e são acompanhadas pela linguagem verbal e não verbal.

A categoria material dos textos multimodais representada pelos brinquedos, cenários e materiais diversos com envolvimento de arquitetos especializados pode ser vista na escola de educação infantil italiana (Ceppi; Zini, 1998), que valoriza ambientes educativos projetados para crianças. Tais ambientes educativos possibilitam a documentação pedagógica, ou seja, observação, registro e planejamento mediado pelo adulto com a anuência da criança (Dahberg; Moss; Pence, 1999). Essa modalidade de cultura material aparece também na abordagem curricular do High Scope, com áreas de aprendizagens contendo brinquedos e materiais estruturados (Hohmann; Weikart, 2004), nas escolas nórdicas, que estruturam as salas contendo brinquedos, aquário e materiais diversos, incluindo a área de carpintaria (Gunnarsson, 1998), e nas escolas japonesas, que disponibilizam brinquedos, blocos e tábuas de madeira, de tamanho gigante, para construções e brincadeiras imaginárias e condução dos projetos das crianças (Kishimoto, 1997). Em todas essas experiências pedagógicas, há sempre o espaço para o brincar livre, com cenários e materiais organizados e tempos para mediações dos adultos. A educação requer a organização de diferentes tempos e espaços, orquestrados por concepções sobre a criança e sua educação. Portanto, tais culturas imateriais e materiais possibilitam uma educação de qualidade, que requer a coexistência do tempo e espaço para o brincar livre e tempo e espaço para a orientação e mediação do adulto.

O ambiente estruturado, similar aos da casa e da comunidade, que se verifica em muitos países, visa encorajar a criança a incorporar atividades de letramento que já conhece em seus jogos simbólicos. Essa abordagem é discutida em 20 estudos relatados por Roskos e Christie (2000), em que se nota a forte presença de brincadeiras imaginárias e cenários que promovem atividades de letramento, que ajudam a criança a desenvolver habilidades, estratégias, linguagem oral e a compreensão da expressão oral e escrita. Tais estudos levam Makin (2003, p. 329) a indicar que "[...] o brincar sociodramático nas salas de educação infantil se torna de central importância na aprendizagem do letramento [...]" e, mesmo em currículos descontextualizados, se há espaço para brincadeiras simbólicas, há possibilidade de letramento.

Para Christie (2006), recursos como vinhetas de propaganda auxiliam na compreensão do uso funcional da impressão de imagens, letras e números e na experiência com as formas emergentes de letramento. O uso de cartazes como "proibido fumar", "silêncio – hospital" nas situações de faz de conta oferece contextos para a emergência do letramento, além de possibilitar relações sociais entre crianças na discussão de onde colocar sinalizações para o trem ou solicitar ajuda do professor sobre a escrita no contexto da ação. Tais processos mediacionais exploram as relações entre o letramento e o brincar sociodramático e sugerem que a natureza simbólica do jogo oferece às crianças oportunidades para o engajamento em práticas de letramento e, aos adultos, para a criação de andaimes para propiciar aprendizagens (Makin, 2003).

Em grande parte da educação infantil em vários países, incluindo o Brasil, não se utiliza, nas práticas de letramento, a cultura material e imaterial proveniente da cultura popular de cada família, fruto de escolhas pessoais de objetos, como pôsteres, caixas de lanche, computadores e jogos, acessórios, livros, pintura no corpo, mobiliário, cartas, rádio, alimentos e bebidas, artefatos para *role-play*, ritmos, piadas, *raps*, brinquedos, música, telefones móveis, roupas, sapatos, televisão, filme, vídeo, etc. (Marsh, 2003). Alguns ambientes podem ser ricos em textos impressos para alguns grupos e pobres para outros, que não veem a si nem as suas práticas de letramento aí refletidos. Para envolver as crianças, é preciso descobrir os saberes da cultura popular que trazem de casa. Em uma creche paulista, por exemplo, a pesquisadora notou que algumas professoras já dominam intuitivamente esse conceito, ao valorizar a cultura da casa das crianças. Uma criança de 2 anos é valorizada quando expressa sua identidade, quando canta e gesticula os movimentos de Lady Gaga, outra aponta, em um recorte de jornal, um bonequinho com chapéu de cangaceiro, nomeando a figura como "Casa Bahia", o ícone da propaganda de uma loja comercial, mostrando familiaridade com esse tipo de texto. Christie (2003) sugere a criação de ambientes de brincadeiras similares aos da casa e da comunidade da criança, para que ela utilize conhecimentos prévios para dar sequência ao letramento na creche/pré-escola, facilitando a transição da casa à escola.

A cultura material (Brougère, 1995) dos brinquedos pode ser vista em aspectos como formas, cores, texturas, decoração das casas, dos ambientes, preferências de objetos da mídia, CDs, vídeos, filmes e jogos (Mitchell; Reid-Walsh, 2002). A seleção de tais recursos deveria prever, além dos objetivos do projeto pedagógico, a cultura da instituição e a das crianças e suas famílias.

A importância de artefatos culturais expostos em museus leva Gee (2009) a comentar a relevância da visita a um museu e a discussão dos nomes e das réplicas dos dinossauros, a visualização e discussão das cartelas explicativas, o que inclui uma linguagem oral especializada, complexa, importante para o letramento. Essa característica é típica, também, de jogos de cartas como o *role-playing game* (RPG) ou o *videogame*. Jogos como Yu-Gi-Oh, sobre ninjas, tipos de cartas, atributos, níveis, poderes, são especificações complexas de linguagem que auxiliam o pensamento e o desenvolvimento do letramento. Programas da cultura popular similares ao Yu-Gi-Oh, em que a aprendizagem ocorre por meio da solução de problemas, oferecem aos jogadores forte identidade e podem ser analisados na perspectiva de "[...] um ciclo típico da ciência experimental e da prática reflexiva [...]" (Gee, 2009, p. 318), construídos em ciclos de levantar hipóteses, fazer provas, verificar resultados e refletir sobre os resultados para buscar melhores *performances*. Gee (2009) reitera a importância da abordagem de aprendizagem similar ao jogo, uma prática diferente do uso de testes com papel e caneta, para ir além do prazer e incluir a solução de problemas, para diminuir o fracasso escolar. Mesmo apontando a complexa e ainda pouco clara relação entre o brincar e o aprender, Brougère (2010a) mostra como o *videogame* leva à aprendizagem, uma vez que ocorre em contextos situados, em comunidades de prática de jogos entre crianças, constituindo-se no que se denomina a vertente da seriedade do jogo.

Autores como Freire (1984) enfatizam a relação entre a cultura popular, o letramento e a escolarização, mas continuam-se priorizando currículos padronizados e o "capital cultural" de grupos socioeconômicos, que marginalizam os capitais culturais de outros grupos. Em sua cultura popular, a criança, menino ou menina, brinca com super-heróis, espadas, Pokémon, Super Mario, Xuxa, bonecas, etc. Os jogos de computadores e os programas da Disney são muito apreciados pelas crianças e pouco valorizados pelos adultos, que os consideram de baixo valor educativo. A prática de ignorar a cultura popular da criança deixa de lado um rico acervo para dar sequência ao letramento da casa para a escola. A desconstrução dessa percepção propiciaria o letramento crítico e o aproveitamento dos interesses das crianças e da cultura popular, para, posteriormente, ampliar suas experiências (Kishimoto, 2010).

Ambientes ricos em textos impressos podem ser ricos para alguns grupos e pobres para outros que não veem a si nem as suas práticas de letramento refletidas no ambiente. Interações com os textos impressos podem enriquecer conhecimentos e desenvolver predisposições para ler e escrever, porém, marginalizam e desencantam crianças que não têm esse *habitus* (Bourdieu, 1989). Nesse caso, para envolver tais crianças, é preciso descobrir os saberes da cultura popular que já trazem de suas casas.

Textos não escolares – como desenhos, quadrinhos, mangás, Pokémon, etc. – são instrumentos não só de linguagem oral, mas de significações e comunicação e, embora efêmeros, têm maior poder que outros textos. Pesquisas sobre a cultura popular das crianças em vários espaços podem ser encontradas em Mitchel e Reid-Wlash (2002), mas são pouco aproveitadas para educar as crianças.

O papel da TV no letramento não é apenas de natureza econômica, de valorização da indústria cultural, mas de apresentação da cultura popular, e provê formas explícitas de instrução sobre comportamentos do letramento – como programas *Vila Sésamo, Teletubbies, Sítio do Pica Pau Amarelo*. Nos filmes, vídeos e TV, podem ser vistas histórias, mistura de história e informação, atividades recreativas não narrativas como esportes, materiais de propaganda, música associada com aspectos visuais.

Pesquisas com crianças de 3 a 4 anos na Inglaterra demonstram que a cultura infantil veiculada em programas de TV resulta em altos níveis de envolvimento com o letramento, desenvolvimento da linguagem verbal e *links* com a casa e a comunidade (Jones Diaz et al., 2005). As crianças, socializadas inicialmente dentro dos limites da família, escola, religião, organizações e comunidade, agora mergulham no consumo e na cultura popular, os principais modos de socialização da educação infantil dos tempos atuais. Kline (1995), em *Out of garden*, descreve como a aprendizagem, a socialização e a educação da criança pequena hoje ficam fora do *kindergarten* (pré-escola), no plano do consumo, da propaganda, do *marketing*, da cultura popular que a sociedade não está cuidando. Não se pode eliminá-la, pois faz parte do modo de vida atual da sociedade de consumo, mas pode-se utilizá-la para educar as crianças.

Baker (2010) alerta para a consciência da entrada dos textos multimodais como uma das novas formas de letramento para se compreender a comunicação, quer seja de expressões faciais, gestos, escolhas de roupas ou de estilos de cabelo. Compreender o papel da imagem, dos movimentos, dos gestos, da fala, dos desenhos, implica a descoberta de significações semióticas nas ações das crianças pequenas.

Aprender a ler e escrever é uma das tarefas curriculares mais importantes dos primeiros anos da educação, e a forma de realizá-la mobiliza práticas diversas, entre as quais as propostas por Gee (2009) e Rowe (2003), acerca da inclusão das modalidades de textos multimodais e os da cultura popular. O consenso parece ainda não existir e movimenta pedagogias sobre o letramento ainda controversas. Essa polêmica aparece na pesquisa descrita por Hall (2003), realizada nos Estados Unidos, Reino Unido e Nova Zelândia, que evidencia a predominância de duas situações: a primeira, integra a aprendizagem de códigos da língua escrita com o letramento, a literatura infantil e a escrita que consideram os propósitos das crianças. A segunda, trata do atendimento aos códigos da língua escrita: correspondência som-símbolo, reconhecimento da palavra, modelos de pronúncia, vocabulário, pontuação, gramática e estrutura do texto. Entre as propostas do segundo tipo, encontram-se alguns programas curriculares do tipo apostilas ou pacotes, "de modelo único, pronto para vestir" (Formosinho, 2007). Ao considerar crianças como iguais, tais programas não trazem benefícios para o letramento porque tornam invisíveis os significados e a pronúncia das palavras, a aprendizagem que é individual, o suporte ao conhecimento de cada criança, a organização das classes para facilitar a aprendizagem de diversos aprendizes e a relação com a família e a cultura popular.

Embora a liberdade de ação como categoria comum entre o brincar e o letramento seja o ponto de partida, a complementação consentida pela criança por meio da mediação da instrução formal, ao ligar os dois processos e continuar a experiência dela, garante melhor resultado no letramento, conforme estudos de Morris (1993) e de Dewey e Dewey (1915), que no século passado indicavam a continuidade da experiência iniciada pela criança como meta da educação. Bem antes do aparecimento das novas concepções de letramento, como prática social, Dewey e sua filha já estabeleciam essa relação, afirmando que a linguagem não servia para codificar e decodificar letras, sendo "[...] fundamental e primariamente um instrumento social [...] auxiliar da comunicação [...]" (Dewey; Dewey, 1915, p. 11). Servia como ferramenta para dar continuidade à experiência iniciada por grupos de crianças durante a brincadeira para representar ações da vida cotidiana. Essa continuidade é vista, na atualidade, como fruto de processos de escuta das crianças (Oliveira-Formosinho, 2008), de registros e documentação pedagógica, que possibilitam identificar interesses e necessidades que serão ampliadas em estudo sistemático.

Na mesma direção, Roskos e Christie (2000) recomendam um ambiente em que o brincar livre e dirigido seja a forma primária de ensino e aprendizagem, para a criança agir, positivamente, em seu ambiente e controlar sua aprendizagem. Bruner et al. (1976), ao diferenciarem a exploração, o ato intencional da mente, que visa problemas a solucionar e o brincar, com ações prazerosas, repetitivas, ou marcadas pela incerteza, referendam a importância da brincadeira livre e pouco estruturada, mas indicam que a presença de cenários e materiais estruturados é essencial para dar qualidade ao brincar. Pascal e Bertram (2006) também referendam o brincar de qualidade, diferenciando-o de contextos que naturalizam o brincar.

Moyles (1989) mostra as interfaces entre o brincar e o aprender incluindo a livre ação da criança e a mediação da cultura em uma espiral que se amplia. Utiliza o modelo de Hutt divulgado em 1979 (Moyles et al., 2006), que separa o lúdico e o epistêmico em dois domínios distintos, mas contíguos: no primeiro, há o brincar e, no segundo, a exploração e a solução de problemas. A proposta de partir do brincar e transitar para o conhecimento, fazer a conexão entre um estado em que se brinca e outro em que se aprende, pode ser visualizado também pelos estudos das neurociências, nas sinapses no cérebro, como conector análogo de significados (Coles, 2003).

Fromberg e Bergen (2006) distinguem o brincar do letramento, indicando atributos comuns entre os dois processos. A teoria dinâmica do brincar e do significado é utilizada para explicar como as crianças constroem significados fora da estrutura do brincar, quando negociam a condução do tema da brincadeira e planejam o que fazer juntas. Não há um roteiro prévio, exceto um guia geral que vai sendo especificado, que varia conforme a experiência prévia da criança, seus conhecimentos e habilidades, mas há imprevisibilidade típica do próprio brincar, resultado de falas, gestos que a criança usa para representar suas experiências. Esse interesse pelo tema pode ser observado pelo/a professor/a e mediado pela instrução formal consentida pela criança. A saída do brincar e o ingresso na instrução formal podem garantir a presença de atributos, entre os quais o envolvimento, a decisão do sujeito que aprende em conjunto com outro e o prazer na ação para dar sequência a essa nova etapa que se afasta da imprevisibilidade, busca o foco e a solução de problemas.

Entre as teorias que fazem a conexão entre o brincar e o letramento, a de Laevers (1993) evidencia o envolvimento/prazer como pressuposto para aprendizagem que depende do bem-estar, de alto grau de satisfação, com implicações na atividade da criança, garantindo um estado de fluxo, de vitalidade, de energia mental que leva à concentração e à perseverança. O conceito de "fluxo" (Cziksentmihalyi, 1999), como a qualidade do envolvimento, encontra-se no brincar e no letramento quando há iniciativa da criança, riqueza do ambiente e qualidade da comunicação adulto-crianças. O envolvimento/implicação da criança é um indicador de qualidade do ambiente educativo e relaciona-se com o "nível profundo de aprendizagem", que ocorre tanto no brincar como em outras situações de aprendizagem. Cada criança aprende de modo diferente. Para Laevers (2000, p. 301), não se pode concluir que basta "[...] muito jogo livre [...] para se garantir a qualidade [...]", pois, durante o brincar livre, uma criança experiencia situações significativas, mas que podem não ter o mesmo efeito em outra criança. Algumas precisam de contextos mais estruturados, o que requer sempre disponibilizar o brincar livre e o estruturado para obter o nível de qualidade. O envolvimento pode ocorrer tanto no brincar quanto no letramento, se este for concebido na perspectiva piagetiana, de construção de esquemas de assimilação e acomodação, quando se compara a "[...] brincadeira imaginativa e o trabalho criativo de um desenhista [...]" (Laevers, 1993, p. 59), pois encontra-se o mesmo valor desenvolvimental, com esquemas que provocam acomodação. O envolvimento é definido como

> [...] uma qualidade da atividade humana, caracterizada pela concentração e persistência, um alto nível de motivação, percepções intensas e experiência do significado, um poderoso fluxo de energia, um alto grau de satisfação, tendo por base o impulso exploratório e o desenvolvimento básico de esquemas. (Laevers, 1993, p. 61).

Esse conceito mobilizou a construção de propostas de educação de crianças pequenas como o projeto Effective Early Learning (EEL), com investigações na Inglaterra (Pascal; Bertram, 1997, 2006, 2009; Pascal; Bertram; Ramsden, 1994), em Portugal (Nabuco; Prates, 2002; Oliveira-Formosinho, 2009; Oliveira-Formosinho; Araújo, 2004) e no Brasil (Festa, 2008; Filgueiras, 2007; Kishimoto, 2006). Os sinais de envolvimento, como concentração, energia, complexidade e criatividade, expressão facial e postura, persistência, precisão, tempo de reação, linguagem oral e satisfação, podem ser encontrados, em maior ou menor grau, tanto no brincar como no letramento. A passagem do brincar para o letramento, que é um processo individual, diferente para cada criança, remete para a necessidade de oferecer, ao mesmo tempo, o brincar livre e o dirigido, com mediações e estruturações do ambiente, com materiais, brinquedos e cenários para que cada criança possa usar sua liberdade de ação, utilizar sua agência, seu controle interno em conjunto com mediações culturais para efetuar essa passagem.

As escalas de envolvimento da criança de Laevers et al. (1993, 1994, 2005) podem auxiliar na identificação do nível de envolvimento produzido pelos contextos em que se brinca livremente e se aprende, com mediações de sujeitos, objetos e artefatos (Vygotsky, 1999) e auxiliar no processo de revisão e replanejamento de práticas, com vistas a aprendizagens de qualidade. Seu uso auxilia processos formativos de natureza colaborativa e representa uma forma de investigação mista (Denzin; Lincoln, 2008), de metodologia múltipla, que inclui ferramentas de natureza qualitativa e quantitativa e que podem auxiliar no processo de compreensão das relações entre o brincar e o letramento.

O CONTAR HISTÓRIAS, AS NARRATIVAS INFANTIS E O BRINCAR

Embora o contar histórias seja tão antigo quanto a humanidade, há dificuldade para que ele possa penetrar nas escolas e nos cursos de formação. Vista por muito tempo como antítese da pedagogia, que prevê interpretação, explanação, racionalização e justificação, o contar histórias, enquanto território livre de interpretação e de narrativas, não se ajustava ao mundo controlado da pedagogia. Ainda hoje, contesta-se o papel da linguagem oral como base para a construção do letramento. Diante desse quadro, é pertinente o exame de como os pesquisadores analisam as relações entre o contar histórias e o brincar incluindo os atributos comuns adotados neste estudo: imaginação, regras, envolvimento/prazer, decisão/agência, categorização e mediação.

No contar histórias, a imaginação é o componente-chave na aquisição do letramento, ao favorecer a identidade, efetuar a apropriação do discurso e da autoria, uma ação embebida na atividade que se inicia quando a criança conduz sua ação para navegar em arranjos sociais multifacetados para compreender/aprender no contexto (Gallas, 2003). A imaginação está presente no brincar e na contação de histórias, durante os quais as crianças se tornam autoras, constroem suas identidades, apropriam-se de discursos e representam papéis. O ato imaginário possibilita transformações simbólicas, envolvimento, prazer e satisfação.

A importância, para o letramento, do contar histórias orais e do brincar de faz de conta leva Fox (2003, p. 196) a sugerir que eles deveriam estar "[...] no centro do currículo dos anos iniciais da educação infantil [...]" e cita três fatores importantes para justificar suas ideias.

No primeiro fator, menciona que a *imaginação e decisão/agência* encontram-se no brincar e no contar histórias. A criança não está apenas produzindo palavras durante o brincar, mas está imaginando situações, brincando e sendo autora, contadora, personagem e mesmo audiência. No brincar há risos, prazer, alegria e concentração, ou seja, envolvimento, em longos períodos de tempo, um compromisso com a história, o que leva a autora a usar a expressão "brincar sério" (Fox, 2003).

No segundo fator, Fox (2003) prevê a manutenção do *prazer* no brincar com diferentes gêneros de linguagem, especialmente a prosódica (pronúncia) e metafórica (analogia) para avançar no letramento. O conhecimento dessa característica possibilita o planejamento e a programação de atividades para disponibilizar os diferentes tipos de textos, incluindo os que as crianças já dominam e outros que elas deverão aprender por meio das práticas pedagógicas que garantam a permanência do prazer, do envolvimento e do consentimento da criança nas decisões tomadas. Currículos fragmentados ou de modelo único que não oferecem a liberdade à criança para escolher atividades de seu interesse, de experiência com a diversidade de gêneros de linguagem, não garantem o prazer e o envolvimento e, portanto, não contribuem para o letramento (Fox, 2003).

No terceiro fator, a autora trata da *interação* (*mediações com objetos*) com diferentes gêneros de textos, da casa e da escola, o que requer o conhecimento de distintos estilos de discursos e estruturas que a criança traz de sua casa, para dar sequência na escola. Rabiscos, desenhos, músicas e cantigas, brinquedos e brincadeiras da cultura popular trazidos de casa, brincadeiras verbais que se relacionam com aspectos fonológicos como parlendas, trava-línguas, rimas, músicas, repetidas e recriadas durante suas interações lúdicas nas relações sociais (*relações entre as pessoas*) em casa e na creche/pré-escola são fatores multiplicadores do letramento. A observação atenta do mundo externo, de como os canais do falado e do escrito se sobrepõem e interferem nos discursos auxiliam o reconhecimento dos tipos de conhecimento linguístico que podem ser usados para transformar a fala para a leitura e vice-versa, nas transições da casa para a escola (Fox, 2003).

O potencial para se tornar letrado/a não se reduz aos livros infantis. Inclui brinquedos e brincadeiras que resultam em usos de diferentes materiais e textos que levam a transformações simbólicas provenientes de distintos estilos de linguagem situados em tradições orais específicas, de contextos familiares e de discursos do cotidiano. Ultrapassar o brincar livre para algo considerado "sério", prazeroso, que requer uma forma ideal de aprendizagem, mais avançada, exige a clara intenção do/a professor/a, de seu desejo para que suas crianças experimentem, de uma forma livre, por meio de ações independentes, a leitura e a escrita, o que implica que as crenças das professoras interferem nas práticas e no letramento. A prática de contar e possibilitar o reconto da história requer a intenção pedagógica do adulto, que possibilita a iniciativa da criança, a liberdade de escolha, a manifestação de sua agência, para construção de novas histórias, como a da "Morena das Neves", fruto de contextos multiculturais, que gera uma narrativa infantil diversa da história canônica e resulta da discussão efetuada pelas crianças da razão de existir apenas a "Branca de Neve" (Gomes, 2005).

Enquanto o contar histórias orais tem recebido atenção da pesquisa, as coleções de histórias orais são raras na literatura e as que são narradas pelas crianças pequenas são ainda mais. A pouca visibilidade da criança e a visão dela como *in-fans* – que não fala – podem ter contribuído para essa situação. Outro dado que merece destaque é a prática do adulto contar histórias, mas o reconto e a narrativa da criança ficam ausentes no cotidiano das escolas de educação infantil. Parece que a escola eliminou o tempo da criança e preservou apenas o tempo do adulto.

Sutton-Smith (1983) fez uma coleção de histórias, de narrativas de 350 crianças de idades de 2 a 10 anos, publicados em *The folk stories of children*, com base em categorias piagetianas de conservação e reversibilidade, que possibilita utilizar *artefatos* como uma estrutura do conto folclórico que a criança já domina (conservação) para utilizá-la em novas situações (reversibilidade). Ele vê analogias entre as histórias criadas pelas crianças e o formato dos textos folclóricos das tradições orais, evidenciando a relevância das parlendas, músicas e rimas, que servem como estrutura básica para recriar textos. O que o pesquisador intui é que a agência da criança (recriação de novos textos) não pode ser desvinculada de processos culturais como a oferta de estruturas mediadoras (ensino de textos da tradição oral), sem os quais não se pode produzir textos.

A *agência/autoria* da criança é analisada por Bruner (1997a, 1997b), que vê a narrativa infantil como a abertura para a mente infantil propor significados e criar mundos reais e possíveis, mediados pelos artefatos fornecidos pela cultura. É a oportunidade para criar histórias canônicas e não canônicas, incluir experiências da própria criança e se posicionar como autor. Narrativas centradas no leitor significam que o recontar histórias inclui experiências próprias vividas pela criança.

Um numeroso volume de estudos mostra que crianças pequenas não somente usam experiências pessoais para relacionar ao texto, mas também as utilizam para compreender aspectos de suas próprias vidas. No "texto para a vida", as crianças relacionam características de suas próprias vidas, como ser morena, branca ou negra, dando identidade aos sujeitos envolvidos na história (Martinez; Roser; Dooley, 2003).

A escuta da criança é relevante para a compreensão de processos de aprendizagem (Oliveira-Formosinho, 2008) e, a narrativa é central para a mente ordenar a experiência, quer seja real ou virtual, e um modo de pensamento pelo qual se compreende a realidade ou os mundos possíveis (Bruner, 1997b). A ordenação da experiência depende do processo de categorização de eventos e situações que se encontra no brincar e no letramento (Bruner, 1973). Pensar, estabelecer relações é categorizar. Assumir o personagem da mãe/pai que dá banho implica a categorização de papéis de mãe/pai e filho/a, classificar personagens como grandes ou pequenos, assim como distinguir significados de gestos ou desenhos requer o domínio de categorias para decodificar tais situações. Egan (1995), sob o impacto da obra de Bruner (1997a, 1997b), estabelece relação entre narrativa e aprendizagem, mostrando como as crianças dão sentido ao mundo e à sua experiência, especialmente a partir da estrutura dos contos de fadas, da categorização em conceitos binários e das mediações. Similar à proposta de Sutton-Smith (1983), que nota a utilização das estruturas das músicas, das parlendas e rimas como base para a recriação de outros textos, no caso de Bruner (1997a, 1997b) e Egan (1995), são os contos de fadas que propiciam a compreensão de uma estrutura sequencial simples, como "era uma vez", "depois" e "viveram felizes para sempre", que facilita o reconto da história, dá fluência à linguagem e funciona como uma regra de como organizar uma narrativa. Conceitos binários como grande/pequeno, medo/tranquilidade, ofertados pelos contos da literatura infantil constituem recursos auxiliares para categorizar e estruturar a linguagem. Gomes (2005), seguindo a trilha de Bruner, pesquisa como as crianças recriam narrativas canônicas e não canônicas, em que a agência da criança e sua experiência aparecem para qualificar a história recontada. A história canônica de Chapeuzinho Vermelho, por exemplo, recriada por uma criança, situa o lobo mau como personagem de duas pernas que mata os animais, e o lobo do bem com quatro patas, que mora no zoológico. Nessa nova história, há elementos não canônicos, oriundos da experiência da criança, adquirida por meio da mídia, da matança de animais por pessoas sem escrúpulos, que se integram a outros elementos canônicos, que possibilitam a recriação de novos textos, outros mundos, fruto do clima lúdico que dá liberdade para a mente infantil imaginar, relacionar e incluir sua visão de mundo (Kishimoto, 2008).

Utilizando estudos de linguistas, psicólogos, sociólogos e etnógrafos, Fox (2003, p. 189, 191) descreve a narrativa como "[...] um ato primário da mente [...]", o meio que filtra virtualmente experiências, "[...] um ícone temporal [...]", que tem aspectos internacionais, trans-históricos e transculturais e profundamente embebidos culturalmente, de modo a gerar variações locais em diferentes grupos sociais.

Estudos de Nelson e Seidman (1989) e Kishimoto (1991) mostram como categorizações, frutos de guias construídos pelas crianças no brincar simbólico, levam à ampliação de narrativas. Um guia simples – ir à escola e voltar –, com um único roteiro, um personagem e uma narrativa curta, diferencia-se dos mais complexos, com vários personagens e situações, que propiciam narrativas mais longas e ricas, como esperar pelo ônibus, a chegada à escola, o encontro com os pares, a conversa com a professora, o recreio. Tais guias resultam de práticas sociais do contexto, de modos de vida da população que funcionam como guias, como regras para a construção de temas de brincadeiras. São frutos de processos de mediação da cultura.

No âmbito das práticas de uso de histórias, Applebee (1978), analisou a estrutura da narrativa utilizando concepções de Vygotsky, encontrando duas formas de trabalho pedagógico com as histórias das crianças pequenas: 1. organização de eventos relacionados por uma cadeia de mecanismos e 2. eventos relacionados a um tema central. Para o autor, o trabalho com a literatura é enfraquecido quando o tema central do discurso/linguagem da história da criança é negligenciado em favor do foco na organização dos eventos. A exigência da explicitação dos personagens e eventos em estruturas encadeadas anula a autoria da criança e a exploração do texto conforme as suas próprias experiências.

As histórias têm alcances diferentes conforme a idade e os interesses das crianças. Aos 3 e 4 anos, as crianças respondem mais fisicamente, representando, batendo palmas, imitando os personagens; as de 4 a 6 anos respondem por meio de movimentos corporais como danças e aplausos, compartilham descobertas em livros por meio de ações e drama e fazem representações baseadas na literatura; já as de 6 a 9 anos fazem sínteses. A familiaridade com as histórias possibilita mais comentários pelo conhecimento de suas particularidades, o que evidencia a importância de contar repetidamente a mesma história (Applebee, 1978). Estudos mostram que as crianças pré-escolares são mais sensíveis às histórias do que os mais velhos, elas respondem melhor porque se envolvem com diferentes gêneros literários e, quanto mais oportunidade têm de responder à literatura, mais adeptas elas se tornam (Fox, 2003).

A revisão de pesquisas sobre os fatores que desencadeiam o letramento (Baker, 2010; Hall; Larson; Marsh, 2003; Makin; Jones Diaz, 2005a, 2005b; Olson; Torrance, 2009; Pahl; Rowsell, 2005; Vanderbroek, 2005) mostra um campo polêmico, que requer aprofundamentos na investigação, especialmente com crianças pequenas.

PESQUISAS SOBRE O BRINCAR, O LETRAMENTO E A INFÂNCIA NO BRASIL[2]

A análise de dissertações e teses da Capes do período de 2000 a 2009 indicou 170 estudos de mestrado e 45 de doutorado, em um total de 215 trabalhos acadêmicos sobre a alfabetização e o letramento. A maioria dos estudos discutiu questões teóricas, análises históricas, formação de professores e letramento no ensino fundamental e entre jovens e adultos. Desse conjunto, apenas 15 tratam da educação infantil.

A complementação da investigação na base Scielo e em revistas especializadas localizou 181 artigos sobre o tema da alfabetização e letramento, e apenas 10 referem-se ao letramento na educação infantil. Do conjunto de 396 artigos selecionados, é pequeno o volume dos que discutem o letramento na educação infantil (25), ou seja, 6,3% da produção nacional trata do letramento na educação infantil e apenas 1,5% (6), do lúdico e do letramento, conforme dados do quadro do Apêndice (ver p. 52).

Para a análise da temática do letramento e do brincar na educação infantil e outros aspectos tratados no capítulo, foram selecionados 12 estudos. Sete publicações (Aquino, 2007; Belintane, 2000; Corsino, 2003; Gomes, 2005; Kishimoto; Ribeiro; Basílio, 2007; Moaranhe, 2001; Trevisan, 2007) têm relação direta com o letramento e o lúdico.

Trevisan (2007) mostra como as crianças, ao desenhar, ler e escrever como uma prática lúdica, de tomar decisão, iniciar a ação, apropriam-se, tornando "delas" esse processo, constituindo uma proposta metodológica para alfabetizar. Aquino (2007) discute as rimas na educação infantil e o processo de apropriação da escrita pelas crianças nessa etapa, na perspectiva já analisada por Sutton-Smith (1983). Gomes (2005) utiliza o quadro teórico de Bruner, de uso de estruturas dos contos de fadas para analisar as narrativas de crianças de 3 a 4 anos nas escolas municipais de educação infantil na cidade de São Paulo. Moaranhe (2001) menciona o faz de conta no título de sua dissertação, mas seu objeto de estudo restringe-se a um estudo teórico. Belintane (2000) discute o lúdico na linguagem oral, o uso de parlendas e rimas nas redes sociais. Kishimoto, Ribeiro e Basílio (2007), com base nos estudos de Bruner, analisam as narrativas infantis de pré-escolares durante as brincadeiras, no recontar histórias e nos projetos conduzidos pelas crianças e a professora. Corsino (2003) utiliza referências de Bakhtin, Benjamin e Vygotsky na linguagem e no letramento das escolas infantis da rede de ensino do Rio de Janeiro, mostrando a diversidade das situações no uso de diferentes textos e gêneros de discursos.

Cinco estudos relacionam-se a outros aspectos do texto. Tavares (2008) investiga os reflexos do letramento familiar na produção textual infantil, de como desenhos e rabiscos chegam aos signos alfabéticos; Costa (2001) trata da construção de gêneros secundários como a notícia e o verbete na educação infantil; Simões (2008) reflete sobre o papel da educação infantil na aquisição da escrita e de como a literatura infantil é importante no processo do letramento; Fontes e Cardoso-Martins (2004) analisam os efeitos da leitura de histórias no desenvolvimento da linguagem de crianças de nível socioeconômico baixo; e Goulart (2006) discute as bases teórico-metodológicas de estudos que focalizam o letramento em várias situações, incluindo o espaço familiar e a creche.

O tema da consciência fonológica dispõe de maior volume de pesquisas no ensino fundamental (Calil; Lopes, 2006; 2007; Cardoso-Martins, 1991; Souza, Bandini, 2007), e a questão é menos cuidada na primeira etapa da infância (Bandini, Oliveira; Souza, 2006 Selva; Brandão, 2000). A temática do letramento na família e na escola tem mobilizado os pesquisadores, mas predominam análises de natureza teórica.

Os baixos níveis de sucesso na alfabetização no Brasil criam um contexto de ampla discussão em que se envolvem diferentes segmentos da sociedade, com foco ora no brincar, ora em ações sistemáticas de alfabetização/letramento. No âmbito das políticas públicas no Brasil, inicia-se um movimento para a produção de orientações que relacionam o brincar ao letramento na educação infantil. As *diretrizes curriculares nacionais da educação infantil* tratam da emergência do letramento por meio da expressão de "[...] diferentes linguagens plásticas, simbólicas, musicais e corporais [...]", além de enfatizar "[...] experiências agradáveis, variadas e estimulantes com a linguagem oral e escrita [...]" (Brasil, 2009, p. 40-41) e a valorização da cultura familiar para a organização curricular. Espera-se que tais políticas tenham maior sucesso e impacto nos contextos municipais, geralmente pouco preocupados com a qualidade da educação infantil.

Para subsidiar o processo de implantação do ensino fundamental de nove anos, o Ministério da Educação (MEC), por intermédio da Secretaria de Educação Básica, publicou, em 2006, o documento *Ensino Fundamental de nove anos: orientações para a inclusão da criança de 6 anos*, que aborda temas como a necessidade de construir um projeto pedagógico próprio para as crianças que ingressam aos 6 anos com o uso de jogos, a discussão da infância, do brincar, do letramento e da alfabetização, entre outros. A inclusão de jogos na prática pedagógica das turmas de 6 anos começa a ser experimentada, na maioria dos casos, com muita dificuldade. A rede pública não dispõe de estrutura pedagógica com profissionais capazes de utilizar práticas lúdicas relacionadas ao letramento. Entre os problemas, encontram-se a pouca valorização ou o desconhecimento do jogo como recurso para desenvolver o letramento, o excesso de crianças para um único adulto, pouco tempo para os jogos, currículos padronizados que não atendem às necessidades das crianças, falta de recursos materiais para aquisição de jogos e materiais pedagógicos (Kishimoto et al., 2011). Algumas escolas de ensino fundamental que dispõem de brinquedotecas utilizam esse espaço para complementação de ações pedagógicas (Pires, 2009). Neves, Gouvêa e Castanheira (2011) mostram as tonalidades do brincar na pré-escola e no ensino fundamental, considerando o segundo espaço o tempo para o encontro pedagógico de dois níveis de ensino com histórias e práticas distintas. Na pré-escola, o tempo maior na estrutura diária cabe às brincadeiras livres e dirigidas, recreio e jogos diversificados, em que crianças brincam de escrever seus nomes e adquirem competência para utilizar uma diversidade de materiais gráficos e livros. No ensino fundamental, em atividades como "ligar formas iguais", nos momentos livres de expressão, as crianças fazem comentários diversos entre si como os sabores do sorvete de que gostam ou recebem mediação da professora sobre como efetuar a atividade. As mediações ocorrem pelas ações e falas da criança e da professora e pela folha de atividade. Ainda no ensino fundamental, Kishimoto et al. (2011) evidenciam um projeto pedagógico baseado no conceito de jogo de

Vygotsky (1978, 1999) – que inclui o faz de conta e jogos de regras em situações livres e dirigidas – e como brincadeiras com rimas, jogos de tabuleiro e mediações possibilitam a interface entre o letramento e o brincar, tendo como condição atividades em pequenos grupos e uma boa proporção entre adulto-crianças na sala.

A dificuldade de elaborar propostas curriculares de qualidade, que integrem o brincar e equilibrem a aprendizagem de códigos da língua escrita com os usos e propósitos do letramento significativos para as crianças no Brasil, aparece no diagnóstico conduzido pelo MEC, em 1992 (Kishimoto, 1996) e 2010 (Brasil, 2010), em que se verificou a presença de poucos municípios que dispõem de propostas curriculares claras e bem organizadas e a falta de propostas para bebês. A carência de materiais, brinquedos, problemas na organização de programas curriculares é recorrente segundo pesquisas realizadas em todo o país e descritas por Campos, Coelho e Cruz (2006) e Campos et al. (2011), e, em São Paulo, por Kishimoto (2001).

No âmbito da educação infantil, sínteses das pesquisas que tratam do letramento podem ser encontradas em Kramer (2010), Kishimoto (2010) e no presente capítulo. O escasso volume de pesquisas (1,5%) sobre as relações entre letramento e lúdico revela a pouca visibilidade do brincar e educar como critério de qualidade para além dos direitos da criança.

REFLEXÕES FINAIS

Há clareza dos limites e superposições entre o brincar e o letramento. As teorias e pesquisas que fazem conexão entre os dois processos indicam a partilha de categorias comuns: imaginação, regras, categorização, envolvimento/prazer, mediações (cultura material e imaterial), interações/relações sociais e decisão/agência da criança. Há ponderações para que a categoria da agência da criança, que mobiliza experiências na produção de textos próprios, seja ampliada pela inclusão da diversidade de textos multimodais, para propiciar a dialogia, a polifonia, que provém da cultura popular da casa e da comunidade para ser ampliada na creche/pré-escola. Os estudos sobre o envolvimento/prazer, que geram satisfação, que dependem da agência da criança e do seu poder de decisão, têm evidenciado relações positivas entre o brincar e o letramento, o que parece ser um bom caminho para a pesquisa deste tema. A presença de categorias partilhadas pelos dois processos são indicadores importantes para a condução das práticas pedagógicas. Mas é preciso ficar atento às observações de Brougère (2010a) de que as relações entre o brincar e o aprender só se efetivam em contextos situados, em ambientes similares à educação informal, um contexto bem diverso do ensino fundamental.

A dificuldade de encontrar respostas mais convincentes das pesquisas poderia ter como causa o uso de perspectivas isoladas de sistemas teóricos (cognitivo, sociocultural, feminista, crítica, semiótica/multiletramento, comportamentais) para explicar o letramento e o brincar. Baker (2010) sugere que, em estudos futuros, tais sistemas sejam integrados para dar conta da complexidade do fenômeno do letramento. Essa é uma tarefa importante, especialmente com crianças pequenas, por ser o espaço menos privilegiado de investigações, para que se ultrapasse a asserção de que a única certeza de como elas aprendem está na sua previsível imprevisibilidade.

NOTAS

1 O termo "letramento" foi adotado, neste texto, por esta ser uma publicação no Brasil. Em Portugal, usa-se "literacia" e, em língua inglesa, *literacy*.

2 As referências bibliográficas deste segmento encontram-se no Apêndice, p. 52.

REFERÊNCIAS

APPLEBEE, A. *The child's concept of story*. Chicago: University of Chicago, 1978.

AQUINO, S. B. *O trabalho com rimas na educação infantil e o processo de apropriação da escrita pelas crianças da educação infantil.* 2007. Dissertação (Mestrado) – Universidade Federal de Pernambuco, Recife, 2007.

BAKER, E. A. *The new literacies*. New York: Guilford, 2010.

BAKHTIN, M. *Estética da criação verbal*. São Paulo: Martins Fontes, 1992.

BANDINI, H. H. M.; OLIVEIRA, C. L. A. C.; SOUZA, E. C. Habilidades de leitura de pré-escolares deficientes auditivos: letramento emergente. *Paidéia*, v. 16, n. 33, p. 51-58, 2006.

BAQUEDANO-LÓPEZ, P. Language, literacy and community. In: HALL, N.; LARSON, J.; MARSH, J. (Ed.). *Handbook of early childhood literacy*. London: Sage, 2003. p. 66-74.

BELINTANE, C. Linguagem oral na escola em tempo de redes. *Educação e Pesquisa*, v. 26, n. 1, p. 53-65, 2000.

BODROVA, E.; LEONG, D. J. Adult influences on play: the Vygotskian approach. In: FROMBERG, D. P.; BERGEN, D. (Ed.). *Play from birth to twelve*: contexts, perspectives, and meanings. London: Routledge, 2006. p. 167-172.

BOURDIEU, P. *O poder simbólico*. Rio de Janeiro: Bertrand Brasil, 1989.

BRASIL. Ministério da Educação. Resolução nº 5, de 17 dezembro 2009. Fixa as Diretrizes Curriculares Nacionais de Educação Infantil. *Diário Oficial da União*, 18 dez. 2009. Seção 1, p. 18.

BRASIL. Ministério da Educação. Secretaria de Educação Básica. *Ensino fundamental de nove anos*: orientações para a inclusão da criança de seis anos de idade. Brasília: Ministério da Educação, 2006.

BRASIL. Ministério da Educação. *Anais do I Seminário Nacional do Currículo em Movimento*. Belo Horizonte: UFMG, 2010. Perspectivas atuais.

BROUGÈRE, G. *Brinquedo e cultura*. São Paulo: Cortez, 1995.

BROUGÈRE, G. Formes ludiques et formes éducatives. In: BÉDARD, J. BROUGÈRE, G. (Dir.). *Jeu et apprentissage:* quelles relations? Sherbrooke: CRP, 2010b. p. 43-62.

BROUGÈRE, G. *Jouer/apprendre*. Paris: Anthropos, 2005.

BROUGÈRE, G. Le jeu peut-il être sérieux? Revisiter Jouer/apprendre em temps de *serious game*. CONGRÈS DE L'ASSOCIATION AUSTRALIENNE D'ÉTUDES FRANÇAISES "PLAYTIME", 18., Sidney, 2010. *Annales*... Sidney: Université de Sidney, 2010a.

BRUNER, J. *Atos de significação*. Porto Alegre: Artmed, 1997b.

BRUNER, J. et al. (Ed.). *Play*: its role in development and evolution. New York: Penquin Books, 1976.

BRUNER, J. *Beyond the information given*. London: George Allen & Unwin, 1973.

BRUNER, J. *Realidade mental, mundos possíveis*. Porto Alegre: Artmed, 1997a.

CAILLOIS, R. *Les jeux et les hommes*. Paris: Gallimard, 1967.

CALIL, E.; LOPES, E. A. O sujeito inexistente: reflexão sobre o caráter da consciência fonológica a partir do relatório final do grupo de trabalho alfabetização infantil: os novos caminhos. *Educação e Pesquisa*, v. 32, n. 1, p. 137-155, 2006.

CAMPOS, M. M. et al. A contribuição da educação infantil de qualidade e seus impactos no inicio do ensino fundamental. *Educação e Pesquisa*, v. 37, n. 1, p. 15-34, 2011.

CAMPOS, M. M.; COELHO, R. C.; CRUZ, S.H.V. *Consulta sobre qualidade da educação infantil*: relatório técnico final. São Paulo: FCC/DPE, 2006.

CARDOSO-MARTINS, C. A consciência fonológica e a aprendizagem inicial da leitura e escrita. *Cadernos de Pesquisa*, v. 76, p. 41-49, 1991.

CEPPI, G; ZINI, M. *Children, spaces, relations:* meta project for an environment for young children. Italy: Reggio Children and Comune di Reggio Emilia; Nidi e Scuola dell'infanzia, 1998.

CHRISTIE, J. F. Play as a medium for literacy development. In: FROMBERG, D.; BERGEN, D. (Org.). *Play from birth to twelve*: contexts, perspectives and meanings. London: Routledge; Taylor & Francis, 2006.

CHRISTIE, J. F. The role of toys and playthings in early literacy development. In: BERG, L. E.; NELSON, A.; SVENSSON, K. (Ed.). *Toys in educational and socio-cultural contexts*: toy research in the late twenthieth century. Stockholm: Stockholm International Toy Research Centre, 2003. p. 75-88.

CHRISTIE, J. F.; ROSKOS, K. A. Play's potential in early literacy development. In: TREMBLAY, R. E.; BOIVIN, M.; PETERS, R. (Ed.). *Encyclopedia on early childhood development*. Montreal: Centre of Excellence for Early Childhood Development, 2009. p. 1-6. Disponível em: <http://www.child-encyclopedia.com/documents/Christie-RoskosANGxp.pdf>. Acesso em: 15 jan. 2011.

CLAY, M. M. *Becoming literate*: the construction of inner control. Portsmouth: Heinemann, 1991.

COLE, M. *Psicologia cultural*. Madrid: Morata, 1999.

COLES, G. Brain activity, genetics and learning to read. In: HALL, N.; LARSON, J.; MARSH, J. (Ed.). *Handbook of early childhood literacy*. London: Sage, 2003. p. 167-177.

CORSARO, W. A. A reprodução interpretativa no brincar ao faz-de-conta das crianças. *Educação, Sociedade & Cultura*, n. 17, p. 113-134, 2002.

CORSINO, P. *Infância, linguagem e letramento:* educação infantil na rede municipal de ensino do Rio de Janeiro. 2003. Tese. (Doutorado) – Pontifícia Universidade Católica do Rio de Janeiro, Rio de Janeiro, 2003.

COSTA, D. C. P. *Construção de gêneros secundários na educação infantil:* a emergência dos gêneros notícia e verbete. 2001. Dissertação (Mestrado) – Universidade de Campinas, Campinas, 2001.

CZIKSENTMIHALYI, M. *A descoberta do fluxo*: a psicologia do envolvimento com a vida cotidiana. Rio de Janeiro: Rocco, 1999.

DAHBERG, G.; MOSS, P.; PENCE, A. *Qualidade na educação da primeira infância*: perspectivas pós-modernas. Porto Alegre: Artmed, 1999.

DANIELS, H. *Vygotsky y la pedagogía*. Barcelona: Paidós, 2003.

DAVYDOV, V. V. Problems of developmental teaching: the experience of theoretical and an experimental psychological research excerpts. *Soviet Education*: A Journal of Translations, v. 30, n. 8, 1988.

DENZIN, N. K.; LINCOLN, Y. S. *Strategies of qualitative inquiry*. 3rd ed. Thousand Oaks: Sage, 2008.

DEWEY, J.; DEWEY, E. Play. In: DEWEY, J.; DEWEY, E. *Schools of tomorrow*. New York: EP. Dutton & Company, 1915. p. 103-131.

EGAN, K. Narrative in teaching: learning and research. In: HUNTER, M.; EGAN, K. (Ed.). *Narrative in teaching, learning and research*. New York: Teachers College, 1995. p. 211-225.

FARIA, A. L. G.; MELLO, S. M. (Org.). *O mundo da escrita no universo da pequena infância*. Campinas: Autores Associados, 2005.

FARRELL, J. P. Literacy and international development: education and literacy as basic human rights. In: OLSON, D. R.; TORRANCE, N. (Ed.). *The Cambridge handbook of literacy*. New York: Cambridge University, 2009. p. 518-534.

FERREIRO, E.; TEBEROSKY, A. *Psicogênese da língua escrita*. Porto Alegre: Artmed, 1985.

FESTA, M. *A (DES) construção de um espaço e (RE) construção de uma prática educativa*: a jornada de uma professora de educação infantil num espaço reorganizado. 2008. Dissertação (Mestrado) – Faculdade de Educação da Universidade de São Paulo, São Paulo, 2008.

FILGUEIRAS, I. P. *Movimento e educação infantil*: um projeto de formação em contexto. 2007. Tese (Doutorado) – Faculdade de Educação da Universidade de São Paulo, São Paulo, 2007.

FONTES, M. J. O.; CARDOSO-MARTINS, C. Efeitos da leitura de histórias no desenvolvimento da linguagem de crianças de nível socioeconômico baixo. *Psicologia. Refex. Critica*, v. 17, n. 1, p. 83-94, 2004.

FORMOSINHO, J. *O currículo uniforme pronto-a-vestir de tamanho único*. Portugal: Pedago, 2007.

FOX, C. Playing the storyteller: some principles for learning literacy in the early years of schooling. In: HALL, N.; LARSON, J.; MARSH, J. (Ed.). *Handbook of early childhood literacy*. London: Sage, 2003. p. 189-198.

FRADE, I. C. A. S. et al. (Org.). *Convergências e tensões no campo da formação e do trabalho docente*. Belo Horizonte: Autêntica, 2010.

FREIRE, P. *A importância do ato de ler em três artigos que se completam*. 6. ed. São Paulo: Autores Associados, 1984.

FROMBERG, D. P.; BERGEN, D. (Ed.). *Play from birth to twelve*: contexts, perspectives, and meanings. 2nd ed. London: Routledge, 2006.

GALLAS, K. *Imagination and literacy*. New York: Teachers College, 2003.

GEE, J. P. Literacy, video games, and popular culture. In: OLSON, D. R.; TORRANCE, N. (Ed.). *The Cambridge handbook of literacy*. New York: Cambridge University, 2009. p. 313-326.

GEERTZ, C. *A Interpretação das culturas*. Rio de Janeiro: LTC, 1989.

GOMES, H. S. *Narrativas infantis*: contribuições para a autoria da criança. 2005. Dissertação (Mestrado) – Faculdade de Educação da Universidade de São Paulo, São Paulo, 2005.

GOULART, C. Letramento e modos de ser letrado: discutindo a base teórico-metodológica de um estudo. *Revista Brasileira de Educação*, v. 11, n. 33, p. 450-460, 2006.

GUNNARSSON, L. A política de cuidado e educação infantil na Suécia. In: ROSEMBERG, F., CAMPOS, M. M. (Org.). *Creches e pré-escolas no Hemisfério Norte*. São Paulo: Cortez, 1998.

HALL, K. Effective literacy teaching in the early years of school: a review of evidence. In: HALL, N.; LARSON, J.; MARSH, J. (Ed.). *Handbook of early childhood literacy*. London: Sage, 2003. p. 315-326.

HALL, N.; LARSON, J.; MARSH, J. (Ed.). *Handbook of early childhood literacy*. London: Sage, 2003.

HENRIOT, J. *Le jeu*. Paris: Synonyme; Sor, 1983.

HOHMANN, M.; WEIKART, D. P. *Educar a criança*. Lisboa: Fundação Calouste Gulbenkian, 2004.

HUIZINGA, J. *Homo Ludens:* essai sur la function sociale du jeu. Paris: Gallimard, 1951.

JONES DIAZ, C. et al. Children´s worlds and critical literacy. In: MAKIN, L.; JONES DIAZ, C. (Ed.). *Literacies in early childhood*: changing views challenging practice. Sydney: Maclennan & Petty, 2005. p. 305-322.

KISHIMOTO, T. M. Alfabetização e letramento/literacia no contexto da educação infantil: desafios para o ensino, para a pesquisa e para a formação. In: FRADE, I. C. A. S. et al. (Org.). *Convergências e tensões no campo da formação e do trabalho docente*. Belo Horizonte: Autêntica, 2010. p. 134-155.

KISHIMOTO, T. M. Brinquedo e brincadeira na educação japonesa: proposta curricular dos anos 90. *Educação & Sociedade,* v. 18, n. 60, p. 64-88, 1997.

KISHIMOTO, T. M. Brinquedos e materiais pedagógicos nas escolas infantis. *Educação e Pesquisa,* v. 27, n. 2, p. 229-246. 2001.

KISHIMOTO, T. M. Concepções e práticas sobre formação em contexto: na busca de uma educação de qualidade. In: JOLY, M. C. R. A.; VECTORE, C. (Org.). *Questões de pesquisa e práticas em psicologia escolar*. São Paulo: Casa do Psicólogo, 2006. p. 241-260.

KISHIMOTO, T. M. Introdução. In: *Brincadeiras para crianças de todo o mundo*. São Paulo: UNESCO, 2007. p. 11-33.

KISHIMOTO, T. M. *Jogo, brinquedo, brincadeira e a educação*. São Paulo: Cortez, 1996.

KISHIMOTO, T. M. O brinquedo e a aprendizagem nas brinquedotecas brasileiras. In: ALMEIDA, M. T. P. (Org.). *O brincar e a brinquedoteca*: possibilidades e experiências. Fortaleza: Premius, 2011. p. 17-40.

KISHIMOTO, T. M. Processo de ensinar e aprender: lugares e culturas na educação infantil. In: TRAVERSINI, C. et al. *Trajetórias e processos de ensinar e aprender*: práticas e didáticas. Porto Alegre: EDIPUCRS, 2008. p. 662-678.

KISHIMOTO, T. M. *Relatório de pesquisa*: brincadeiras de faz-de-conta. São Paulo: Fapesp, 1991.

KISHIMOTO, T. M. et al. Jogo e letramento: crianças de 6 anos no ensino fundamental. *Educação e Pesquisa,* v. 37, n. 1, p. 191-211, 2011.

KISHIMOTO, T. M.; RIBEIRO, M. L.S.; BASÍLIO, D. R. Narrativas infantis: um estudo de caso em uma instituição infantil. *Educação e Pesquisa*, São Paulo, v. 33, n. 3, p. 427-444, 2007.

KLINE, S. *Out of the garden*: toys, TV, and children´s culture in the age of marketing. London: Verso, 1995.

KRAMER, S. O papel da educação infantil na formação do leitor: descompassos entre as políticas, as práticas e a produção acadêmica. In: FRADE, I. C. A. S. et al. (Org.). *Convergências e tensões no campo da formação e do trabalho docente.* Belo Horizonte: Autêntica, 2010. p. 111-133.

LAEVERS, F. (Ed.). *The leuven involvement scale for young childres*: Lis-Yc: manual. Leuven: Centre for Experiential Education, 1994. (Experiential Education Series, 1).

LAEVERS, F. Deep learning: an exemplary application on the area of physical knowledge. *European Early Childhood Education Research Journal*, v. 1, n. 1, p. 53-67, 1993.

LAEVERS, F. et al. (Ed.). *Well-being and involvement in care settings*: a process-oriented self-evaluation instrument. Leuven: Research Centre for Experiential Education Leuven University, 2005.

LAEVERS, F. L'education expérientielle: l'implication de l'enfant, un critère de qualité. In: RAYNA, S.; BROUGÈRE, G. (Coord.). *Traditions et innovations dans l'éducation préscolaire*: perspectives internationals. Paris: INRP, 2000. p. 293-322.

LAVE, J. La práctica del aprendizaje. In: CHAIKLIN, S.; LAVE, J. (Comp.). *Estudiar las prácticas*: perspectivas sobre actividade y contexto. Buenos Aires: Amorrotou, 2001. p. 15-46.

LEONG, D. J. et al. *Scaffolding early literacy through play:* development of concepts of print and writing. [S.l.: s.n.], 1999. Disponível em: <http://www.mcrel.org/PDF/EarlychildhoodEducation/4006TG_Scaffolding_Literacy_Through_Play.pdf>. Acesso em: 22 abr. 2011.

MAKIN, L. Creating positive literacy learning environments in early childhood. In: HALL, N.; LARSON, J.; MARSH, J. (Ed.). *Handbook of early childhood literacy*. London: Sage, 2003. p. 327-337.

MAKIN, L.; JONES DIAZ, C. New pathways for literacy in early childhood education. In: MAKIN, L.; JONES DIAZ, C. (Ed.). *Literacies in early childhood*: changing views challenging practice. Sydney: Maclennan & Petty, 2005a. p. 325-335.

MAKIN, L; JONES DIAZ, C. Literacy as social practice. In: MAKIN, L.; JONES DIAZ, C. (Ed.). *Literacies in early childhood*: changing views challenging practice. Sydney: Maclennan & Petty, 2005b. p. 3-14.

MARSH, J. Early childhood literacy and popular culture. In: HALL, N.; LARSON, J.; MARSH, J. (Ed.). *Handbook of early childhood literacy*. London: Sage, 2003. p. 110-125.

MARTINEZ, M.; ROSE, N.; DOWLEY, C. Young children's literacy meaning making. In: HALL, N.; LARSON, J.; MARSH, J. (Ed.). *Handbook of early childhood literacy*. London: Sage, 2003. p. 222-234.

MITCHELL, C.; REID-WALSH, J. *Researching children's popular culture*: the cultural spaces of childhood. London: Routledge, 2002.

MOARANHE, E. A. *Produção oral de histórias, leitura de faz de conta e concepção de escrita de crianças inseridas em classes especiais*. 2001. Dissertação (Mestrado) – Universidade Federal de São Carlos, São Carlos, 2001.

MORRIS, D. The relationship between children's concept of word in text and phoneme awareness in learning to read: a longitudinal study. *Research in the Teaching of English*, v. 27, n. 2, p. 133-54, 1993.

MOYLES, J. R. et al. *A excelência do brincar*. Porto Alegre: Artmed, 2006.

MOYLES, J. R. *Just playing*: the role and status of play in early childhood education Philadelphia: Open University, 1989.

NABUCO, M.; PRATES, S. Melhoria da qualidade em educação da infância a partir de dentro. *Investigação e Práticas*, n. 5, p. 29-42, 2002.

NELSON, K.; SEIDMAN, S. El desarollo del conocimiento social: jugando com guiones. In: TURIEL, E.; ENESCO, L.; LINAZA, L. (Comp.). *El mundo social en la mente infantil*. Madrid: Alianza, 1989.

NEVES, V. F. A.; GOUVÊA, M. C. S.; CASTANHEIRA, M. L. A passagem da educação infantil para o ensino fundamental: tensões contemporâneas. *Educação e Pesquisa*, v. 37, n. 1, p. 121-140, 2011.

OLIVEIRA-FORMOSINHO, J. (Coord.). *Desenvolvendo a qualidade em parcerias:* estudos de caso. Lisboa: Ministério da Educação, 2009.

OLIVEIRA-FORMOSINHO, J. (Org.). *A escola vista pelas crianças*. Porto: Porto, 2008.

OLIVEIRA-FORMOSINHO, J.; ARAÚJO, S. B. O envolvimento da criança na aprendizagem: construindo o direito de participação. *Análise Psicológica*, v. 1, n. 23, p. 81-93, 2004.

OLSON, D. R.; TORRANCE, N. (Ed.). *The Cambridge handbook of literacy*. New York: Cambridge University Press, 2009.

PAHL, K.; ROWSELL, J. *Literacy and education*: understanding the new literacy studies in the classroom. London: Paul Chapman, 2005.

PASCAL, C.; BERTRAM, A. D.; RAMSDEN, F. *Effective learning*: the quality evaluation and development process. Worcester: Amber, 1994.

PASCAL, C.; BERTRAM, T. Avaliando e melhorando a qualidade do brincar. In: MOYLES, J. R. *A excelência do brincar*. Porto Alegre: Artmed, 2006.

PASCAL, C.; BERTRAM, T. *Desenvolvendo a qualidade em parcerias*. Lisboa: Ministério da Educação, 2009.

PASCAL, C.; BERTRAM, T. *Desenvolvendo a qualidade em parcerias*: nove estudos de caso. Porto: Porto, 1997.

PELLEGRINI, A. D.; GALDA, L. Ten years after: a reexamination of the relations between symbolic play and literacy. *Reading Research Quarterly*, v. 38, n. 2, p. 162-175, 1994.

PIAGET, J. *A formação do símbolo na criança*: imitação, jogo e sonho, imagem e representação. Rio de Janeiro: Zahar, 1971.

PIRES, L. *Brincar para quê?* Escola é lugar para aprender: estudo de caso em uma brinquedoteca no contexto escolar. 2009. Tese (Doutorado) – Universidade Federal de Santa Catariana, Florianópolis, 2009.

RAYNA, S.; BROUGÈRE, G. *Traditions et innovations dans l'éducation préscolaire.* Perspectives internationales. Paris: INRP, 2000.

ROSKOS, K. A.; CHRISTIE, J. F.(Ed.). *Play and literacy in early childhood* research from multiple perspectives. Mahwah: Lawrence Erlbaum, 2000.

ROWE, D. W. *Preschoolers as authors:* literacy learning in the social world of the classroom. Cresskill: Hampton, 1994.

ROWE, D. W. The nature of young children's authoring. In: HALL, N.; LARSON, J.; MARSH, J. (Ed.). *Handbook of early childhood literacy.* London: Sage, 2003. p. 258-270.

SELVA, A. C. V.; BRANDÃO, A. C. P. A notação escrita na resolução de problemas por crianças pré-escolares. *Psicologia:* Teoria e Pesquisa, v. 16, n. 3, p. 242-249, 2000.

SIMÕES, V. L. B. Histórias infantis e aquisição de escrita. *São Paulo em Perspectiva,* v. 14, n. 1, p. 22-28, 2008.

SOARES, M. Letramento e alfabetização: as muitas facetas. *Revista Brasileira de Educação,* n. 25, p. 5-17, 2004.

SOARES, M. *Letramento:* um tema em três gêneros. Belo Horizonte: Autêntica, 1998.

SOUZA, E. C.; BANDINI, H. H. M. Programa de treinamento de consciência fonológica para crianças surdas bilíngues. *Paideia,* v. 17, n. 36, p. 123-135, 2007.

SUTTON-SMITH, B. *The folks stories of children.* Philadelphia: University of Pennsylvania,1983.

SUTTON-SMITH, B. The spirit of play. *Review of research,* v. 4, p. 3-15, 1986.

TAVARES, L. H. M. C. *Reflexos do letramento familiar na produção textual infantil:* dos desenhos e rabiscos aos signos alfabéticos. 2008. Dissertação (Mestrado) – Universidade da Paraíba, João Pessoa, 2008.

TEALE,W. H, SULZBY, E. (Ed.). *Emergent literacy*: writting and reading. Norwood: Ablex, 1986.

TREVISAN, A. *Desenhando, lendo e escrevendo – deles*: uma proposta metodológica de alfabetizar. 2007. Dissertação (Mestrado) – Pontifícia Universidade Católica do Rio Grande do Sul, Porto Alegre, 2007.

VANDERBROECK, M. *Éduquer nos enfants à la diversité sociale, culturelle, ethnique, familiale.* Paris: Erès, 2005.

VYGOTSKY, L. S. *La imaginación y el arte en la infancia.* 6. ed. Madrid: Akal, 2003.

VYGOTSKY, L. S. *Mind in society*: the development of higher psychological processes. Cambridge: Harvard, 1978.

VYGOTSKY, L. S. *The collected works of L. S. Vygotsky.* New York: Kluwer Academic, 1999. v. 6.

WITTGENSTEIN, L. *Investigações filosóficas.* São Paulo: Abril Cultural e Industrial, 1975.

WOODHEAD, M. Le développement du jeune enfant: une affaire de droits. In: BROUGÈRE, G.; VANDENBROECK, M. (Dir.). *Repenser lé education des jeunes enfants.* Bruxelles: Peter Lang, 2007. p. 139-161.

Apêndice

Quadro de teses/dissertações e artigos sobre o letramento na educação infantil

Período: 2000-2009

DISSERTAÇÕES/TESES - 15	ARTIGOS - 10
AQUINO, S. B. *O trabalho com rimas na educação infantil e o processo de apropriação da escrita pelas crianças da educação infantil.* 2007. Dissertação (Mestrado) – Universidade Federal de Pernambuco, Recife, 2007.	BANDINI, H. H. M.; OLIVEIRA, C. L. A. C.; SOUZA, E. C. Habilidades de leitura de pré-escolares deficientes auditivos: letramento emergente. *Paidéia*, v. 16, n. 33, p. 51-58, 2006.
CAMÕES, M. C. L. S. *Práticas culturais, leitura e escrita:* o perfil de professores de educação infantil do Município do Rio de Janeiro. 2009. Dissertação (Mestrado) – Universidade Federal do Rio de Janeiro, Rio de Janeiro, 2009.	BELINTANE, C. Linguagem oral na escola em tempo de redes. *Educação e Pesquisa*, v. 26, n. 1, p. 53-65, 2000.
CARVALHO, W. J. A. *Desenvolvimento da consciência fonológica*: da sensibilidade à consciência plena das unidades fonológicas. 2003. Tese. (Doutorado) – Universidade Federal da Bahia, Salvador, 2003.	CHEMBERG, S.; GUARINELLO, A. C. S.; OLIVEIRA, A. P. As práticas de letramento na escola e na família no contexto da surdez; reflexões a partir do discurso dos pais e professores. *Revista Brasileira de Educação Especial*, v. 15, n. 2, p. 251-268, 2009.
BARROS, M. T. A. *Letramento, conhecimento sobre textos e Educação Infantil.* 2008. Dissertação (Mestrado) – Universidade Federal de Pernambuco, Recife, 2008.	DADALTO, E. V.; GOLFELD, M. Características comuns à narrativa oral de crianças na pré-alfabetização. *Revista Cefac*, v. 11. n. 1, p. 42-49, 2009.
CORSINO, P. *Infância, linguagem e letramento:* educação infantil na rede municipal de ensino do Rio de Janeiro. 2003. Tese. (Doutorado) – Pontifícia Universidade Católica do Rio de Janeiro, Rio de Janeiro, 2003.	FONTES, M. J. O.; CARDOSO-MARTINS, C. Efeitos da leitura de histórias no desenvolvimento da linguagem de crianças de nível socioeconômico baixo. *Psicologia*: Reflexão e Crítica, v. 17, n. 1, p. 83-94, 2004.
COSTA, D. C. P. *Construção de gêneros secundários na educação infantil:* a emergência dos gêneros notícia e verbete. 2001. Dissertação (Mestrado) – Universidade de Campinas, Campinas, 2001.	GOULART, C. Letramento e modos de ser letrado: discutindo a base teóricometodológica de um estudo. *Revista Brasileira da Educação,* v. 11, n. 33, p. 450-460, 2006.
GHERSEL, R. R. *Educação infantil*: um estudo sobre a produção textual no universo das crianças não alfabetizadas. 2006. Dissertação (Mestrado) – Pontifícia Universidade Católica de São Paulo, São Paulo, 2006.	KISHIMOTO, T. M.; SANTOS, M. L. R.; BASÍLIO, D. R. Narrativas infantis: um estudo de caso em uma instituição infantil. *Educação e Pesquisa*, v. 33, n. 3, p. 427-444, 2007.

DISSERTAÇÕES/TESES - 15	ARTIGOS - 10
GOMES, H. S. *Narrativas infantis*: contribuição para a autoria da criança. 2005. Dissertação (Mestrado). - Faculdade de Educação da Universidade de São Paulo, São Paulo, 2005.	MELLO, F. T.; MELLO, L. H. C.; TORELLO, M. B. F. A paleontologia na educação infantil: alfabetizando e construindo o conhecimento. *Ciência & Educação*, v. 11, n. 3, p. 397-410, 2005.
KARINSKI, M. A. *Educação infantil:* concepções e práticas de alfabetização e letramento. 2009. Dissertação (Mestrado) - Universidade Federal do Mato Grosso, Cuiabá, 2009.	SELVA, A. C. V.; BRANDÃO, A. C. P. A notação escrita na resolução de problemas por crianças pré-escolares. *Psicologia*: Teoria e Pesquisa, v. 16, n. 3, p. 242-249, 2000.
LUIZ, M. A. O. F. *Os processos de alfabetização e letramento na educação infantil:* contribuições teóricas e concepções de professores. 2009. Tese (Doutorado) - Faculdade de Educação, Universidade de São Paulo, São Paulo, 2009.	SIMÕES, V. L. B. Histórias infantis e aquisição de escrita. *São Paulo em Perspectiva,* v. 14, n. 1, p. 22-28, 2008.
MASSA, A. *Os contos de fadas na sala de aula*: contribuições pra o letramento. 2008. Dissertação (Mestrado) - Universidade Federal do Mato Grosso, Cuiabá, 2008.	
MASSA, C. D. A. *O professor letrador em seu estado nascente*: reflexões sobre o letramento a partir dos contos da literatura infantil. 2008. Dissertação (Mestrado) - Centro Universitário Fieo, 2008.	
MOARANHE, E. A. *Produção oral de histórias, leitura de faz de conta e concepção de escrita de crianças inseridas em classes especiais.* 2001. Dissertação (Mestrado) - Universidade Federal de São Carlos, São Carlos, 2001.	
TAVARES, L. H. M. C. *Reflexos do letramento familiar na produção textual infantil:* dos desenhos e rabiscos aos signos alfabéticos. 2008. Dissertação (Mestrado) - Universidade da Paraíba, João Pessoa, 2008.	
TREVISAN, A. *Desenhando, lendo e escrevendo - deles*: uma proposta metodológica de alfabetizar. 2007. Dissertação (Mestrado) - Pontifícia Universidade Católica do Rio Grande do Sul, Porto Alegre, 2007.	

Fonte: A autora.

2

Desenvolvimento profissional em contexto: estudo de condições de formação e mudança

Mônica Appezzato Pinazza

Este capítulo refere-se a uma investigação-ação desenvolvida em colaboração entre a Faculdade de Educação da Universidade de São Paulo e um centro de educação infantil (CEI) da rede municipal de educação da cidade de São Paulo, desde 2005. Cumprido um período de quatro anos (2005-2008), entendeu-se que, para falar do processo formador desencadeado na unidade de educação infantil e dos eventuais impactos nas práticas com as crianças, nada mais conveniente do que ouvir as próprias pessoas envolvidas nesse processo.

Neste capítulo, pretende-se trazer à luz as impressões pessoais de professoras sobre as suas experiências em uma proposta definida como *formação contínua em contexto*, de tal sorte ser possível depreender, de seus depoimentos, os elementos que melhor definem essa proposta. Para tanto, foram realizadas entrevistas semiestruturadas com 13 professoras do centro de educação infantil, 10 professoras que acompanharam o processo desde 2005 e 3 professoras que chegaram à unidade em 2008 e que manifestaram intenção de permanência em 2009. As entrevistas aconteceram no período de outubro a dezembro de 2008, e os depoimentos foram considerados mediante a realização de análise de conteúdo (Bardin, 1977; Lankshear; Knobel, 2008).

PARA SE PENSAR UMA FORMAÇÃO EM CONTEXTO: CONCEITOS ESTRUTURANTES

A admissão da impossibilidade de aplicação universal das teorizações científicas já havia feito Dewey (1929) anunciar que a ciência pedagógica não se constrói somente a partir dos achados teóricos, no plano intelectual, nem produz regras da prática. "Seu valor para a prática educativa – e toda a educação é ou um modo de prática inteligente ou acidental e rotineira – é indireto; consiste em oferecer instrumentalidades intelectuais que podem ser utilizadas pelo educador." (Dewey, 1929, p. 28). Ele assevera ainda que a "[...] ciência da educação não se encontra nos livros, nem nos laboratórios experimentais, nem nas salas de aula onde se ensina, senão nas mentes dos que dirigem a atividade educativa." (Dewey, 1929, p. 32). Portanto, a ciência da educação não pode ser uma "ciência de gabinete" (*arm-chair science*), descolada do mundo do trabalho das pessoas e de suas práticas educativas.

Trata-se de converter os elementos trazidos pelas histórias de vida e profissão e, por conseguinte, pelas experiências educativas pessoais vivenciadas, como aluno e como docente, em fontes de reflexão dentro dos programas de formação (Catani et al., 1997; Dominicé, 1988; Goodson, 1992; Imbernón, 2002; Josso, 2004; Lortie, 1998; Tardif, 2002; Woods, 1999). A relação teoria-prática sustentada por processos reflexivos assegura aos saberes científicos e aos saberes práticos os estatutos que lhes são próprios no âmbito dos processos formadores (Schön, 1992, 2000; Zeichner, 1992, 1993).

Subjaz a essa perspectiva de formação profissional o caráter de iniciação da educação anunciado por Peters (1979) e que se revela em processos assentados na autoformação. A tarefa desafiadora dos programas de formação pode ser, portanto, trazer à consciência dos indivíduos a sua condição de "inacabamento" ou "inconclusão", o que os "[...] insere em um permanente movimento de busca a que se junta, necessariamente, a capacidade de intervenção no mundo." (Freire, 2000, p. 119).

Isso representa o reencontro com o sujeito que aprende (que se encontra em formação). A psicologia, pelas vias do construtivismo/socioconstrutivismo e da psicanálise, e as ciências sociais, pelos caminhos do interacionismo simbólico, têm contribuído para a sustentação do estatuto epistemológico do sujeito (os processos intrassubjetivos e intersubjetivos).

A profissionalidade docente, que se confunde com o processo identitário dos professores, tece-se na apropriação do sentido de suas histórias pessoal e profissional em uma complexa dinâmica que envolve a subjetividade e a relação com outras subjetividades (Josso, 2004). Não é possível prescindir dessa compreensão no momento de conceber programas de formação, sobretudo de formação contínua em serviço.

É preciso atribuir à pessoa a centralidade no processo de formação e, com isso, tomar como base, na definição de conteúdos e estratégias dos programas formadores, uma epistemologia da prática e uma construção praxiológica dos saberes pedagógicos, de tal sorte fazer vingar os princípios de uma pedagogia da participação em contraposição a uma pedagogia da transmissão (Oliveira-Formosinho, 2007).

A compreensão da práxis como lócus da pedagogia remete à admissão de que as situações de trabalho são potencialmente formativas, ou seja, espaços privilegiados de desenvolvimento profissional, compreendidos como:

> [...] um processo contínuo de melhoria das práticas docentes, centrado no professor, ou num grupo de professores em interação, incluindo momentos formais e não formais, com a preocupação de promover mudanças educativas em benefício dos alunos, das famílias e das comunidades. (Oliveira-Formosinho, 2009, p. 226).

Especialmente os programas de formação contínua não podem se ater somente às competências técnicas, porque devem operar em duas importantes dimensões que se encontram no âmbito da prática profissional, traduzidas em culturas docentes: as particularidades de cada pessoa que exerce a profissão e as referências de práticas instituídas, que compartilham com seus pares nas situações de trabalho (Lima, 2002).

Como propõem Fullan e Hargreaves (2001, p. 41),

> Quando alguém aprende uma prática, é iniciado nas tradições de uma comunidade de profissionais que exercem aquela prática e no mundo prático que eles habitam. Aprendem suas convenções, seus limites, suas linguagens e seus sistemas apreciativos, seu repertório de modelos, seu conhecimento sistemático e seus padrões para o processo de conhecer-na-ação.

Isso implica considerar a relação estreita existente entre formação, trabalho e identidade profissional. Segundo Dubar (2003), os processos identitários correspondem ao "sentido de trabalho" vivido e expressado pelas pessoas em formação. Na compreensão de Dubar (2003, p. 51)

> A formação contínua comporta desafios identitários. A escolha de um tipo de formação (modelo pedagógico) conduz a um processo de legitimação de forma identitária correspondente e da deslegitimação de outras [...]

> Querer fazer passar os indivíduos de uma forma identitária para uma outra constitui um objetivo muito ambicioso que lhe exige, ao mesmo tempo, que mude a configuração dos saberes e a relação vivida no trabalho.

Nessa perspectiva, a formação contínua em serviço deve se centrar na instituição educacional, posto que se vincula diretamente ao seu projeto e não se faz descolada do desenvolvimento institucional. Nas palavras de Barroso (2003, p. 74), é "[...] uma formação que faz do estabelecimento de ensino o lugar onde emergem as atividades de formação dos profissionais, com o fim de identificar problemas, construir soluções e definir projetos.".

A visão ecológica de formação profissional decorre do empréstimo do conceito de ambiente ecológico definido por Bronfenbrenner (1996) para explicar o desenvolvimento humano. Para o teórico, o ambiente ecológico é concebido "[...] como uma série de estruturas encaixadas, uma dentro da outra, como um conjunto de bonecas russas [...]" (Bronfenbrenner, 1996, p. 5) "[...] se estende muito além da situação imediata afetando diretamente a pessoa em desenvolvimento [...]" (Bronfenbrenner, 1996, p. 8). Nessa perspectiva, admitem-se diferentes níveis contextuais de desenvolvimento, que se interconectam: microssistema, mesossistema, exossistema e macrossistema.

Transpondo o raciocínio do desenvolvimento em contexto, ou seja, em uma abordagem ecológica do desenvolvimento, identificam-se como microssistemas os contextos de vivências mais imediatas dos professores, que podem ser representados pelo seu agrupamento de crianças ou pelo contexto de relações que esses profissionais estabelecem com toda a equipe da unidade educacional. A interconexão de microssistemas resulta em um mesossistema. Um grupo de estudos (na universidade ou no interior da unidade como um ambiente diferenciado de relações, por exemplo) do qual participem os profissionais pode representar um outro ambiente, que, interconectado àqueles contextos vivenciais da instituição de educação infantil, pode compor um mesossistema. O exossistema define-se como um ambiente com o qual os profissionais não necessariamente têm contato direto, mas cujas ações interferem no processo de trabalho e de desenvolvimento destes. Os órgãos administrativos (Secretaria Municipal de Educação, Diretorias Regionais de Educação) são exemplares de exossistemas. Por fim, o macrossistema representa o que Bronfenbrenner (1996, p. 8) designa como "[...] padrões generalizados, ou melhor, como uma manifestação de padrões globais de ideologia e organização das instituições sociais comuns a uma determinada cultura ou subcultura.". Por exemplo, as disposições de uma política nacional para a infância de 0 a 5 anos constituem um macrossistema.

No modelo ecológico ou de contextos integrados adotado nesta pesquisa, o conceito de supervisão alarga-se, para poder incluir profissionais que atuam em diferentes instâncias. Podem assumir o papel de supervisores de práticas educativas: os diretores, os coordenadores pedagógicos, os supervisores escolares das unidades de educação infantil, os técnicos ligados ao setor pedagógico dos órgãos administrativos (de controle) e as pessoas ligadas à universidade, que desenvolvem trabalhos em colaboração com as equipes das instituições parceiras.

Conforme definição de Oliveira-Formosinho (2001, 2002), na visão ecológica da prática de supervisão, refuta-se o que, historicamente, caracterizou-se como ação supervisora, ou seja, o seu caráter de inspeção, com forte tendência prescritiva, normativa. Reconhece-se a importância dos contextos de trabalho, das interações e das ações em colaboração com esses contextos, além de admitir a influência dos sistemas sociais e culturais mais amplos sobre os contextos das práticas educativas.

Inspirado nessa perspectiva ecológica com base na reflexão (Dewey, 1959), este estudo aposta na aquisição de saberes tal como descrita pelas psicologias socioconstrutivistas de Vygotsky (1989, 1991) e Bruner (1997, 2002), que compreendem o conhecimento como resultado da construção de significados mediante as interações efetuadas com fenômenos socioculturais. Pelo menos no plano das funções mentais superiores envolvidas, acredita-se que há uma homologia de processos no que tange à maneira como aprendem as crianças e os adultos. É plausível pensar no empréstimo das teorizações de Vygotsky e Bruner para interpretar como, nas relações entre adultos, em uma condição de formação ou supervisão do trabalho educativo, os adultos (supervisores) com conhecimentos mais amplos em determinados domínios podem oferecer, àqueles que ainda não conseguem dar respostas para certas problemáticas vividas em suas práticas, o que Vygotsky designou andaime (*scaffold*)[1] e que Bruner (1997) ampliou ao descrever o sistema de tutoria.

Adotar uma perspectiva ecológica, de contextos integrados, implica admitir o surgimento de outras lógicas regentes do trabalho docente e dos cursos de formação: a lógica da uniformização cede lugar à lógica da diversidade de práticas; a lógica da soberania dos centros formadores sobre os saberes cede espaço à lógica da parceria entre os centros formadores e o sistema de serviços (unidade institucional e outras instâncias do sistema); e a lógica dos programas de pesquisa e intervenção em grande extensão abre caminho para uma outra lógica, a do estudo e da intervenção em profundidade (Pinazza, 2004).

Resulta disso a concepção de uma formação que compreende o desenvolvimento profissional em uma perspectiva da mudança, mas da mudança de cultura das práticas institucionais: uma formação que esteja comprometida diretamente com a identificação e o esforço de transformação dos padrões de trabalho que regem as ações no interior das instituições e para além delas e, por conseguinte, definem os processos individuais e coletivos. Para tanto, é preciso que a instituição se revele em seu potencial para a aprendizagem (Barroso, 2003; Bolívar, 2003; Thurler, 2001) e que esteja aberta aos olhares críticos externos de parceiros de formação, pesquisa e intervenção (Day, 2001; Thurler, 2001).

A lógica defendida neste trabalho é a lógica da cooperação, que admite as singularidades dos contextos e a pluralidade de potencialidades dos profissionais. É uma lógica em que primam as relações interpessoais, em que se projetem, ao mesmo tempo, a individualidade e a equipe (Day, 2001; Fullan, 2003; Fullan; Hargreaves, 2001; Hargreaves, 1998). Trata-se de promover a legitimação dos saberes e convidar as professoras à participação no projeto do CEI, o que corresponde ao exercício de uma pedagogia-em-participação (Oliveira-Formosinho, 2007, 2009).

DADOS SOBRE O PROCESSO ESTUDADO

Contexto da investigação-ação

O processo de investigação-ação a que se refere este estudo teve início, mais efetivamente, no ano de 2006 e implicou um trabalho colaborativo, fruto de parceria estabelecida, a partir de 2005, entre uma equipe da universidade e um CEI pertencente à Diretoria Regional de Educação da Penha, vinculada à Secretaria Municipal de Educação de São Paulo.[2]

Esse CEI foi criado em 1992 como um Equipamento Social vinculado à Secretaria da Assistência Social (SAS) e à Secretaria da Família e do Bem-Estar Social (Fabes). Em 1999, recebeu, por meio de concurso público, a primeira diretora efetiva, que permaneceu no cargo até 2008. No ano de 2002, em conformidade ao Decreto Municipal de São Paulo nº 40.268, de 31 de janeiro de 2001, passou a pertencer à Secretaria Municipal de Educação de São Paulo, recebendo a atual denominação. Em 2004, por meio de concurso público, houve o provimento do cargo de Coordenadora Pedagógica. A profissional efetivada continua a ocupar o cargo até os dias atuais.

À época, a instituição tinha capacidade oficial de atendimento para 160 crianças ao ano. Os agrupamentos eram designados de: Berçário 1 (0 a 1 ano); Berçário 2 (1 a 2 anos); Minigrupo (2 a 3 anos); 1º Estágio (4 a 5 anos) e 2º Estágio (5 a 6 anos). Em 2007, suprimiu-se o atendimento no 2º Estágio. Em 2007 e 2008, foram compostos 12 agrupamentos. Até 2008, o período de permanência das crianças era de 12 horas (das 7h às 19h). Os Berçários e os Minigrupos contavam com duas professoras no período da manhã e duas no período da tarde. Já o 1º Estágio contava com uma professora para cada um dos períodos. A proporção adulto/criança girava em torno de sete crianças para um adulto no Berçário 1; 9 a 10 crianças para um adulto no Berçário 2; 12 a 13 crianças por adulto no Minigrupo; e 22 crianças para um adulto no 1º Estágio.

O CEI era constituído por três instâncias de atuação profissional: equipe técnica, equipe de ação educativa e equipe auxiliar da ação educativa. Constavam da equipe técnica a Direção e a Coordenação Pedagógica. A equipe de ação educativa compunha-se de 28 professoras, sendo que 24 delas atuavam como responsáveis/referências dos agrupamentos e quatro "professoras volantes" atuavam no suporte ao trabalho educativo junto aos agrupamentos. A equipe auxiliar da ação educativa era formada por: auxiliar técnico de educação (ATE); agente de apoio; agente escolar; agente de administração-vigilância e auxiliar de enfermagem.[3] Foram entrevistadas, neste estudo, 13 professoras efetivas, sendo que 10 acompanharam todo o processo de formação de 2005 a 2008, participando dos encontros no interior da unidade e das discussões no grupo de estudos "Contextos integrados de professores", na universidade, e três chegaram em 2008 com a projeção de dar continuidade ao trabalho no CEI, no ano seguinte.

Estabelecimento da parceria: condições iniciais

O intuito de conceber uma formação centrada na escola, em uma perspectiva ecológica de supervisão de práticas em contexto, determinou o estreitamento de relações com os investimentos de formação, desenvolvimento e inovação realizados no âmbito da Associação Criança (Braga, Portugal). Dos trabalhos da Associação, cujo início data de 1995, depreenderam-se os princípios norteadores do trabalho colaborativo configurado nos moldes de uma investigação-ação, a começar do processo de escolha da parceria (Oliveira-Formosinho; Formosinho, 2001). A despeito das particularidades dos estudos e intervenções da Associação, resultantes da configuração muito própria da realidade das instituições portuguesas apoiadas, a experiência pretendida aqui no Brasil serviu-se dos mesmos elementos de base no reconhecimento e na definição da unidade de educação infantil parceira no empreendimento de formação e intervenção que se pretendia desenvolver a partir de 2005. Conforme advertem Oliveira-Formosinho e Formosinho (2001), na escolha de parcerias é preciso estabelecer critérios de decisão, que apontem se há ou não condições organizacionais favorecedoras do processo colaborativo na organização escolhida, "[...] concernentes à missão assumida por essa organização, condições relativas à visão e à sua corporização (liderança), condições referentes ao empenhamento organizacional e à abertura por parte dos dirigentes e dos profissionais [...]" (Oliveira-Formosinho; Formosinho, 2001, p. 47).

Para a constituição da parceria entre a universidade e o CEI considerado neste estudo, cumpriu-se uma trajetória importante de aproximação. Em 2003, a diretora e a supervisora escolar da instituição passaram a integrar o grupo de estudos "Formação profissional e práticas de supervisão em contexto".[4] No ano seguinte, a coordenadora pedagógica juntou-se a esse grupo. Ao longo de 2005, o trio gestor (diretora, coordenadora pedagógica e supervisora escolar) do CEI demonstrou crescente interesse em desenvolver um trabalho de cooperação com a equipe de pesquisa da universidade. No segundo semestre desse ano, iniciaram-se as primeiras ações de formação no contexto de trabalho com a presença da pesquisadora/supervisora externa, envolvendo toda a equipe da unidade de educação infantil, com participação em reuniões pedagógicas. A esse tempo, as professoras foram convidadas a compor o grupo de estudos "Contextos integrados – Formação de professores",[5] sendo que um grupo delas aderiu imediatamente à proposta. Foram fundamentais as conversas realizadas com a diretora, a coordenadora e as professoras ao longo desse primeiro momento de aproximação. Foram decisivas para a concretização da parceria e do trabalho colaborativo as seguintes circunstâncias: 1. relativa estabilidade na composição do grupo com bom índice de permanência de profissionais; 2. histórico de envolvimento no trabalho e disponibilidade de investir em ações para as crianças e suas famílias; 3. percepção de necessidade de mudanças por uma grande parcela dos membros da equipe; e 4. tendência individual à busca por formação profissional.

Na expressão da própria equipe, as condições encontradas no início do trabalho colaborativo, em 2005, eram: 1. fortes resquícios de uma visão assistencialista, centrada nos serviços de alimentação, higiene e saúde; 2. perspectiva pedagógica transmissiva adultocentrada com foco no currículo e nas ações dos adultos; 3. práticas educativas no âmbito da instituição descoladas das histórias e das ações da família e comunidade; 4. planejamento e realizações com tendência ao individualismo, sem esforço de colaboração coletiva; e 5. persistência de uma cultura doméstica no desenvolvimento das ações e enfrentamento de tensões/conflitos – imediatismo, improviso e deslocamentos de funções.

Formação, pesquisa e intervenção

De 2006 a 2008, intensificaram-se as ações de pesquisa, formação e intervenção no contexto de trabalho, envolvendo a constituição de dois contextos formadores em conexão estreita.[6] Esses contextos podem ser considerados, na perspectiva ecológica do desenvolvimento de Bronfenbrenner (1996), dois microssistemas distintos, mas em integração, que se reúnem aos microssistemas preexistentes no CEI e de grande significado às professoras, sendo eles: o microssistema representado pelo agrupamento de crianças de cada uma das professoras e, em outro nível, o microssistema composto pelas professoras e outros profissionais da equipe.

Um contexto, *centrado na unidade de educação infantil*, operava essencialmente com participações da pesquisadora/supervisora externa, em sessões de discussão dos planos de ação com professoras e equipe gestora; reuniões semanais com as gestoras, especialmente, com a coordenadora pedagógica; encontros de formação semanais com o grupo de professoras e reuniões pedagógicas. Consistia também do trabalho colaborativo o desenvolvimento de estudos das práticas realizados por componentes do grupo de pesquisa (alunas-orientandas de iniciação científica e pós-graduandos supervisionados pela pesquisadora), experiências de formação em oficinas com profissionais especializados e encontros com pesquisadores nacionais e internacionais convidados.

Outro contexto, *constituído em forma de um grupo de estudos na universidade*, era coordenado por outra pesquisadora da Faculdade de Educação. Designado "Contextos integrados de professores", o grupo tinha reuniões, à época, com periodicidade quinzenal. Participavam desses encontros membros da equipe do CEI aqui estudado, juntamente com professoras de outras unidades de educação infantil da rede municipal de São Paulo. Os trabalhos constituíam-se, essencialmente, de relatos de experiências trazidos pelas professoras analisados à luz de teorizações. Ocorreram também, nesses encontros, oficinas e diálogos com pesquisadores convidados.

FORMAÇÃO EM CONTEXTO: OLHARES DE PROFESSORAS

Stenhouse (1998) defende o papel importante dos professores na investigação educativa e compreende o ângulo de análise desses profissionais como fundamental para que se concretize um processo de "[...] indagação sistemática e autocrítica [...]" (Stenhouse, 1998, p. 36). Para o autor, um esforço investigativo só será útil se as práticas dos professores forem beneficiadas.

> Empregar a investigação significa realizá-la. O professor tem uma base de motivação para a experimentação. Nós, os investigadores, temos razões para suscitar essa motivação: sem uma reação investigadora dos professores nossa investigação não pode ser utilizada. (Stenhouse, 1998, p. 38).

Em consonância com esse enunciado, que norteou todo o caminho da investigação-ação desenvolvida com a equipe do centro de educação infantil, considerar as percepções e as manifestações de professoras sobre um processo que experienciaram, não só como pessoas da prática como também investigadoras de suas próprias realizações, pode ser uma forma de melhor definir um processo formativo tal como o pretendido nessa formação em contexto. Mediante uma análise de conteúdo (Bardin, 1977; Lankshear; Knobel, 2008) dos depoimentos, emergiram categorias que dão conta de elementos definidores do processo formativo.

Teorizações a serviço das práticas: novos saberes, novos rumos ao trabalho

Ao se referirem ao processo de formação, que se estabeleceu em parceria com o CEI, as professoras destacam como um aspecto definidor a possibilidade de aproximação de suas práticas com as teorizações. Elas afirmam que as teorias contribuíram à atribuição de sentido a tudo aquilo que faziam no cotidiano, à medida que foram compreendidas em sua pertinência com a realidade vivida.

> [...] o *Contexto veio para ajudar a gente a pensar mesmo, a refletir muito sobre o que a gente faz. Muitas coisas a gente fazia, mas não tinham significado. A gente fazia e não conseguia entender.* Também percebia que faltava alguma coisa e a gente não sabia o quê. [...] Para mim, a contribuição dos Contextos é a parte teórica [...] muita coisa eu não conhecia. (Depoimento de P7).

> Antes a gente trabalhava [...] sabe um trabalhador que faz a coisa mecânica? *A gente trabalhava, trabalhava, trabalhava e era assim: a prática, a prática, a prática [...] a gente começou pensar em teoria, no que a gente está fazendo e que teoria é essa.* Quem que foi que estudou isso para dizer para a gente que a gente está em movimento? (Depoimento de P8).

Nos depoimentos das professoras, desvela-se o conceito do ato de pensar reflexivo enunciado por Dewey (1959) como um esforço consciente e voluntário para esclarecer as crenças iniciais sobre os fatos e objetos do mundo, afastando as pessoas da impulsividade e das ações rotineiras. O processo de formação é considerado pelas professoras como um fator de mudança e, na totalidade dos depoimentos, o processo vivido por elas é vinculado à transformação de práticas.

> [...] o que há de interessante é o fato de ser uma visão que vem de fora para o nosso grupo [...] *Muda muito a nossa prática porque promove envolvimento [...] Os temas, os estudos que estão em cima de nossas práticas* [...] O Vygotsky não vem, por exemplo, solto. Ele vem com as nossas práticas. Não são acontecimentos de lá para cá, de fora para dentro, são acontecimentos de nossa prática. (Depoimento de P2).

Sem destituir as pessoas do que elas trazem de experiências de vida, de formação e de profissão, as teorizações permitem avançar na busca da solução de problemas e no esclarecimento de suas intenções no trabalho educativo. Os saberes científicos e os práticos têm seus próprios estatutos assegurados, mas confluentes (Schön, 1992, 2000; Zeichner, 1992, 1993). Eles legitimam a autoria das realizações das professoras, o que lhes permite falar em valorização de seu trabalho, revelada na explicitação das tomadas de decisão e no fortalecimento do trabalho docente.

> [...] eu acredito muito na teorização das práticas. A gente mostra uma prática. A gente tem uma prática aqui. Eu aprendi muito a consultar livros, coisa que eu não tinha o hábito. E isso eu devo muito à formação, ao Contexto [...]. Expor as práticas e a evolução deste movimento, este deve ser o processo de formação. Esta formação já superou só ouvir as práticas. Boa parte deste grupo já consegue resolver problemas que acontecem entre as duplas [refere-se às duas professoras que atuam no mesmo agrupamento de crianças] [...] a gente ganhou autonomia. (Depoimento de P3).

> [...] Para mim, o Contexto foi me *dizer em palavras, em estudos, em conhecimentos, em pesquisa, todo o valor do nosso trabalho* [...] Todos esses estudiosos que a gente não conseguia [...]. Eu, por exemplo, sabia da importância do trabalho com a criança, tudo [...] eu sabia que existiam teóricos, que existe toda uma literatura sobre a educação infantil, mas eu nunca fui atrás [...] toda esta formação, eu a vejo como uma valorização do nosso trabalho [...] o fato de você ser enxergada como profissional de educação infantil [...] é uma valorização que faz com que você queira mais [...]. (Depoimento de P9).

Nessa ótica, as professoras transformam-se em estudiosas e investigadoras de suas próprias práticas (Day, 2001; Schön, 1992, 2000; Stenhouse, 1998), verdadeiras responsáveis pela concretização de mudanças e implementação de inovações e, por conseguinte, pela melhoria da qualidade de trabalho educativo e de desenvolvimento das práticas no âmbito da instituição (Fullan; Hargreaves, 2001 Hargreaves, 1998).

> [...] os problemas continuam a existir, mas têm outro olhar [...] A gente faz uma retrospectiva de tudo que a gente viveu [...] A gente fala: Nossa! Hoje não preciso mais montar uma apresentação [...] as coisas fluem mais naturalmente [...] Este tipo de formação [em Contexto] já impregnou. (Depoimento de P3).

> Eu acho que o que mudou na minha formação foram muitas coisas, muitas coisas [...] Hoje tenho uma prática muito diferente da que eu tinha [...] extremamente! É lógico que eu já vinha desenvolvendo uma prática mais diferente, não era tão tradicional [...] eu já vinha de estudos [...] a minha formação já era um pouco diferente [...] (Depoimento de P2).

> [...] eu vejo a presença do Contexto e a sua presença [refere-se à supervisora externa/pesquisadora] como uma parceira de descobertas. Porque eu acho que hoje eu não sou a mesma pessoa, não sou mesmo! Eu me vejo

falando coisas que eu penso: Gente! Há 5 anos, eu jamais ia falar isso. Foi uma mudança muito grande no meu modo de pensar. (Depoimento de P6).

Pode-se dizer que houve o reconhecimento de que a conduta desenvolvida no processo de formação norteou a criação de um *modus operandi* no próprio grupo. Ao serem chamadas a investigar suas próprias práticas, houve uma ampliação de foco de análise das professoras. Isso implicou o fato de não só se verem na prática, mas também se verem como sujeitos de sua própria profissionalidade. Denota uma condição identitária, que permite que a pessoa fale de si e de sua prática com autoridade de quem viveu, experienciou, portanto, com autoria (HOLLY, 1995; MOITA, 1995; NÓVOA, 1992, 1995, 1999; SACRISTÁN, 1995).

Formação como supervisão de práticas: uma perspectiva ecológica

Ao se referirem à formação contínua em contexto, as professoras entrevistadas fornecem evidências de que se instalaram importantes relações mesossistêmicas (BRONFENBRENER, 1996) a partir do trabalho colaborativo que se estabeleceu entre o CEI e a equipe da universidade. Elas reconhecem essa condição sistêmica como o diferencial do processo formativo experienciado por elas, em que os lócus de formação constituídos na investigação-ação – grupo no interior do CEI (microssistema) e grupo de estudos da universidade (microssistema) – compõem e se interconectam com os outros contextos vivenciais (microssistemas) das professoras, quais sejam: o seu agrupamento de crianças e o contexto de relações estabelecidas com outras professoras e profissionais da equipe.

> *A formação em Contexto faz a diferença e a diferença está neste elo da realidade, daqui, do dia a dia, na parte prática e na parte teórica e no acesso a mais conhecimentos, a outros ambientes, com outros educadores* [...] faz a diferença, sim! Existem outros espaços, outros afluentes: a USP [a vivência com o "grupo de estudos contextos de professores"] e outros espaços culturais para os quais nós vamos fazem parte do Contexto que vem enriquecer, mesmo. *Não fica nada "cortado", segmentado.* (Depoimento de P5).

> *O diferencial do Contexto é aproximar-se da equipe e conhecê-la realmente.* Não sei se você [a supervisora externa/pesquisadora] acreditava na época que a mudança ia ser tão grande? Que as pessoas cresceriam como cres-

> ceram? [...] Se você não viesse aqui na unidade, você não ajudaria tanto a equipe [...] é fundamental a sua presença aqui [...] não é a mesma coisa só participar na USP [no grupo de estudos "Contextos de professores"] ou receber oficineiros que vêm aqui por conta da parceria. *São só parcelas de formação* [...]. (Depoimento de P8).

> Você [a supervisora externa/pesquisadora] mostra que está envolvida e vem até aqui [...] eu mostro que estou envolvida em aprender mais, então eu vou até a USP [no grupo de estudos "Contextos de professores"], vem um oficineiro, e aí as práticas começam a mudar, a melhorar [...] porque na USP a profa. Tizuko [outra docente/pesquisadora], ela falou alguma coisa [...] A Tizuko, por exemplo, falou do brincar organizado, na reunião à noite. E aí, aqui na reunião, você comenta sobre nossa prática, sobre a criança, e daí vem o oficineiro e fala sobre o brincar [...]. (Depoimento de P8).

Ao enunciarem nesses termos o trabalho de formação, as professoras deixam explícita a condição de interlocução que se estabeleceu entre contextos de vivências e de formação como uma característica essencial da formação em contextos, em uma visão ecológica.

O depoimento da professora P4, a seguir, revela sua percepção sobre a parceria realizada entre a universidade e a unidade de educação infantil no plano de um projeto de formação em contexto. Exprime, em palavras simples, o que se pretende em última instância.

> Eu entendo a chegada da universidade como uma parceria [...] A gente tinha necessidade de esclarecimentos e você [a pesquisadora] também tinha necessidade de esclarecimentos – uma troca: você tinha coisas para oferecer para a gente e a gente tinha necessidade [...] o modo de trabalhar, as dúvidas que a gente tinha porque estava começando a trabalhar o planejamento, rotina [...] a gente não tinha esse tipo de serviço [...] era tudo assim [...] "vai na valsa", vamos dizer assim. A gente não tinha aquele esclarecimento para planejar as atividades, rotina [...] *a parceria trouxe orientação para a gente.* [...] *Eu percebo que é uma troca* [...] A gente lida diariamente com essas crianças [...] a gente tem a prática e você tem a teoria, que é mais profundo [...] muitas coisas que a gente faz, a gente não tem aquela visão de que estudiosos já fizeram. Wallon já fez, Dewey já fez, Piaget já fez e você faz essas práticas [...] você acaba *complementando, teorizando, mostrando o que os estudiosos já fizeram. Isso acaba completando aquilo que a gente faz.* (Depoimento de P4).

Completa sua impressão trazendo a compreensão sobre o estabelecimento do caráter ecológico de formação:

> O grande mérito do Contexto é o reconhecimento, é o enriquecimento das práticas [...] porque a gente leva as práticas e discute com outras unidades, faz trocas [a sistemática de trabalho do grupo de estudos "Contextos de professores"]. (Depoimento de P4).

> A formação aqui no CEI [no interior da unidade] permite que a gente traga coisas de fora, mas discute coisas daqui de dentro [...] do cotidiano [...] da nossa realidade [...] as nossas vivências e as nossas necessidades [...] eu acho que é muito importante. (Depoimento de P4).

Em seus depoimentos, as professoras interpretam, claramente, as expressões "contextos integrados" e "processo ecológico de formação e mudança" ao indicarem que a diferença e a riqueza do processo formativo na perspectiva ecológica repousam nas conexões estabelecidas entre os contextos vivenciados pelas professoras. Elas ratificam a tese de que esse caráter sistêmico favorece o desenvolvimento profissional em consonância com o desenvolvimento organizacional (Fullan; Hargreaves, 2001; Oliveira-Formosinho, 2009; Oliveira-Formosinho; Formosinho, 2001, 2002), na medida em que ele fortalece a equipe e transforma a instituição em uma comunidade de aprendizagens (Day, 2001; Fullan, 2009; Oliveira-Formosinho; Formosinho, 2001).

Na compreensão das professoras, a constituição de um processo ecológico de formação e mudança não se faz sem a compreensão do movimento pelas próprias profissionais em formação. É preciso contar que as pessoas estejam com seus espíritos abertos à reflexão e à mudança e que, portanto, estejam disponíveis a colocar em questão e em inquirição seus saberes, suas crenças e seus valores (Dewey, 1959; Lewin, 1973).

> Eu acho que o grupo se esforçou [...] em formação, em estudos, indo à USP [participação dos membros da equipe no grupo de estudos "Contextos de professores"] permitindo que você falasse [...] buscando nos livros. "O que será que ela está falando?" Uma ia trocando com a outra. O grupo quis crescer. O grupo quis entender o que você estava falando. (Depoimento de P8).

Em uma condição de supervisão ecológica de práticas, como processo formativo em contexto, o aprendizado e a transformação têm lugar também no plano vivencial da pesquisadora/supervisora externa, o que caracteriza a prática da investigação-ação (Stenhouse, 1998). É o que indica o seguinte depoimento:

> Você não mudou, mas você percebeu a distância. Tanto é que você fala alguma coisa para a gente e você percebe que a gente está "voando", aí você esclarece para a gente [...]. (Depoimento de P8).

Estabelece-se com o grupo um processo de aproximação, de respeito e de pertença. Isso se traduz, para as professoras, em termos de uma aproximação entre a teoria e prática. Pode-se dizer que o que está em jogo é a partilha de conhecimentos e de um sistema de crenças e valores (Day, 2001; Fullan; Hargreaves, 2001; Oliveira-Formosinho, 2009).

> Hoje eu penso que foi um acréscimo muito grande [o processo de formação em Contexto]. Tranquilizou-me muito, porque eu percebi o interesse em descobrir, mesmo, a nossa prática, em ver a nossa realidade e o incentivo para a gente adquirir mais teoria, mas não aquela teoria "cansativa" [...] você vai ler, vai ler, vai ler [...] *Mas eu acho que foi interligando* [...] eu, pessoalmente, fui me aprofundando mais na teoria porque ela veio de encontro com [ao encontro de] a minha prática, mesmo. (Depoimento de P5).

> Você [a pesquisadora/supervisora externa] tenta localizar onde tem problemas, tenta atuar [...] Então é isso [...] tem uma devolutiva para a gente [...] Então, a gente acaba investindo, acreditando, centrando no que você fala. É muito interessante! [...] Eu consigo visualizar, na formação, as coisas que acontecem no concreto [...]. (Depoimento de P1).

A relação mesossistêmica que mereceu destaque nos depoimentos das professoras foi a que se estabeleceu, especialmente, no âmbito da unidade educacional. Fazendo referência à presença e à atuação da supervisora externa/pesquisadora e ao processo de formação que acontece no interior do CEI, a professora P8 assevera:

> É fundamental a sua vinda aqui [...] É como se você estivesse falando para o grupo: "Eu estou com vocês! Eu estou com vocês! [...] Daí que eu falei do compromisso que você assume de data e horário cumpridos [...] Isso firma muito [...] *forma uma aliança* [...] as pessoas vão [...] Pensam: "Ela está aqui porque ela está preocupada com esta equipe, porque ela quer ajudar esta equipe". É diferente ler uma carta sua na internet [...] *A gente sente você, a gente tem dúvidas* [...] *a gente troca* [...].

A questão do compromisso com a equipe revela-se na própria aproximação da formação dos anseios do grupo. Diz a mesma professora: "As nossas reuniões pedagógicas ganharam um valor inestimável com a sua vinda para cá [...] trazendo temas que a gente precisava ouvir, falando de planejamento [...]".

O processo formativo não escapou das ressalvas da professora P1, quando ela questiona o alcance real da formação e da mudança, destacando a imensa complexidade que implica a prática de formação e que, em definitivo, derruba por terra as possibilidades de uma formação única, em um modelo único (Araújo, 2007; Formosinho). Ademais, isso corrobora a afirmação de Fullan e Hargreaves (2001, p. 62) de que "[...] a mudança significativa e duradoura é lenta. As pessoas não mudam da noite para o dia [...]".

> O CEI mudou. A gente vê. A gente vê mais mudança nos registros [...] Eu penso muito. [...] O registro melhorou muito, mas às vezes eu olho a prática e não sei se melhorou tanto assim [...] Há uma partilha de princípios da equipe do CEI [...] e isto é bem feito [...] Até os princípios, as pessoas estão presentes. O PPP [Projeto Político-Pedagógico da unidade] retrata bem. Na hora de fazer valer é que as coisas complicam [...] Eu não sei se é na formação das pessoas, no momento das pessoas, nas práticas [...] Eu não sei se isto tem muito jeito de mudar nas pessoas [...]. (Depoimento de P1).

Outra professora, que chegou ao CEI em 2008, ao perceber a lógica pretendida no processo de formação em contexto, começa a compreender melhor a própria parceira de trabalho, com a qual não consegue partilhar as práticas no interior do agrupamento que dividem.

> Daí eu vi que vocês davam muita ênfase ao processo [...] Foi a formação que me permitiu ver o processo. Daí, outro nó: como que uma unidade tem uma formação tão boa e as pessoas não estão engajadas nesta formação? [alude, especialmente, à colega que divide o mesmo agrupamento de crianças] [...] Eu sei que é um processo e que o tempo dela é um e o meu é outro [...] Não estão perfeitas as coisas para mim, na minha cabeça [...] ainda estão confusas. (Depoimento de P11).

Há algo de positivo nisso, porque a formação auxiliou as pessoas a construírem sobre si e sobre a equipe uma crítica que desvela processos pessoais, o que indica a real complexidade do que se faz em pedagogia, cujo lócus encontra-se na práxis (Oliveira-Formosinho, 2007). Passa-se a suspeitar dos aligeiramentos e das práticas uniformizadas de formações que, na verdade, não incidem no plano do desenvolvimento profissional (Formosinho, 2009; Formosinho; Araújo, 2007; Oliveira-Formosinho, 2009).

Colaboração na investigação-ação: um pacto que percorre o processo

A experiência de trabalho colaborativo realizado com a equipe do CEI trouxe importantes referências relativas à constituição de parcerias no campo da investigação-ação. As expectativas das pessoas não são necessariamente tocadas nas primeiras negociações. Tudo indica que há um longo processo de elaboração interior sobre os acontecimentos e que a própria percepção de equipe fortalece o investimento pessoal no processo de desenvolvimento profissional, de compreensão de seus próprios processos.

Tanto entre as 10 professoras que acompanharam todo o processo de formação, de 2005 a 2008, quanto para as três professoras que chegaram ao CEI em 2008, observa-se que os depoimentos dão conta de que as expectativas pessoais em relação à chegada de uma proposta de formação são variadas. Cada pessoa vivencia de modo particular o processo. As apreensões parecem decorrer de experiências de formação passadas vividas pelas professoras e remetem a um modelo muito próprio de uma pedagogia da transmissão (Oliveira-Formosinho, 2007, 2009), em que o investimento recai no ato de ensinar competências técnicas. Essas experiências formadoras têm sido alvos de críticas pelo seu caráter descolado das experiências e das realidades dos contextos de trabalho (Day, 2001; Fullan; Hargreaves, 2001; Formosinho; Araújo, 2007 Nóvoa, 1992).

> A minha visão sobre a supervisão externa mudou muito [...] Porque eu tinha uma expectativa assim que [...] de vir alguém com muitos saberes, com muita teoria, que iria passar para mim isso. Muita coisa para ler, muita teoria, muita papelada. E que também vinha com uma cultura que eu talvez não alcançasse [...] falasse uma linguagem diferenciada da minha [...] que fosse muito técnica, muito mais [...] (Depoimento de P5).

> Num primeiro momento, fiquei um tanto apreensiva porque a gente não sabia bem o que ia acontecer. Se, de repente, era alguém para vir apenas para bisbilhotar e dar os seus palpites e não ia nos favorecer em nada [...] a pessoa chega, palpita aqui, palpita ali e cai fora. Não só eu, mas várias

> pessoas acabaram ficando com um "pé atrás" até ficar sabendo o que estava acontecendo. (Depoimento de P6).

> No começo, eu, pelo menos, fiquei insegura. Será que está querendo ensinar? [a pesquisadora/supervisora externa] Parecia que tudo que se colocava, parecia que estava só fazendo errado. E, daí, com o tempo, a gente vai percebendo que não é assim. Não tem certo nem errado. (Depoimento de P7).

As percepções dessas mesmas professoras modificaram-se quando se depararam com uma prática de supervisão que se aproximou dos seus reais anseios e se desenvolveu em uma cumplicidade com o processo de autoformação e de formação do coletivo.

> Tranquilizou-me muito, porque eu percebi o interesse em descobrir, mesmo, a nossa prática, em ver nossa realidade e o incentivo para a gente adquirir mais teoria, mas não aquela teoria "cansativa" [...]. (Depoimento de P5).

> Hoje, eu vejo a presença do Contexto e a sua presença [a pesquisadora] como uma parceira de descobertas. Porque eu acho que hoje eu não sou a mesma pessoa, não sou mesmo! Eu me vejo falando coisas que eu penso: Gente! Há cinco anos, eu jamais ia falar isso. Foi uma mudança muito grande no meu modo de pensar. (Depoimento de P6).

> [...] o Contexto veio para ajudar a gente a pensar mesmo, a refletir muito sobre o que a gente faz. Muitas coisas a gente fazia, mas não tinham significado. A gente fazia e não conseguia entender. Também percebia que faltava alguma coisa e a gente não sabia o quê. [...] Para mim, a contribuição dos Contextos é a parte teórica [...] muita coisa eu não conhecia. (Depoimento de P7).

O grande diferencial entre uma proposta de formação em contexto, como a acontecida no bojo do processo de investigação-ação analisado, e outra proposta descontextualizada pode ser bem compreendido na expressão das professoras.

> No início, eu achei que você viria conhecer a unidade, as pessoas, mas que não levaria adiante. Foi uma impressão que eu tive: "Ela não vai levar adiante!" [...] Primeiro que, na primeira reunião em que a J. [a diretora] falou que você viria para cá, uma das pessoas levantou assim: "É para nos ajudar? Ou a gente vai ser cobaia deles? [alude à academia]" E, daí, eu

passei a pensar nisso: "Será que só vão nos usar para estudo, apenas? E a gente vai continuar na mesma? Porque se não é para crescer, também não vai mudar em nada!". (Depoimento de P8).

A professora P8 atribui a mudança de sua percepção à revelação do compromisso da pesquisadora/supervisora externa com o grupo.

> E aí fui percebendo o seu compromisso com o grupo [...] o que eu acho que existe de mais forte é você falar assim [...] que vem tal dia, e tal dia você está aqui. Você traz consigo esta responsabilidade. Você está envolvida.

Algo se evidencia nas expressões das professoras. Tudo indica que as experiências mais presentes de formação e de supervisão de práticas tendem a ser pautadas em termos do certo e do errado e que o foco é adaptar as pessoas a uma dada condição de trabalho. As formulações das entrevistadas remetem a um modelo de formação assentado na ideia de superação de déficits e de adaptabilidade (Correia, 2003). Daí a primeira atitude ser de resistência e, até mesmo, de hostilidade (Lewin, 1973).

> [...] eu ficava brava: "Meu Deus do Céu! Parece que a gente não sabe lidar com as crianças!" [...] No início eu pensava: "Meu Deus! Esta mulher [a pesquisadora/supervisora externa] está aqui só para apontar o que está errado [...] Meu Deus! Ela quer saber mais do que todo mundo" [...] (Depoimento de P9).

O processo de formação em contexto revela a intenção de se conduzir uma investigação para a ação (Oliveira-Formosinho, 2009), e as pessoas passam a compreender o sentido da formação e o seu próprio papel no processo formador como sujeitos investigadores de suas práticas (Stenhouse, 1998).

> Aí, depois, eu comecei a perceber que você estava tentando entender as coisas [...] O que mais me chama atenção em você é a sua simplicidade, é a forma de tratar a gente com uma igualdade. Você poderia chegar aqui: "Eu sou professora da USP" e colocar-se lá em cima, como professora, e nós como alunas. Mas você não! Você fala a mesma língua que a gente. [...] Eu me sinto tranquila de falar coisas para você e se eu não concordar com alguma coisa eu fico tranquila de falar, porque eu sei que você vai me ouvir e de uma maneira que não seja uma "crítica", mas você vai tentar me ajudar [...] Eu já vejo você como uma parte do nosso CEI. (Depoimento de P9).

As atitudes de recusa e os temores manifestam-se como expressões de uma condição que abala o que está estabelecido e requer das pessoas um esforço em se colocar à prova em outra condição (Dewey, 1959; Lewin, 1973). É sair da área de conforto e efetuar o enfrentamento de situações que, até então, não eram necessariamente vistas como situações-problema, a partir das quais seria preciso investir em inquirição. É como se essas situações-problema estivessem adormecidas, esperando para serem reveladas. Ao mesmo tempo, a longa história de deslegitimação de saberes resulta em uma condição de refração diante de novas propostas. Defronta-se com uma incompreensão do que seja o estabelecimento de uma cultura de mudança, que deve ser diferenciada da adoção de um mero sucedâneo de inovações (Fullan, 2003; Fullan; Hargreaves, 2001).

> Quando você chegou aqui em 2005 [no início do trabalho colaborativo], às vezes, dava raiva: "Nunca é o que estou fazendo!" [...] Eu vi sua entrada com medo. Quando você vinha, eu falava: "Puxa vida! Na perspectiva do que ela quer, eu estou fazendo tudo fora do esquadro". Então, quando você vinha, eu dizia: "Ai, meu Deus! Ela já vai ficar vendo tudo errado". (Depoimento de P10).

A vivência do processo assegurou à mesma professora um olhar diferente a respeito do que se pretendia como mudança. Não se tratava de instituir meras inovações de práticas, mas promover um pensar diferente sobre elas.

> Aí, depois, eu fui vendo que não é isso. Que você não vinha aqui para mostrar o que estava errado [...] Vinha aqui para ajudar a gente a descobrir o melhor caminho [...] E, aí, foi ficando mais tranquilo. Eu não ficava mais com medo. Não é uma questão de cobrança, mas de colaboração. Aí, fica mais tranquilo, fica mais fácil de você fazer as coisas, sem pressão, sem medo. (Depoimento de P10).

Também entre as professoras que chegaram em 2008, quando a formação já se encontrava em curso, as percepções variavam bastante. A surpresa, o preconceito, a incompreensão e o encantamento foram sentimentos revelados pelas profissionais. Era comum entre elas a afirmação de que nunca tinham vivido experiências similares de formação e de vivência em equipe.

> Quando eu vim para cá, já existia uma fama lá fora de que a USP mandava aqui dentro [...] As professoras de fora, da rede, falavam isso. Já tem uma

> fama lá fora [...] Eu vim cheia de preconceito [...] uma creche-modelo! [...] Mas, quando eu cheguei aqui, eu não vi modelo. A formação foi acontecendo [...] não foi no primeiro dia que foi a formação [...] ela foi acontecendo [...] a formação é um processo [...] mas eu perguntava a mim mesma: o que acontece aqui? [no contexto do CEI] [...] Daí eu vim para as reuniões e vi que realmente a formação era diferente. Existia uma formação [...] eu acho importante a gente pensar em como fazer o trabalho [...] Eu, antes, não tinha muito isso, tanto é que, no começo, o meu foco não era o desenvolvimento, a criança [...] meu foco eram as minhas práticas [...] Era difícil! (Depoimento de P11).

Essa mesma professora declara:

> Eu acreditava que formação como a nossa não existisse. Fosse só um ideal. Eu a vejo [a formação] como base [...] Ela parte de nossas angústias e avança para discussões maiores. (Depoimento de P11).

Nas palavras da professora P12, percebe-se um misto de apreensão, de preconceito e de encantamento diante de algo que não havia experimentado ainda, em termos de formação.

> Eu nunca participei de algo como esta formação. Em todo o lugar em que eu trabalhei, nunca teve uma formação como esta. [...] Era um faz de conta. Finge que faz e eu também. [...] No início, fiquei assustada e, ao mesmo tempo, encantada com a inteligência das meninas [...] nas outras [unidades] você se transforma em crecheira, de chinelo Havaianas, só limpa nariz e troca [...] Aqui, não! Eu percebi que as meninas evoluíram: falam bem, escrevem bem, acreditam neste movimento. Acreditam numa meta e vão fundo. Não é um faz de conta.
>
> [...]
>
> Eu acho fantástica essa formação [...] Eu era muito preconceituosa. (Depoimento de P12).

Para a professora P13, juntamente com o reconhecimento do trabalho de formação em curso, havia insegurança a respeito do processo, o que deu lugar a uma compreensão maior do que se pretendia realmente:

> Quando eu cheguei aqui [ao CEI], achei fantástico. Eu achei: "O CEI tem uma possibilidade maravilhosa de continuar, de não estacionar" [...] até mesmo pelo reconhecimento do trabalho. Penso que isso facilita no trabalho do CEI, não só no cuidado no conhecimento da criança, mas acaba contribuindo no nosso trabalho.

> [...]
> No início, eu tinha menos segurança em me expor, mas agora eu já me expresso [...] Hoje, me sinto super à vontade para conversar [...] acho que o Contexto dá a abertura para a gente se expor. (Depoimento de P13).

De um modo geral, pode-se dizer que as professoras envolvidas no processo de formação em contexto não acumulavam experiências de ações formadoras similares. Daí o estranhamento diante de uma proposta que pretendeu devolver-lhes as vozes e o poder de falar sobre suas práticas e, de certo modo, ditar as estratégias adotadas nas reuniões de formação pautadas em supervisões de práticas.

Há fortes indícios de que um processo de formação assentado no plano de uma investigação-ação se fortalece crescentemente na medida em que as pessoas envolvidas se identificam também como agentes do processo formador e como promotoras de mudanças. Para Fullan e Hargreaves (2001), isso pode representar para as professoras envolvidas na formação a restauração do caráter moral da prática de ensino, ou seja, da tonalidade identitária da ação educativa que desenvolvem com as crianças do CEI.

Desenvolvimento profissional e desenvolvimento organizacional: compromissos da equipe apoiada

O processo vivido na formação contínua em contexto revela que se trata mesmo de uma transformação, de uma mudança de cultura orquestrada, em grande medida, pelas lideranças estabelecidas por estatuto dentro da unidade, que se revelam como lideranças autorizadas pela equipe, impulsionando o grupo para o crescimento coletivo e para o enriquecimento das práticas (Fullan; Hargreaves, 2001; Fullan, 2003, 2009; Lewin, 1973; Thurler, 2001).

As professoras reconhecem que

> [...] o Contexto é um processo de continuidade, principalmente, centrado na J. [a diretora] e na L. [a coordenadora pedagógica], que levam isso adiante. Se não houvesse alguém para pegar os princípios, sempre retomar, para continuar, para retomá-los sempre e fazer o exercício de avança-retrocede, avança-retrocede, ficaria difícil. [...] Para estabelecer uma parceria como essa [parceria universidade e unidade educacional], é fundamental ter uma centralidade em alguém que leva adiante, que esteja retomando tudo. E a centralidade está na L. e na J. (Depoimento de P1).

Identifica-se uma distinção no plano de supervisão de práticas entre a supervisão realizada, sobretudo, pela coordenadora pedagógica, e a supervisão externa, com a pesquisadora da universidade.

> Há um clima de confiança no nosso trabalho [...] eu acredito que é como se tivesse sempre algo novo [...] eu tenho questionamentos que eu posso fazer com mais clareza para você [a pesquisadora/supervisora externa], com a L. [a coordenadora pedagógica], nem tanto. Ela é a minha coordenadora. Ela é a pessoa mais próxima [...] Você traz coisas novas. (Depoimento de P3).

O compromisso partilhado pela formação e investigação das práticas coloca em uma condição de cumplicidade as instâncias supervisoras (diretora, coordenadora pedagógica e pesquisadora/supervisora externa) e as professoras, para a circulação do saber, a circulação do poder. É como expressa a professora P11:

> [...] eu vejo a USP como parceira mesmo [...] Não é para falar: "você está certa, você está errada" [...] A USP não manda, ela nos ajuda muito [...] Eu achava difícil da USP estar dentro da unidade sem interesse [...] eu pensava que deveria ter alguma coisa por detrás [...] No entanto, eu vi que existe compromisso, existe realmente parceria [...] Não há confusão entre papéis assumidos. [...] A L. [coordenadora pedagógica] apresenta, planeja. [...] Vocês [a coordenadora pedagógica e a pesquisadora/supervisora externa] são muito assim [...] como eu vou dizer [...] *quando uma vai fazer uma coisa, a outra já sabe. Vocês sabem o que uma e outra vai fazer.* [...] *Mas, na reunião, o papel de coordenação muda de lugar* [...] *vai para as professoras, vai para você* [a pesquisadora/supervisora externa], vai para a L. (Depoimento de P11).

A formação contínua em contexto, vivenciada em colaboração com o CEI, demonstrou contribuir para o fortalecimento do sentido de grupo de trabalho. Revelou-se, às professoras, o fato de que há limitações em aprenderem sozinhas (Day, 2001), ou seja, de que se aprende em companhia (Oliveira-Formosinho, 2007, 2009). Para as pessoas poderem expor suas potencialidades e também suas limitações, é preciso "derrubar as paredes do privativismo" em direção a um "profissicnalismo interativo" (Fullan; Hargreaves, 2001).

Essa condição permitiu instalar um ambiente de aprendizagens (Barroso, 2003; Bolívar, 2003) e de investigação sistemática (Day, 2001) no interior do CEI. Por conseguinte, o grupo abriu-se ao cultivo de "amizades críticas", com as quais foi possível partilhar preocupações, experiências e conhecimentos (Day, 2001; Thurler, 2001). A presença constante da pesquisadora/supervisora externa na formação no interior da unidade e o suporte do grupo de estudos "Contextos integrados de professores", em suas ações formativas, são representativos desse movimento de abertura da equipe do CEI às amizades críticas.

Processo formador como fortalecedor de vínculos com o ambiente de trabalho

Entre as questões mais sérias enfrentadas pelas redes oficiais de educação, estão as constantes mudanças na composição das equipes escolares, resultantes das transferências (remoções) de professores de uma para outra unidade. Há evidências de que tal condição depõe fortemente contra a boa qualidade do trabalho, posto que dificulta sobremaneira o desenvolvimento de um projeto pedagógico da instituição.

Nos depoimentos de três professoras, podemos ver as razões pelas quais elas fizeram a opção por continuar no CEI:

> Lá mais no começo, eu até pensei em voltar para a unidade de onde eu vim e onde tenho meia dúzia de amigas. Daí eu pensei: "E daí? Aqui, eu também tenho meia dúzia de amigas. E lá, o que eu tenho mais? Eu não tenho uma formação como esta. Eu preciso desta formação". Quando eu decidi que eu ia ficar, acho que eu rendi até mais. Falei: "Vamos parar de procurar problemas. Vamos tentar entender". E eu estou muito realizada, muito feliz. (Depoimento de P11).

> Eu, de início, tinha até vontade de sair daqui. Hoje, não! Hoje, eu sou muito grata! Eu corri atrás [...] A gente cresce muito. Aqui, você é tratada com respeito, como educadora [...]. (Depoimento de P12).

> Eu fui visitar a unidade em que eu estava anteriormente e foi um choque para mim, porque eu vi muitas coisas que eu fazia lá, que me chocaram [...] mesmo sem querer correr atrás disso, as coisas foram acontecendo e eu fui entendendo [...] então, quando cheguei lá e vi as crianças sentadas, a fila, no refeitório não tinha uma conversa, no jantar, no café. (Depoimento de P13).

Uma formação que valorize os profissionais e que lhes dê sustentação em suas práticas pode favorecer a condição de permanência e o desenvolvimento de um sentido de pertencimento em relação à unidade e à equipe. É o que mostram os depoimentos dessas professoras, que conseguem captar a distinção entre os processos de formação que vivenciaram em outras unidades de educação infantil e o que passaram a experienciar no CEI, a partir de 2008, na formação contínua em contexto.

CONCLUSÕES POSSÍVEIS

Ao voltar o olhar para o processo de formação em contexto, assentado em supervisões de práticas, no âmbito de uma investigação-ação em colaboração entre uma equipe da universidade e um centro de educação Infantil, a partir dos depoimentos das professoras, é possível depreender algumas condições que permitiram o estabelecimento de um processo colaborativo duradouro, que resultou em aprendizagens e em mudanças de práticas educativas. Destacam-se:

- A disponibilidade inicial da equipe em investir em um processo de formação centrada na unidade de educação infantil.
- O suporte das lideranças formais (diretora e coordenadora pedagógica), que não só acionaram o processo junto à equipe, mas sustentaram as relações ao longo de todo o processo, constituindo-se verdadeiramente em supervisoras de práticas em uma perspectiva alinhada à prática ecológica de supervisão.
- A interlocução estreita realizada entre as lideranças formais (diretora e coordenadora pedagógica) e a pesquisadora/supervisora externa e equipe da universidade – todas reconhecidas como instâncias de supervisão de práticas.
- O clima de respeito e de crescente confiança que se estabeleceu entre o coletivo do CEI, a pesquisadora/supervisora externa e toda a equipe da universidade a ela diretamente vinculada, mediante constantes avaliações, negociações e revisões no curso de todo o processo, o que permitiu a instalação de uma relação sistêmica dos contextos vivenciais das professoras (microssistemas preexistentes) e os contextos de formação (microssistemas estabelecidos pelo trabalho colaborativo de formação e intervenção).

As professoras oferecem pistas bastante interessantes para que se possa definir o processo de formação contínua que experienciaram e que, em última instância, revela o conceito de formação em contexto, em uma perspectiva ecológica de desenvolvimento e mudança.

O crescente reconhecimento e, portanto, a concretização do processo de formação na visão ecológica fez-se, necessariamente, pelo envolvimento das professoras em sua própria formação. Elas precisaram se perceber como sujeitos na formação e perceber a pertinência das teorizações nas práticas. A formação legitimou-se pela aproximação estreita com as problematizações presentes em seus contextos vivenciais mais imediatos. As professoras assumiram-se como corresponsáveis pela formação e pela melhoria das práticas que executavam. Colocaram-se como investigadoras dos seus fazeres e (re)construtoras de seus saberes teórico-práticos. Isso conferiu a elas um papel de investigadoras em colaboração com a pesquisadora/supervisora externa. Esclareceu a elas que a formação se faz por processos reflexivos (Schön, 1992, 2000; Zeichner, 1992, 1993).

Tal como se espera em uma pedagogia participativa que se realiza pela práxis, a possibilidade de transformação das práticas experimentada por essas professoras serviu-lhes como incentivo para que investissem crescentemente em seu desenvolvimento profissional.

Ademais, elas se perceberam claramente no processo, o que lhes permitiu a explicitação da lógica da própria ação formativa. Trouxe à consciência delas a sua condição de "[...] inacabamento ou inconclusão, o que as insere num permanente movimento de busca a que se junta, necessariamente, a capacidade de intervenção no mundo [...]" (Freire, 2000, p. 119). Elas vivenciaram uma partilha de conhecimentos, crenças e valores que deu sentido de pertença à instituição onde atuavam, o que propiciou a constituição de uma comunidade de aprendizagens (Day, 2001; Oliveira-Formosinho; Formosinho, 2001; Fullan, 2009).

As professoras demonstraram, em seus depoimentos, que a possibilidade de uma abordagem ecológica do desenvolvimento profissional e organizacional para se pensar a formação contínua de profissionais da educação pode ser particularmente útil quando se trata da docência para educação infantil, sobretudo em um país como o Brasil, onde não há uma tradição de formação específica de profissionais para a educação de crianças de 0 a 6 anos.

Em uma visão retrospectiva, constata-se que essa formação, quando existente, frequentemente ocupa um espaço restrito dentro dos cursos regulares de formação de professores para as quatro primeiras séries do ensino fundamental (designação atual), o que não garante o tratamento, em profundidade, de questões relativas às crianças menores de 7 anos, sobretudo na faixa de 0 a 3 anos (Kishimoto, 1992, 1999, 2001; Pinazza, 1997).

Ainda nos dias atuais, são poucos os centros formadores em nível superior (cursos de Pedagogia) que destacam a especificidade da educação infantil no processo de formação docente (Nicolau; Pinazza, 2007; Pinazza, 2004).

Por sua vez, historicamente, as iniciativas de formação contínua em serviço tiveram (e continuam tendo) como traços característicos: ocorrência episódica (estanque e descontínua) e distanciamento entre teoria e prática (Nicolau; Pinazza, 2007; Pinazza, 2004). Tal como definidas por Fullan e Hargreaves (2001, p. 39), essas propostas de formação "[...] tendem a ser oferecidas num conjunto de opções autossuficientes, em forma de '*menu*' destinadas a grupos-alvo de escolas e de docentes [...]".

Investigar o processo de formação em contexto, tal como se pretendeu neste estudo, pode oferecer argumentos adicionais a uma prática de formação "[...] contínua que seja um instrumento real de desenvolvimento profissional dos professores [...]" (Oliveira-Formosinho, 2009, p. 263), bem como aliado ao desenvolvimento organizacional, pode revelar práticas educativas de melhor qualidade na educação da infância.

NOTAS

1 O conceito de andaime (*scaffold*) depreende-se das teorizações relativas à zona proximal de desenvolvimento, noção que representa um dos pilares da psicologia histórico-cultural ou materialista histórica de Vygotsky. A esse respeito, encontram-se referências nas obras do próprio autor – Vygotsky (1989, 1991) – e no texto biográfico de J. V. Wertsch (1988).

2 A Secretaria Municipal de Educação de São Paulo possui sob sua responsabilidade, até os dias atuais, 13 Diretorias Regionais de Educação (DREs).

3 Detalhes sobre a composição da equipe constam no regimento do centro de educação infantil, documento oficial da unidade.

4 O grupo de estudos "Formação profissional e práticas de supervisão em contexto", criado em 2003, reúne as instâncias supervisoras de práticas representadas pela Direção, Coordenação Pedagógica e Supervisão Escolar de centros de educação infantil e escolas de educação infantil vinculadas à Secretaria Municipal de Educação, preponderantemente, pertencentes à Diretoria Regional de Educação da Penha. Em encontros organizados em módulos semestrais, de periodicidade que variava de 15 a 20 dias, desenvolvem-se discussões sobre temas relacionados à pedagogia da infância, ao desenvolvimento profissional e institucional, às culturas docentes, aos padrões de trabalho, à liderança e às práticas de supervisão. Esse grupo representa um desdobramento dos trabalhos de formação, pesquisa e intervenção desenvolvidos no âmbito do projeto de pesquisa "Contextos integrados de educação infantil" da Faculdade de Educação da USP, constituído ao final de 2000. Esse projeto, registrado no CNPq desde 2001, resultou de uma história de cooperação internacional entre duas equipes de pesquisa: uma da Faculdade de Educação da USP e outra do Instituto de Estudos da Criança da Universidade do Minho, de Braga, em Portugal, e da Associação Criança, consolidada no projeto "Infância – Formação/Pesquisa/Intervenção", desenvolvido dentro do Programa de Cooperação Internacional Capes/Grices, no período de 2005 a 2008.

5 O grupo de estudos "Contextos integrados – Formação de professores" iniciou seus trabalhos em 2004, com o objetivo de promover discussões de práticas educativas de professoras de institui-

ções de educação infantil parceiras do projeto "Contextos integrados de educação infantil". Os encontros quinzenais consistem essencialmente em relatos de experiências analisadas e discutidas à luz das teorizações presentes no campo da pedagogia da infância. A equipe de professoras do CEI que participa desse grupo de estudos, que opera por livre adesão pessoal, tem variado desde o segundo semestre de 2005, em função de disponibilidades profissionais das professoras. Contudo, o CEI sempre teve sua representação nos encontros, e o teor das discussões é levado à equipe e consta na pauta dos encontros de formação ocorridas no contexto de trabalho. Há cinco professoras do grupo das 13 mais antigas que participaram de todos os módulos até agora oferecidos. Em 2008, professoras recém-chegadas ao CEI passaram a compor esse grupo de estudos.

6 Neste estudo, as professoras referem-se a essas duas instâncias de formação, simplesmente, como: o *Contexto* ou os *Contextos*, conforme poderá ser constatado em seus depoimentos.

REFERÊNCIAS

BARDIN, L. *Análise de conteúdo.* Lisboa: Edições 70, 1977.

BARROSO, J. Formação, projeto e desenvolvimento organizacional. In: CANÁRIO, R. (Org.). *Formação e situações de trabalho.* Porto: Porto, 2003. p. 61-78. (Coleção Ciências da Educação).

BOLÍVAR, A. A Escola como organização que aprende. In: CANÁRIO, R. (Org.). *Formação e situações de trabalho.* Porto: Porto, 2003. p. 79-100. (Coleção Ciências da Educação).

BRONFENBRENNER, U. *A ecologia do desenvolvimento humano:* experimentos naturais e planejados. Porto Alegre: Artmed, 1996.

BRUNER, J. *Atos de significação.* Porto Alegre: Artmed, 2002.

BRUNER, J. *Realidade mental, mundos possíveis.* Porto Alegre: Artmed, 1997.

CATANI, D. B. et al. História, memória e autobiografia na pesquisa educacional e na formação. In: CATANI, D. B. et al. (Org.). *Docência, memória e gênero*: estudos sobre formação. São Paulo: Escrituras, 1997. p. 15-48.

CORREIA, J. A. Formação e trabalho: contributos para uma transformação dos modos de os pensar na sua articulação. In: CANÁRIO, R. (Org.). *Formação e situações de trabalho.* Porto: Porto, 2003. p. 13-41. (Coleção Ciências da Educação).

DAY, C. *Desenvolvimento profissional de professores:* os desafios da aprendizagem permanente. Porto: Porto, 2001.

DEWEY, J. *Como pensamos.* 3. ed. São Paulo: Companhia Editora Nacional, 1959. (Atualidades Pedagógicas, 2).

DEWEY, J. *The sources of a science of education.* New York: Liveright, 1929.

DOMINICÉ, P. A biografia educativa: instrumento de investigação para a educação de adultos. In: NÓVOA, A.; FINGER, M. (Ed.). *O método (auto)biográfico e a formação.* Lisboa: MS, 1988. p. 101-106. (Cadernos de Formação).

DUBAR, C. Formação, trabalho e identidades profissionais. In: CANÁRIO, R. (Org.). *Formação e situações de trabalho.* Porto: Porto, 2003. p. 43-52. (Coleção Ciências da Educação).

FORMOSINHO, J. Ser professor na escola de massas. In: FORMOSINHO, J. (Coord.). *Formação de professores:* aprendizagem profissional e acção docente. Porto: Porto, 2009. p. 37-69.

FORMOSINHO, J.; ARAÚJO, J. M. Anônimo do Século XX: a construção da pedagogia burocrática. In: OLIVEIRA-FORMOSINHO, J.; KISHIMOTO, T. M.; PINAZZA, M. A. (Org.). *Pedagogia(s) da infância:* dialogando com o passado, construindo o futuro. Porto Alegre: Artmed, 2007. p. 293-328.

FREIRE, P. *Pedagogia da indignação*: cartas pedagógicas e outros escritos. São Paulo: Unesp, 2000.

FULLAN, M. *Liderar numa cultura de mudança.* Porto: ASA, 2003.

FULLAN, M. *O significado da mudança educacional.* 4. ed. Porto Alegre: Artmed, 2009.

FULLAN, M.; HARGREAVES, A. *Por que é que vale a pena lutar?* O trabalho de equipe na escola. Porto: Porto, 2001.

GOODSON, I. F. *Studying teachers' lives*. New York: Teachers College, 1992.
HARGREAVES, A. *Os professores em tempos de mudança*: o trabalho e a cultura dos professores na idade pós-moderna. Lisboa: McGraw-Hill, 1998.
HOLLY, M. L. Investigando a vida profissional dos professores: diários biográficos. In: NÓVOA, A. (Org.). *Vidas de professores*. 2. ed. Porto: Porto, 1995. p. 79-110.
IMBERNÓN, F. *Formação docente e profissional*: formar-se para a mudança e incerteza. 3. ed. São Paulo: Cortez, 2002.
JOSSO, M. C. *Experiências de vida e formação*. São Paulo: Cortez, 2004.
KISHIMOTO, T. M. Educação infantil integrando pré-escolas e creches na busca da socialização da criança. In: VIDAL, D. G.; HILSDORF, M. L. S. (Org.). *Tópicos em história da educação*. São Paulo: Edusp, 2001. p. 225-240.
KISHIMOTO, T. M. Política de formação profissional para a educação infantil: pedagogia e normal superior. *Educação & Sociedade*, v. 20, n. 68, p. 61-79, 1999.
KISHIMOTO, T. M. Projeto de profissionalização de auxiliar de desenvolvimento infantil para creches do município de São Paulo, em nível de 2° grau. In: ROSEMBERG, F.; CAMPOS, M. M.; VIANA, C. P. (Org.). *A formação do educador de creche*: sugestões e propostas curriculares: textos FCC. São Paulo: FCC, 1992. p. 69-109.
LANKSHEAR, C.; KNOBEL, M. *Pesquisa Pedagógica*: do projeto à implementação. Porto Alegre: Artmed, 2008.
LEWIN, K. *Problemas de dinâmica de grupo*: resolving social conflicts. 2. ed. São Paulo: Cultrix, 1973.
LIMA, J. A. *As culturas colaborativas nas escolas*: estruturas, processos e conteúdos. Porto: Porto, 2002.
LORTIE, D. C. Unfinished work: reflections on schoolteacher. In: HARGREAVES, A. et al. (Ed.). *International handbook of educational change*. Dordrecht: Kluwer Academic, 1998. v. 5, p. 145-162.
MOITA, M. C. Percursos de formação e de transformação. In: NÓVOA, A. (Org.). *Vidas de professores*. 2. ed. Porto: Porto, 1995. p. 111-140.
NICOLAU, M. L. M.; PINAZZA, M. A. Teacher preparation in Brazil. In: NEW, R. S.; COCHRAN, M. (Org.). *Early childhood education*: an international encyclopedia. Westport: Greenwood, 2007. v. 4, p. 943-947.
NÓVOA, A. Formação de professores e profissão docente. In: NÓVOA, A. (Coord.). *Os professores e a sua formação*. Lisboa: Dom Quixote, 1992. p. 15-33.
NÓVOA, A. O passado e o presente dos professores. In: NÓVOA, A. (Org.). *Profissão Professor*. 2. ed. Porto: Porto, 1995. p. 13-34.
NÓVOA, A. Os professores na virada do milênio: do excesso dos discursos à pobreza das práticas. *Educação e Pesquisa*, v. 25, n. 1, p. 11-20, 1999.
OLIVEIRA-FORMOSINHO, J. Desenvolvimento profissional dos professores. In: FORMOSINHO, J. (Coord.). *Formação de professores*: aprendizagem profissional e acção docente. Porto: Porto, 2009. p. 221-284.
OLIVEIRA-FORMOSINHO, J. Pedagogia(s) da infância: reconstruindo uma práxis de participação. In: OLIVEIRA-FORMOSINHO, J.; KISHIMOTO, T. M.; PINAZZA, M. A (Org.). *Pedagogia(s) da infância*: dialogando com o passado, construindo o futuro. Porto Alegre: Artmed, 2007. p. 13-36.
OLIVEIRA-FORMOSINHO, J. (Org.). *A supervisão na formação de professores*. Porto: Porto, 2002. 2 v. (Coleção Infância, 7-8).
OLIVEIRA-FORMOSINHO, J. *Supervisão em educação de infância*. Braga: Instituto de Estudos da Criança, 2001. Documento elaborado para Concurso para Professor Associado.
OLIVEIRA-FORMOSINHO, J.; FORMOSINHO, J. A formação em contexto: a perspectiva da Associação Criança. In: OLIVEIRA-FORMOSINHO, J.; KISHIMOTO, T. M. *Formação em contexto*: uma estratégia de integração. São Paulo: Pioneira Thomson Learning, 2002.
OLIVEIRA-FORMOSINHO, J.; FORMOSINHO, J. Associação Criança: uma comunidade de apoio ao desenvolvimento sustentado na educação de infância. In: OLIVEIRA-FORMOSINHO, J.;

FORMOSINHO, J. *Associação Criança*: um contexto de formação em contexto. Braga: Livraria Minho, 2001. p. 27-61. (Coleção Minho Universitária).

PETERS, R. S. Educação como iniciação. In: ARCHAMBAULT, R. D. *Educação e análise filosófica.* São Paulo: Saraiva, 1979.

PINAZZA, M. A. A educação infantil em suas especificidades. In: GERALDI, C. M. G. et al. (Org.). *Escola viva:* elementos para a construção de uma educação de qualidade social. Campinas: Mercado das Letras, 2004. p. 371-385.

PINAZZA, M. A. *A pré-escola paulista à luz das ideias de Pestalozzi e Froebel:* memória reconstituída a partir de periódicos oficiais. 1997. Tese (Doutorado em Educação) – Faculdade de Educação, Universidade de São Paulo, São Paulo, 1997.

SACRISTÁN, J. G. Consciência e ação sobre a prática como libertação profissional dos professores. In: NÓVOA, A. (Org.). *Profissão professor.* 2. ed. Porto: Porto, 1995. p. 63-92.

SCHÖN, D. A. *Educando o profissional reflexivo*: um novo design para o ensino e a aprendizagem. Porto Alegre: Artmed, 2000.

SCHÖN, D. A. Formar professores como profissionais reflexivos. In: NÓVOA, A. (Coord.). *Os professores e a sua formação*. Lisboa: Dom Quixote, 1992. p. 77-91.

STENHOUSE, L. La Investigación como base de la enseñanza. In: RUDDUCK, J.; HOPKINS, D. (Ed.). *Research as a basis for teaching:* readings from the work of Lawrence Stenhouse. 4. ed. Madrid: Morata, 1998.

TARDIF, M. *Saberes docentes e formação profissional.* 2. ed. Petrópolis: Vozes, 2002.

THURLER, M. G. *Inovar no interior da escola.* Porto Alegre: Artmed, 2001.

VYGOTSKY, L. S. *A formação social da mente.* São Paulo: Martins Fontes, 1989.

VYGOTSKY, L. S. *Obras escogidas.* Madrid: Visor, 1991. 2 v. (Colección Aprendizaje, v. 74 e v. 94).

WERTSCH, J. V. *Vygotsky y la formación social de la mente.* Barcelona: Paidós, 1988. (Cognicion y desarrollo humano, 17).

WOODS, P. *Investigar a arte de ensinar.* Porto: Porto, 1999.

ZEICHNER, K. *A formação reflexiva de professores*: ideias e práticas. Lisboa: Educa, 1993.

ZEICHNER, K. Novos caminhos para practicum: uma perspectiva para os anos 90. In: NÓVOA, A. (Coord.). *Os professores e a sua formação.* Lisboa: Dom Quixote, 1992. p. 115-138.

3

Questões de letramento emergente e do processo de alfabetização em classes do 1º ano do ensino fundamental para crianças de 6 anos

Idméa Semeghini-Siqueira

Este capítulo trata de uma investigação realizada em duas classes de alunos de 6 anos de uma escola pública, início da escolarização obrigatória, com o intuito de discutir as atividades propostas e verificar a existência de fatores que poderiam explicar os problemas de leitura e escrita no decorrer do ensino fundamental (EF) de 9 anos, que recebe os alunos de 6 a 15 anos.

Atualmente, é considerável o número de pesquisas (Ribeiro, 2004; Soares, 2004a) e publicações em diferentes mídias (Schleicher, 2008) que demonstram interesse em encontrar soluções para minimizar o problema dos restritos graus de letramento apresentados por jovens de 15 anos. Os resultados (provenientes de escolas públicas e particulares) dos testes de avaliação internacionais, encomendados pela Organização das Nações Unidas para a Educação, a Ciência e a Cultura (UNESCO) à Organização para a Cooperação e Desenvolvimento Econômico (OCDE) (Pisa, 2000, 2003, 2006, 2009), nos quais o Brasil ocupou as últimas posições no que tange ao uso da língua materna, provocaram comoção nacional.

Por meio de outra avaliação, o Índice Nacional de Alfabetismo (INAF, 2001, 2003, 2005), foi confirmado, em 2005, que somente 26% dos jovens brasileiros que concluíram o 8º ano do ensino fundamental (EF) poderiam ser considerados leitores proficientes/fluentes (Brito, 2007). Como a linguagem/língua materna tem papel decisivo na construção do conhecimento, houve a conscientização de que são limitadas as condições de 37% dos jovens e rudimentares as de 30% (além dos 7% de analfabetos), para exercer o direito à cidadania em uma sociedade grafocêntrica, assim como serão restritas também as suas contribuições para o desenvolvimento do país.

Além desses dados, vários relatórios de estágio dos alunos do curso de licenciatura em Letras, apresentados, em 2011, para a disciplina Metodologia do Ensino de Língua Portuguesa, corroboram a existência de alunos com problemas de alfabetização no EF II, ou seja, em alunos de 11 a 15 anos.

No decorrer de nossas atividades de pesquisa, a partir da década de 1970 – período em que ocorreu uma mudança significativa do alunado, devido à democratização do ensino –, nos empenhamos em buscar soluções para tornar mais eficazes o ensino e a aprendizagem de língua materna. Naquele momento, o foco de nossa investigação esteve voltado para 5ª a 8ª séries do EF, tendo em vista os graus restritos de letramento dos jovens em meados e no final do EF. A partir da década de 1990, o foco foi direcionado para as séries iniciais (1ª a 4ª séries do EF), ou seja, ao processo de alfabetização, em função do aumento do número de alunos que apresentavam dificuldades ao ler e ao escrever na 5ª série do EF. Mais recentemente, constatamos a necessidade de compreender o que ocorre na fase de letramento emergente, ou seja, no período que corresponde aos relacionamentos iniciais, às vivências da criança com práticas letradas desde o nascimento. Nesse momento, a educação infantil e o 1º ano do EF de 9 anos passaram a constituir o núcleo primordial de nossas investigações (Semeghini-Siqueira, 2006, 2011a, 2011 b).

Para tanto, participamos, em missão de trabalho, de um Programa de Cooperação Internacional — Capes/Grices — entre a Faculdade de Educação da USP (FEUSP) e a Universidade do Minho/Instituto da Criança em Portugal. No final de 2006, em Braga e Lisboa, além de realizar observações em classes com alunos de 6 anos, presenciamos atividades desenvolvidas em tempo integral, em jardins de infância, de que participam aproximadamente 90% das crianças portuguesas de 3 a 5 anos, reunidas na mesma sala-ambiente que dispõe de inúmeros recursos (25 crianças com a professora, que conta com a participação de uma assistente).

Nesse período, visitamos também escolas maternais em Paris, destinadas a praticamente 100% das crianças de 3 a 5 anos. Foi possível, enfim, compreender a importância das desafiadoras experiências de letramento emergente na educação infantil, que tanto facilitam o processo de alfabetização, principalmente para as crianças provenientes de famílias que não possibilitaram um acesso mais intenso ao universo letrado.

No Brasil, de 2008 a 2009, a Escola de Aplicação da Faculdade de Educação da USP foi o local escolhido para uma investigação em duas classes de crianças com idade de 6 anos. Nesse período, realizamos pesquisa de natureza etnográfica, que se transformou em pesquisa-ação. Dela, participaram duas professoras e uma orientadora educacional.

Para realização do relato dessa pesquisa, focalizaremos os seguintes tópicos: infância e escolarização; questões de letramento-alfabetização e leitura-escrita; explicitação do conceito de aprendizagem que está subjacente a essa investigação; um estudo exploratório em 2008 com duas classes de alunos de 6 anos de escola pública; a pesquisa propriamente dita, em 2009, em duas salas com alunos de 6 anos; o confronto entre avaliações diagnósticas de leitura por meio de entrevistas e as sondagens de escrita; além das considerações finais.

INFÂNCIA E ESCOLARIZAÇÃO

Reflexões sobre a escolarização da criança de 6 anos, que envolvem questões de letramento e alfabetização, remetem à questão social da modernidade, que originou a emergência de uma revolução nos modos de socialização e de aprendizagem. Para Pereira e Lopes (2009, p. 39):

> Esta reestruturação profunda tornou-se possível por meio de uma transformação nas formas de aprendizagem e de socialização que foi realizada pela institucionalização da educação escolar. A aprendizagem, que se desenvolvia essencialmente por imitação e nas tarefas concretas, passou a ser mediada por um dispositivo abstrato e simbólico – a leitura e a escrita – e a sua organização alicerçou-se na definição de tempos e lugares específicos e distintos das restantes atividades sociais, onde grupos homogêneos de alunos e um professor seriam sujeitos a uma relação social inédita: a relação pedagógica.

O binômio infância-escolarização passou a ser discutido para a constituição de um referencial orientador das práticas educativas na instituição escolar. Segundo Pereira e Lopes (2009, p. 38): "O conceito social de infância representa uma configuração simbólica, constituída histórica e ontologicamente a partir de diversas realidades de se ser criança e de estabelecer relações com crianças". As autoras discutem a conceitualização de infância e consideram que:

> [...] a infância se tem caracterizado por um estatuto epistemológico plural e até contraditório, em diferentes abordagens científicas, e por

> concepções ambíguas nos discursos educativos que têm contribuído para configurar um campo escolar profundamente complexo e de difícil reconstrução simbólica e praxeológica. (Pereira; Lopes, 2009, p. 46).

No capítulo "Pedagogia(s) da infância: reconstruindo uma práxis de participação", Oliveira-Formosinho (2007, p. 19) ressalta a complexidade que envolve uma pedagogia transformativa. A autora explicita:

> Em síntese, a interatividade entre saberes, práticas e crenças, a centração nos atores como coconstrutores da sua jornada de aprendizagem em um contexto de vida e de ação pedagógica determinado, através da escuta, do diálogo e da negociação, conduzem a um modo de fazer pedagógico caleidoscópico, centrado em mundos complexos de interações e interdependências, promovendo interfaces e interações. Esse modo de fazer pedagógico configura a ambiguidade, a emergência, o imprevisto como critério do fazer e do pensar, produzindo possibilidades múltiplas que definem uma pedagogia transformativa. Estas são características que fogem à possibilidade de uma definição prévia total do ato de ensinar e aprender, exigindo a sua contextualização cotidiana.

Esses subsídios sobre infância e escolarização, que priorizam uma pedagogia da participação, centrada nos atores que constroem o conhecimento, embasam as reflexões sobre o ingresso da criança no EF.

No Brasil, quando a criança entrava no EF I aos 7 anos, era previsto o início do processo de alfabetização. A partir de 2006, com o ingresso das crianças de 6 anos no EF I, ocorreu um impasse quanto às propostas educativas para essa nova faixa etária. Surge, então, um debate entre o que se considera viável para a educação infantil (EI) e para o 1º ano do EF com relação às atividades que propiciam o desenvolvimento tanto da linguagem verbal quanto da não verbal.

Tendo em vista as características das crianças de 6 anos, podemos verificar que, nas orientações gerais do MEC (Brasil, 2006, p. 19), há uma preocupação com o ingresso:

> É necessário que o sistema escolar esteja atento às situações envolvidas no ingresso da criança no ensino fundamental, seja ela oriunda diretamente da família, seja da pré-escola, a fim de manter os laços sociais e afetivos e as condições de aprendizagem que lhe darão segurança e confiança.

No artigo "Adaptação de crianças ao primeiro ano do ensino fundamental", Rapoport et al. (2008, p. 270) discutem as especificidades de dois períodos de escolarização e salientam que:

> Temos ciência de que não se trata de meramente transferir os ritos e as propostas da educação infantil para o primeiro ano do ensino fundamental, até mesmo porque existem especificidades a serem consideradas. No entanto, acreditamos ser necessário termos um olhar sobre os processos e práticas da educação infantil como um ponto de referência para se projetar os processos e práticas no primeiro ano do ensino fundamental.

Vale ainda considerar a inquietação dos pais nesse processo de passagem, além de questões referentes a professores, conteúdos, exigências, colegas e espaço. Para Rapoport et al. (2008, p. 270):

> Para os pais, se antes as ansiedades eram sobre a separação mãe-bebê e sobre o caráter indefeso da criança, ao passar para o primeiro ano, as ansiedades e expectativas mudam, e o foco passa a ser a questão da aprendizagem, especialmente, a leitura e a escrita.

Nesse sentido, podemos observar que, para muitos pais, no decorrer da educação infantil não há expectativas quanto à imersão da criança no universo letrado, o que os torna pouco exigentes com relação às condições e materiais disponíveis para as crianças.

EM FOCO: LETRAMENTO E ALFABETIZAÇÃO

No decorrer deste capítulo, a concepção de *letramento emergente* será focalizada de vários ângulos, uma vez que constitui um ponto vital para a compreensão da necessidade de condições específicas para a aprendizagem de leitura e escrita no início do EF. Segundo Terzi (1995, p. 93), no capítulo "A oralidade e a construção da leitura por crianças de meios iletrados":

> A preocupação com o letramento pré-escolar como um dos fatores determinantes do sucesso escolar na aprendizagem da leitura surgiu há décadas. Um dos trabalhos pioneiros foi o livro de Durkin (1966) *Children who read early,* no qual a autora apresenta seu estudo sobre crianças que iniciavam a pré-escola e conclui que aquelas que nessa idade já conseguiam ler tinham tido nos anos anteriores uma rica participação em eventos de letramento, proporcionada pelos pais [...]

Em Portugal, a pesquisadora Lourdes Mata (2006, p. 13) define o conceito em questão (no Brasil, *letramento*; em Portugal, *literacia*) e indica uma série de trabalhos que já trataram do assunto:

> Os trabalhos sobre literacia emergente têm evidenciado de forma clara o papel ativo e participativo das crianças no processo de apreensão da linguagem escrita. Existe, neste momento, uma grande unanimidade em considerar-se de grande importância as experiências informais de literacia que as crianças desenvolvem mesmo em idades muito precoces. (Ferreiro, 1988; Ferreiro; Teberosky, 1985; Goodman, 1984; Teale; Sulzby, 1989).
>
> [...] a aquisição destes conhecimentos precoces parece desempenhar um papel importante posteriormente, durante a aprendizagem formal da linguagem escrita. (Chauveau; Rogovas; Chauveau, 1994; Martins, 1996).

No artigo "Alfabetização e letramento na educação infantil", Soares (2006, p. 1) discute o envolvimento natural e necessário da criança com os eventos de linguagem verbal que tornarão propícia sua entrada no mundo da escrita. A autora esclarece a presença de alfabetização e letramento na EI:

> O título do artigo já propõe as duas premissas em que se apoia a argumentação que nele se desenvolverá. Em primeiro lugar, o título é uma afirmação, não uma pergunta: não se propõe uma dúvida – Alfabetização e letramento na educação infantil? –, mas afirma-se a presença de alfabetização e letramento na educação infantil. Em segundo lugar, a conjunção que liga os dois termos – alfabetização, letramento – é uma aditiva, não uma alternativa: alfabetização e letramento, não alfabetização ou letramento, reconhecendo-se, assim, que uma e outro têm, ou devem ter, presença na educação infantil. Cabe inicialmente fundamentar essas duas premissas.

No final do texto, Soares (2006, p. 5-6) explicita que, embora tenha apresentado sua argumentação, separando os dois termos, as atividades são necessariamente desenvolvidas de forma integrada e que a base das propostas incidirá sempre sobre o letramento.

> A discussão sobre alfabetização e letramento em dois tópicos, como feito neste artigo, pode suscitar a ideia de que são componentes da introdução da criança no mundo da escrita a serem desenvolvidos separadamente. Contudo, não deve ser assim. Embora as atividades de alfabetização e letramento diferenciem-se tanto em relação às operações cognitivas por elas demandadas quanto em relação aos procedimentos metodológicos e

> didáticos que as orientam, essas atividades devem se desenvolver de forma integrada. Caso sejam desenvolvidas de forma dissociada, a criança certamente terá uma visão parcial e, portanto, distorcida do mundo da escrita.
>
> A base será sempre o letramento, já que leitura e escrita são, fundamentalmente, meios de comunicação e interação, enquanto a alfabetização deve ser vista pela criança como instrumento para envolver-se nas práticas e usos da língua.

A partir dessa proposta de Soares (2006), podemos depreender duas considerações. A primeira refere-se ao fato de que, em nossa sociedade grafocêntrica, uma educação infantil de qualidade deve estar imbuída de procedimentos que contenham "atividades adequadas e sempre de natureza lúdica" para que ocorram vivências que aproximem as crianças da cultura escrita. A segunda consideração decorre da primeira, ou seja, o que é válido para a educação infantil também o será para o primeiro ano do EF (Semeghini-Siqueira, 2006).

No capítulo "Alfabetização na escola de 9 anos", Frade (2007, p. 82) comenta que ainda existe uma polêmica relativa à entrada da criança no mundo da escrita e à "perda" do aspecto lúdico, que envolve também uma crítica à "alfabetização precoce". Para a autora:

> O mais preocupante é que, enquanto os sistemas públicos brasileiros se veem às voltas com essa discussão, as crianças que estudam em escolas do sistema privado são duplamente favorecidas: encontram no espaço doméstico e no espaço escolar um contexto propício para o desenvolvimento de experiências letradas.

Um "contexto propício" em que ocorrerá o desenvolvimento de experiências que envolvam os processos de letramento e de alfabetização para as crianças de 6 anos no EF: eis a questão. Muito além do lápis, papel, lousa e giz, as crianças deverão encontrar um ambiente acolhedor, contendo recursos diversificados, como: inúmeros livros de literatura infantil, jogos, conjuntos de letras móveis, entre outros; de modo que a ludicidade (o brincar) esteja embutida no cerne de todas as atividades em que se dará a aprendizagem (Semeghini-Siqueira; Bezerra; Guazelli, 2010).

Até o momento, focalizamos as inter-relações entre os processos de letramento e alfabetização, ressaltando que as práticas de uso da língua constituirão o ponto de partida das práticas pedagógicas. É preciso, ainda, tratar da importância de reflexões sobre a modalidade oral da língua para que as crianças possam compreender suas relações com o sistema alfabético da escrita, como podemos verificar em textos de vários pesquisadores.

Ferreiro (2004, p. 9) reconhece a necessidade dessa compreensão pelas crianças e informa que tem tratado regularmente do tema em diversos livros e artigos. Segundo a autora:

> No Capítulo 2 do livro *Com todas as letras* (Ferreiro, 1993), trato extensamente do problema dos pré-requisitos do ponto de vista prático e teórico e, em particular, da "consciência fonológica", apresentada como um requisito para a aprendizagem da leitura. (Ferreiro, 2004, p. 68-70).

Para explicitar "[...] o que está envolvido na aprendizagem e no ensino desse conhecimento das relações do alfabeto com a linguagem oral ou fala [...]", Rojo (2009, p. 60-61) esclarece que:

> Embora algumas pessoas se alfabetizem fora da escola, podemos afirmar com segurança que a escola é a principal agência alfabetizadora e que a alfabetização, enquanto processo de ensinar a ler e a escrever, é uma típica prática de letramento escolar, que apresenta as características sublinhadas por Lahire (1995): objetivar a linguagem em textos escritos, despertar a consciência para os fatos da linguagem, analisar a linguagem em sua composição por partes (frases, palavras, sílabas, letras).
> Conhecer a "mecânica" ou funcionamento da escrita alfabética para ler e escrever significa, principalmente, perceber as relações bastante complexas que se estabelecem entre os sons da fala (fonemas) e as letras da escrita (grafemas), o que envolve o despertar de uma consciência fonológica da linguagem: perceber seus sons, como se separam e se juntam em novas palavras, etc. Ocorre que essas relações não são tão simples quanto as cartilhas fazem parecer.

Várias ciências têm se dedicado a pesquisas sobre aprendizagem da modalidade escrita da língua para fornecer subsídios ao ensino, privilegiando um determinado aspecto ou faceta. Soares (2004b, p. 22) cita as facetas mais salientes: a fônica, a da leitura fluente, a da leitura compreensiva, a da identificação e uso adequado das diferentes funções da escrita, dos diferentes portadores, tipos e gêneros de texto, entre outras. A autora explicita que:

> No entanto, os conhecimentos que esclarecem tanto os processos de aprendizagem quanto os objetos de aprendizagem da língua escrita, e as

> relações entre aqueles e estes, evidenciam que privilegiar uma ou algumas facetas, subestimando ou ignorando outras, é um equívoco, um descaminho no ensino e aprendizagem da língua escrita, mesmo em sua etapa inicial – talvez por isso tenhamos sempre fracassado nesse ensino e aprendizagem; o caminho para esse ensino e aprendizagem é a articulação de conhecimentos e metodologias fundamentados em diferentes ciências, e sua tradução em uma prática docente que integre as várias facetas, isto é, que articule a aquisição do sistema de escrita, que é fornecida por ensino direto, explícito e ordenado, aqui compreendido como sendo o processo de alfabetização, com o desenvolvimento de habilidades e comportamentos de uso competente da língua escrita nas práticas sociais de leitura e escrita, aqui compreendido como o processo de letramento.

Vale lembrar ainda que essa criança de 6 anos é um sujeito histórico/sujeito social que desenvolve habilidades de leitura e escrita, interagindo com o outro. É preciso ressaltar que uma concepção interacional e sociodiscursiva da linguagem está subjacente às questões discutidas nesta investigação. Para Bakhtin (1981, p. 123): "A interação verbal constitui a realidade fundamental da língua.". O foco é dirigido aos usuários da língua, a ação dos interlocutores para a produção de sentido.

Com relação à leitura, deve-se considerar que inúmeros fatores estão envolvidos na aprendizagem do sujeito. Assim sendo, Smith (1999, p. 10) alerta que:

> Para compreender a leitura, os pesquisadores devem considerar não somente os olhos, mas também os mecanismos de memória e da atenção, a ansiedade, a capacidade de correr riscos, a natureza e os usos da linguagem, a compreensão da fala, as relações interpessoais, as diferenças socioculturais, a aprendizagem em geral e a aprendizagem das crianças em particular.

É importante explicitar também que a leitura é um processo ativo, construtivo e reconstrutivo, no qual haverá variação de graus de compreensão em função: do tipo de texto, dos conhecimentos prévios do leitor, de seus sistemas de crenças e de seus valores, provenientes do grupo social em que está inserido. Trata-se, pois, da aprendizagem de uma habilidade complexa que necessita de experiências mediadas e de tempo para seu desenvolvimento (Semeghini-Siqueira, 2006).

APRENDIZAGEM: NOÇÃO DE PLASTICIDADE

Nesta investigação, partimos do pressuposto de que o processo de alfabetização não está obrigatoriamente relacionado ao ato de escrever. O fato de a criança saber ler/compreender, portanto, produzir sentido, é condição suficiente para considerá-la alfabetizada. De outro modo, seriam necessariamente analfabetas quaisquer pessoas impossibilitadas de escrever (por problemas físicos), mesmo que soubessem ler/compreender. Assim sendo, não escrever não significa ser analfabeto, uma vez que a pessoa sabe ler/compreender. Há relatos de crianças que, devido à intensa imersão em ambientes letrados, com a mediação de adultos leitores, começam a ler aos 4 anos. Assim, para discutir leitura e escrita, a concepção de aprendizagem tem um papel relevante. É preciso ter noções de como a criança aprende para a realização de propostas educativas que sejam significativas, desafiadoras e, portanto, que provoquem mudanças e promovam o desenvolvimento.

Na década de 1990, as pesquisas no campo das neurociências, em especial na neurociência cognitiva, avançaram muito e trouxeram contribuições referentes às relações *mente-cérebro,* que estão se fundindo com os conhecimentos já existentes sobre a *mente*, provenientes da psicologia cognitiva, da psicanálise e da psicolinguística. Dessa forma, sabe-se que o *aprender* envolve a ação integrada de várias áreas cerebrais que se associam para se adaptar às diferentes situações. A compreensão dessa plasticidade do sistema cerebral tem aberto um imenso campo de pesquisa sobre as dificuldades de aprendizagem (Posner, 1989; Rotta, 2006a, 2006b).

Ao discutir plasticidade cerebral e aprendizagem, Rotta (2006b, p. 453) relata que:

> [...] Kandel chamou a atenção para o fato de que a plasticidade é dependente de estímulos ambientais e, por conseguinte, das experiências vividas pelo indivíduo. Colocou bem que os estímulos ambientais constituem a base neurobiológica da individualidade do homem.
> Está claro, portanto, que as mudanças ambientais interferem na plasticidade cerebral e, consequentemente, na aprendizagem.

Assim, em busca de uma possível definição de aprendizagem, verificamos que, para Rotta (2006a, p. 116):

> Não há dúvida de que o ato de aprender se passa no SNC, onde ocorrem modificações funcionais e condutuais, que dependem do contingente genético de cada indivíduo, associado ao ambiente onde esse ser está inserido. O ambiente é responsável pelo aporte sensitivo-sensorial, que vem pela

substância reticular ativadora ascendente e é modificado pelo sistema límbico, que contribui com os aspectos afetivo-emocionais da aprendizagem.

Dessa forma, a autora ressalta a importância do ambiente e das experiências vividas como fator fundamental para que ocorra a aprendizagem. Destaca também os fatores afetivo-emocionais que afetam esse processo. Lembra, ainda, que os fatores envolvidos nas dificuldades de aprendizagem podem ser relacionados com a escola, com a família e com a criança, de modo que esta é somente um dos vértices desse triângulo. Assim, subjacente a esses aspectos, está a presença do outro, o mediador, seja na família ou na escola, que se incumbe de organizar o espaço, o ambiente, o contexto em que se dará a aprendizagem.

No artigo "Funções cognitivas: convergências entre neurociências e epistemologia genética", Corso (2009, p. 227) procura resposta para a seguinte questão: "[...] é possível encontrar convergência entre a explicação neurocientífica e a explicação piagetiana acerca do processo de construção do conhecimento? [...]". Após elencar os aportes teóricos das duas vertentes, Corso (2009, p. 230) considera:

> Parece-nos que são os últimos avanços das neurociências, em especial a noção de plasticidade – essa propriedade do sistema nervoso que permite o desenvolvimento de alterações estruturais em resposta à experiência, e como adaptação ao ambiente, tornando possíveis capacidades e comportamentos –, que convergem de modo especial com a noção de interação sujeito-objeto, resultando em construção do conhecimento. É nesse sentido que destacamos a importância e a riqueza de uma aproximação entre as explicações neurocientífica e piagetiana dos processos cognitivos, foco do presente trabalho.

Verificamos, desse modo, que as alterações estruturais no cérebro em resposta à experiência dependem de um envolvimento ativo do sujeito com seu meio, o que se coaduna com a "[...] ideia piagetiana da necessidade de interação para que a construção cognitiva aconteça [...]" (Corso, 2009, p. 243).

Neste tópico, falta ainda nos apropriarmos das relações entre aprendizado e memória, eventos que, na literatura, aparecem de forma indissociável. Riesgo (2006, p. 269-270) faz uma revisão de alguns conceitos que envolvem essas relações:

> O primeiro conceito básico sobre memória, na realidade, é sua própria definição. Segundo Izquierdo (2002), memória é um evento divisível em três fases: a) aquisição, b) consolidação, c) evocação das informações.

> O segundo conceito básico é o que trata das relações entre memória e aprendizagem, visto que são dois processos intimamente ligados. Em suma, são indivisíveis, pois um evento está embutido no outro, já que aprendizagem é a primeira fase do processo mnemônico.
> Os próximos conceitos têm relação com o que poderia ser denominado fatores moduladores da memória. Eles são muitos, contudo os mais importantes são três: atenção, motivação e nível de ansiedade.

Para o autor, o terceiro conceito a ser tratado é o da relação entre memória e atenção. Uma criança desatenta poderá ter dificuldades na aquisição de informações, ou seja, na coleta, análise e classificação das informações novas.

A relação entre memória e motivação é o quarto conceito. Se a criança estiver desmotivada, isso influirá em sua atenção. Para Riesgo (2006, p. 270): "E, novamente, fecha-se o círculo vicioso. Não tendo motivação, não tem atenção, não tem boa aquisição de novas informações, não tem boa formação de memórias, e pode não ter bom aprendizado".

O quinto conceito é "[...] aquele que descreve as possíveis consequências entre nível de ansiedade e a *performance* do SNC em adquirir e consolidar memórias [...]" (Riesgo, 2006, p. 270). O autor esclarece que um certo nível de ansiedade é salutar para que os eventos mnemônicos ocorram com a máxima *performance*, mas, se a ansiedade for excessiva, cai a capacidade de adquirir e consolidar memórias.

No que tange aos processos em questão, verificamos que, no livro *O desenvolvimento psicológico na infância*, Vygotsky (1998, p. 47) assume que

> [...] o desenvolvimento da memória infantil deve ser estudado não tanto em relação às mudanças que se produzem dentro da própria memória quanto em relação ao lugar desta dentro da série de outras funções [...].

Nesse livro, que contém uma série de conferências, o autor focaliza a percepção, a memória, o pensamento, as emoções, a vontade, discutindo as inter-relações de processos do psiquismo na construção do conhecimento.

Neste tópico, focalizamos a aprendizagem e fizemos uma revisão de alguns conceitos que darão sustentação, estarão subjacentes às nossas reflexões na pesquisa que será descrita a seguir, envolvendo questões de letramento e de alfabetização.

ESTUDO EXPLORATÓRIO EM 2008: DUAS CLASSES DE 6 ANOS

Com o intuito de discutir os desafios e as soluções que permeiam ambientes de aprendizagem de língua materna, foi realizada, na Escola de Aplicação da Faculdade de Educação da USP, uma investigação de cunho etnográfico que foi se transformando em pesquisa-ação, tendo em vista a participação dos educadores.

No início do ano letivo, procedemos a uma avaliação diagnóstica (AD) de leitura, com a participação de uma monitora, e constatamos que, dos 60 alunos, 16 estavam lendo palavras; 19 tentavam adivinhar a palavra a partir da primeira letra e 25 realizavam somente associações aleatórias, aproximando desenhos de palavras não correspondentes.

Tendo em vista as experiências anteriores, verificamos que todos os alunos haviam frequentado a educação infantil por pelo menos dois anos, em escola pública ou particular, mas não foi possível analisar a qualidade dessas vivências, uma vez que seria necessário iniciar uma nova pesquisa, ou seja, um estudo etnográfico em inúmeras escolas. Com relação à escolarização dos pais, um dado significativo refere-se aos 16 alunos que já estavam lendo, pois, de um total de 24 mães com ensino superior, 10 delas eram desse grupo.

Essas crianças foram acolhidas em duas salas com mobiliário adequado e organização de espaços destinados a minibiblioteca, jogos, modelagem, desenho e escaninhos para cada criança. Em função de nossa investigação, foi possível ampliar o número de jogos relacionados à alfabetização e adquirir um conjunto de letras móveis para cada aluno, por meio de subvenção da Fundação de Apoio à FEUSP.

Nas reuniões com as professoras, discutiu-se uma série de estratégias destinadas a focalizar preferencialmente as atividades de leitura para ampliar o repertório letrado dos alunos, o que facilitaria o desenvolvimento da escrita. Nesse primeiro ano de estudo exploratório, algumas propostas foram colocadas em prática no 2º semestre e, em especial, com um grupo de crianças que tinha aulas de reforço no contraturno por um período de duas horas por semana.

No final de 2008, foi realizada uma segunda avaliação diagnóstica, por meio de uma lista de palavras e de um pequeno texto, o que permitiu o estabelecimento de níveis de leitura que serão explicitados a seguir. Nos níveis 1 e 2 (hiperfluente e fluente), encontramos 20 alunos. No nível 3 (leu silabando), havia 18 alunos. Assim, desenvolveram competência leitora 38 alunos, ou seja, 64%. Quanto ao nível 4 (identificação de todas as letras), permaneceram 22 alunos, ou seja, 36%.

O fato desses 22 alunos (36%) terem realizado pouco progresso, pode ser explicado, de um lado, como efeito do letramento emergente mais restrito, resultante do contexto familiar, do contato com as diferentes mídias e das atividades desenvolvidas na EI. Por outro lado, teríamos de refletir, também, sobre as propostas realizadas na sala de aula e o tempo destinado às atividades de letramento e alfabetização neste primeiro ano do EF em 2008.

DUAS CLASSES DE 2008 E DESEMPENHO NO FINAL DE 2009

Em 2009, período em que esses alunos frequentaram o 2º ano, não houve acompanhamento dessas duas classes no cotidiano escolar em termos de pesquisa. Entretanto, por meio de informações fornecidas pela orientadora pedagógica, foi possível ter acesso, no final de 2009, à avaliação de desempenho dos alunos, sujeitos do estudo exploratório realizado em 2008.

Entre os 60 alunos que participaram do estudo, 22 apenas reconheciam letras no final de 2008 e tiveram aulas de reforço durante o 2º ano, em 2009. Destes, 14 ficaram novamente para recuperação no 3º ano, em 2010. Vale esclarecer também que, na turma que cursava o 2º ano de 2009, dos 18 alunos selecionados para participar da recuperação no 3º ano, 14 haviam iniciado o 1º ano em 2008 com um grau mínimo de letramento e terminaram o ano sem avançar muito.

Esses dados nos levam a refletir sobre a importância do convívio familiar em eventos de letramento e das atividades que envolvem o acesso à cultura letrada na educação infantil e no início do EF.

Em artigo de Araújo et al. (2009), que conta, entre seus autores, com James Heckman (Prêmio Nobel de Economia em 2000) e três economistas brasileiros, pudemos verificar que:

> Grande parte das diferenças em desenvolvimento cognitivo entre as crianças de diferentes ambientes familiares surgem nos primeiros anos de vida e já estão quase totalmente formadas ao começar a escola. Para ilustrar essa afirmação, recorremos à evidência norte-americana, pois infelizmente não existem dados brasileiros a respeito desse importante fato.
> [...]
> Porém, o fato mais marcante do gráfico 5.6 é que 93% da diferença de desenvolvimento cognitivo medida aos 13 anos *já está presente aos 5 anos,* antes mesmo que as crianças comecem a frequentar a escola. Esse fato sugere que grande parte da desigualdade no mercado de trabalho já está consolidada antes mesmo que as crianças cheguem à escola. Por isso, é

importante estudar o desenvolvimento intelectual na mais tenra idade. (Araújo et al., 2009, p. 102-104, grifo nosso).

A partir das pesquisas a que esses autores se referem, pode-se depreender que, neste contexto, até a faixa etária dos 5 anos, a família e os diferentes estímulos oferecidos às crianças na EI foram decisivos para sua capacidade no futuro. Nesse mesmo artigo, Araújo et al. (2009) descrevem diversos programas (desenvolvidos nos Estados Unidos) de formação de capital humano na primeira infância e mostram que a intervenção precoce dos governos na educação pode modificar a trajetória que leva à desigualdade.

No Brasil, com o objetivo de promover as experiências a que as crianças não tiveram acesso em termos de cultura letrada, é preciso que o governo amplie, com urgência, a oferta de educação pré-escolar/educação infantil de qualidade para esse segmento da população. Além disso, programas sociais que tenham foco nas famílias, de modo a despertar o interesse dos pais para que estimulem, desde cedo, o contato dos filhos com o universo letrado, certamente, causarão impacto na educação das crianças.

PESQUISA EM 2009: ATIVIDADES NAS NOVAS CLASSES DE 6 ANOS

Se, em 2008, realizamos um estudo exploratório nas duas classes de 6 anos, em 2009, pudemos interagir por mais tempo com as mesmas professoras e observar melhor o desempenho dos novos alunos das duas turmas de 30 alunos.

Inicialmente, é necessário explicitar ainda mais aspectos de dois termos – alfabetização e letramento – que serão utilizados nas propostas desenvolvidas. Para Soares (2006, p. 3):

> Na impossibilidade de determinar que a palavra alfabetização passe a significar não só a aprendizagem do sistema alfabético, mas também dos usos sociais e culturais desse sistema, é que a "invenção" da palavra letramento tornou-se necessária. Assim, a segunda premissa anunciada no início deste artigo afirma que, na educação infantil, devem estar presentes tanto atividades de introdução da criança ao sistema alfabético e suas convenções – alfabetização – quanto as práticas de uso social da leitura e escrita – letramento.

Assim, em 2009, na base das atividades desenvolvidas nas classes de 6 anos, estavam presentes "as práticas de uso social da leitura e escrita

– letramento". Desse modo, todos os dias era realizada, pela professora, a roda de histórias ou de leitura dialogada de um livro de literatura infantil com questões no início e no decorrer da história. Acontecia, portanto, a leitura com os olhos do outro.

Verificava-se também que o foco na interação entre oralidade e escrita, por meio de rimas, parlendas e trava-línguas, propiciava o desenvolvimento da consciência fonológica (tornando evidentes as relações existentes entre as unidades sonoras da palavra e sua forma gráfica), de maneira integrada a práticas de uso da língua.

Se, anteriormente, as atividades voltadas para a escrita predominavam no trabalho com as crianças nesta escola, *a ênfase em atividades de oralidade e leitura* foi o diferencial do projeto desenvolvido em parceria com as professoras das classes. O "Caderno de Leitura", implementado no projeto, continha diversas músicas infantis que eram cantadas rotineiramente pelas crianças. Após a natural memorização destas, os alunos recebiam os cadernos e passavam a acompanhar a letra da música, buscando o ajustamento da pauta sonora à pauta escrita, enquanto cantavam. Algumas palavras que faziam parte de cada uma das músicas foram selecionadas e um desenho era criado para que as crianças pudessem realizar a associação e escrever a palavra, com a mediação da professora. Assim, a partir de uma atividade de letramento, voltava-se o foco para o sistema alfabético da língua, realizando o imbricamento dos dois processos. Estavam também integradas as atividades de leitura e escrita.

Na realização do "Caderno de Palavras & Histórias Malucas", um outro procedimento foi adotado. O ponto de partida era a leitura de um texto do qual eram extraídas três a seis palavras que focalizavam uma determinada letra do alfabeto, estudada em diferentes posições dentro das palavras (início, meio e fim). A palavra era digitada em uma folha de papel A4 e apresentada à classe; os alunos a olhavam atentamente e brincavam de tirar "fotografia da palavra". A seguir, os alunos ajudavam a professora a escrever a palavra na lousa, observando a relação entre os grafemas (letras) e os fonemas (sons significativos da língua), conscientizando-se das regras grafofonêmicas da língua. Posteriormente, cada aluno registrava a palavra em sua ficha. Após esse foco no sistema alfabético, uma outra etapa do trabalho tinha início: a passagem para a dimensão discursiva, pois os alunos inventavam uma história que contivesse as palavras selecionadas. E a professora fazia o papel de escriba, escrevendo a história na lousa. Na aula seguinte, os alunos recebiam a história digitada, com as palavras em destaque, para realização da leitura em casa com os pais, possibilitando a constituição de um evento de letramento. Nesse contexto, a mediação dos adultos permitia que a fala/o diálogo se organizasse em função do texto escrito.

Foram trabalhadas várias atividades em que era utilizado o conjunto de letras móveis. Vale destacar uma delas, realizada em grupos de três alunos, que transcorria como se fosse uma brincadeira. Eles recebiam uma foto, contendo uma cena e deviam criar uma frase que sintetizasse a foto. Com a participação dos três alunos, a frase era escrita com letras móveis. Após a mediação da professora, a frase era aprovada, e cada um a anotava em sua folha. Nessa atividade, verificava-se também a mediação dos colegas mais experientes. Um dos conceitos-chave de Vygotsky – a zona de desenvolvimento proximal – permeava os procedimentos adotados nessa proposta. No livro *A formação social da mente*, Vygotsky (1984, p. 98) esclarece que "[...] aquilo que é zona de desenvolvimento proximal hoje será o nível do desenvolvimento real amanhã, ou seja, aquilo que uma criança pode fazer com assistência hoje ela será capaz de fazer sozinha amanhã [...]" (p. 98). Para isso ocorrer, além de trabalhar a partir daquilo que o aluno já sabe/faz, considerando seus conhecimentos prévios, deve-se recorrer à *interação com o outro*, que o auxilia e o aproxima daquilo que ele poderá vir a realizar. Daí a importância do trabalho em grupo heterogêneo na sala de aula, além das atividades em duplas produtivas, realizadas cotidianamente.

Nesta escola, as atividades de letramento e de alfabetização aconteciam nos diversos espaços construídos na sala de aula, mas poderiam se estender também à biblioteca escolar e ao laboratório de informática. A ludicidade era a tônica dominante em todas as propostas. Para Kishimoto (2005, p. 36-37):

> Quando as situações lúdicas são intencionalmente criadas pelo adulto com vistas a estimular certos tipos de aprendizagem, surge a dimensão educativa. Desde que mantidas as condições para a expressão do jogo, ou seja, a ação intencional da criança para brincar, o educador está potencializando as situações de aprendizagem. Utilizar o jogo na educação significa transportar para o campo do ensino-aprendizagem condições para maximizar a construção do conhecimento, introduzindo as propriedades do lúdico, do prazer, da capacidade de iniciação e ação ativa e motivadora.

Todos esses procedimentos em questão, essas vivências de cunho lúdico, possibilitavam que a maioria das crianças estivesse atenta no decorrer das atividades propostas. Nesse contexto, a aprendizagem de leitura e escrita transcorria de modo que a motivação e o interesse eram as molas propulsoras. Pelo fato de fazerem parte da rotina da sala de aula, tornaram-se estímulos constantes que propiciavam a interação do sujeito com o outro e com o objeto-língua, ampliando a "memória discursiva", necessária para o domínio da cultura escrita.

EM FOCO: AVALIAÇÕES DE LEITURA E SONDAGENS DE ESCRITA

Antes de discutir esses procedimentos avaliativos, vale explicitar as experiências anteriores dos 60 sujeitos da pesquisa que envolve o letramento emergente. Pelo menos por dois anos, todos os alunos frequentaram educação infantil, seja em creche e/ou pré-escola, mas não dispúnhamos de informações sobre as atividades realizadas nesses espaços, pois eram inúmeras as escolas, conforme explicitamos em tópico anterior. No que tange à escolarização dos pais dos alunos das novas classes de 6 anos em 2009, não encontramos dados significativos que pudessem esclarecer diferenças de desempenho.

No início e no final do ano, procedemos à avaliação individual da leitura dos 60 alunos e, no decorrer dos bimestres, as professoras registraram quatro sondagens referentes às hipóteses de escrita.

No que concerne à leitura, realizamos, com a participação de uma monitora, duas avaliações diagnósticas (ADs), utilizando uma lista de palavras e/ou um pequeno texto e levando em consideração seis níveis de leitura (Tabela 3.1). Na 1ª AD, 10 alunos atingiram os níveis 1 e 2 (hiperfluente e fluente); 11 alunos, o nível 3 (leu/silabou); 24 alunos, o nível 4 (identificação de todas as letras); 12 alunos, o nível 5 (identificação de algumas letras) e 3 alunos, o nível 6 (não reconhecimento de letras).

Tabela 3.1 Avaliações de leitura: início e final de 2009

	Início do ano: 1ª AD	Final do ano: 2ª AD
[01] hiperfluentes	03	06
[02] fluentes	07	24
[03] leu/silabou	11	09
[04] identificação de todas as letras	24	15
[05] identificação de algumas letras	12	06
[06] não reconheceu letras	03	00
	60	60

Fonte: A autora.

No final do ano, na 2ª AD, houve um progresso notável em direção aos dois primeiros níveis de leitura: eram 10 na 1ª AD e passaram a 30 na 2ª AD. No nível 3, havia 11 alunos na 1ª AD e, na segunda, 9. Com relação aos níveis 4, 5 e 6, havia 39 na 1ª AD e houve uma diminuição significativa, pois encontramos 21 nos níveis 4 e 5 na 2ª AD (Tabela 3.2).

Tabela 3.2 Avaliações agrupadas de leitura: início e final de 2009

	Início do ano: 1ª AD	Final do ano: 2ª AD
[01] hiperfluentes [02] fluentes	10 (17%)	30 (50%)
[03] leu/silabou	11 (18%)	09 (15%)
[04] identificação de todas as letras [05] identificação de algumas letras [06] não reconheceu letras	39 (65%)	21 (35%)

Fonte: A autora.

Deduzimos que os procedimentos adotados e o tempo destinado a atividades de letramento e alfabetização permitiram que 50% dos alunos estivessem lendo com fluência, além dos 15% que conseguiam ler às vezes silabando, mas com produção de sentido. Ao todo, temos, portanto, 65% dos alunos, no final do 1º ano em 2009, que demonstraram competência leitora, enquanto 35% apenas identificavam letras. Se houve progresso considerável em direção aos níveis 1 e 2, ainda permaneceram nos níveis 4 e 5 cerca de 35% dos alunos. Constata-se, portanto, que, após um ano letivo de atividades, esses alunos não avançaram no que tange à capacidade leitora: continuavam identificando letras. Isso significa que, no 2º ano, eles necessitarão de atividades específicas, diferenciadas daqueles que já sabem ler.

Ao estabelecermos uma comparação entre as avaliações de leitura feitas em 2008 e em 2009, verificamos que, novamente, um terço dos alunos entrarão no 2º ano com a indicação de participarem de aulas de reforço no contraturno.

A seguir, focalizaremos a avaliação da escrita. Com relação aos modos de representação do sistema alfabético, identificados por Ferreiro e Teberosky (1985) e Ferreiro (1986) – garatuja, pré-silábico, silábico (com ou sem valor sonoro convencional), silábico-alfabético e alfabético –, as professoras das classes de 6 anos realizaram quatro sondagens para explicitar as hipóteses de escrita.

Ao confrontar os dados a respeito dos testes de leitura e das hipóteses de escrita, surgiu a questão: haveria correlação entre esses dois tipos de avaliação? Os alunos que, na primeira AD de leitura, atingiram os níveis 1 e 2 (hiperfluente e fluente) foram considerados alfabéticos desde a primeira sondagem até a última. No outro extremo, os alunos dos níveis 5 e 6 (aqueles que identificavam algumas letras ou não reconheciam letras no teste de leitura) foram avaliados como pré-silábicos na 1ª e 2ª sondagens e, na 3ª e 4ª sondagens, alguns evoluíram para silábicos e poucos para silábico-alfabéticos. No nível 3 de leitura (leu/silabou) na 2ª AD, todos terminaram o ano silábico-alfabéticos. No nível 4 de leitura da 2ª AD (aqueles que identificavam todas as letras), foram considerados, na sondagem de escrita final, alguns silábicos e outros silábico-alfabéticos. Assim, nos dois extremos (níveis de leitura: 1 e 2 ← → 5 e 6), houve uma correlação mais forte entre os testes de leitura e as sondagens de escrita, enquanto, nos níveis intermediários (níveis de leitura: 3 e 4), ocorreu maior flutuação nas sondagens de escrita.

Importa saber quais as ações que esses dados, referentes às sondagens de escrita e aos testes de leitura, desencadearam. Levando em consideração essas sondagens e outros aspectos que puderam ser avaliados no cotidiano escolar, as professoras indicaram 16 desses alunos para aulas de reforço no 2º ano. Tendo em vista os testes de leitura, além desses 16, houve a indicação de mais cinco alunos, totalizando 21.

A partir desse estudo comparativo, deduzimos que, embora tenha havido algum progresso em relação às hipóteses de escrita, a AD de leitura demonstrou maior eficácia pelo fato de *detectar os alunos que não haviam adquirido habilidade leitora mínima após um ano de escolarização*. Todos esses 21 alunos haviam entrado no 1º ano aos 6 anos com restritos graus de letramento e, mesmo tendo participado de atividades extracurriculares no 2º semestre do 1º ano, permanecerão em desvantagem ao cursarem o 2º ano.

Isto significa que, *no início do 1º ano*, para os alunos que tiveram pouco contato com a cultura escrita, *será preciso intensificar o trabalho* com grupos heterogêneos, mediados por estagiários ou um segundo professor, para criar um contexto propício à interlocução.

Na escola pública onde a pesquisa foi realizada, em se tratando de crianças de 6 anos, foi constituída uma grade horária que prevê negociação entre a "cultura da EI" e a "cultura do EF". Das 22h30 que os alunos do 1º ano do EF permanecem na escola, foi estabelecida a seguinte distribuição de tempo para a semana: parque (1h00), horta (1h00), espaços lúdicos (1h00), cantoria (0h30), brinquedoteca (0h30), projeto (1h00), arte (2h00), educação física (2h00), matemática (2h30), laboratório de informática (0h30) e recreio (2h30). Total: 14h30; subtraindo-as das 22h30, temos 8h00 para diversas atividades relacionadas aos processos de letramento e de alfabetização, incluindo a ida à biblioteca escolar (1h30). Dessas 8 horas, intercaladas nesse conjunto de atividades, temos de subtrair ainda os momentos de organização/preparação da classe para iniciar cada procedimento. Consideramos, entretanto, que, na distribuição do tempo nessa grade, há um equilíbrio importante para estabelecer a ponte entre a "cultura da EI" e a "cultura do EF".

Tendo em vista que, após um ano de escolarização no EF, 35% dos alunos somente identificavam letras, no final do ano, discutimos a possibilidade de se ampliar o tempo de imersão na cultura escrita, após um confronto com o uso do tempo para atividades de leitura/escrita em uma escola particular (12 horas) e municipal (15 horas).

Uma vez que, para as crianças de 6 anos, a grade proposta pela Escola de Aplicação da FEUSP é adequada no que tange a atividades lúdicas, recreativas, físicas e artísticas, teremos de recorrer a outros recursos no sentido de possibilitar maior exposição a eventos de letramento, tais como: participação de um segundo educador na sala de aula para dedicar uma atenção mais individualizada às crianças; diminuição dos alunos na classe; atividades no contraturno, tanto para o 1º como para o 2º ano, visando abrir espaço/tempo para novos contatos com o universo letrado.

CONSIDERAÇÕES FINAIS

Durante dois anos, estivemos em busca de explicações, na classe de 6 anos, para problemas de leitura e escrita no decorrer do ensino fundamental. Não só no estudo exploratório de 2008, mas também na investigação de 2009, há indicações de que *o período de 0 a 5 anos é fundamental para a imersão dos sujeitos na cultura letrada*, pois os alunos que apresentaram um grau de letramento maior/mais expressivo, no início do 1º ano, continuaram bem-sucedidos.

Tanto nas turmas de crianças de 6 anos de 2008 quanto nas de 2009, no final do ano, *um terço dos alunos* apresentou um grau de letramento e de alfabetização *restrito* de modo que foram indicados para realizar aulas de reforço no 2º ano. Nas atuais circunstâncias, alertamos que, *em função desses alunos*, o planejamento para este 1º ano escolar terá de ser repensado.

Com relação às turmas de 2008, foi possível tomar conhecimento da avaliação no final do 2º ano e constatou-se que, dos 18 alunos indicados para aulas de reforço no 3º ano, 14 deles já haviam tido aulas de reforço no ano anterior. E que esses mesmos alunos, *ao ingressar no 1º ano, já estavam em desvantagem em relação aos colegas*. Qual será a trajetória desses alunos, tendo em vista o EF II? Se, no 3º ano, não houver um apoio muito especial, há uma grande probabilidade de que integrem o rol dos alunos que, aos 11 ou 12 anos, ao ingressar no EF II, não desenvolveram proficiência em leitura e escrita.

Na Escola de Aplicação da Faculdade de Educação da USP, os recursos educacionais materiais são adequados, as condições oferecidas aos professores são relativamente satisfatórias, ao trabalho com leitura/escrita está subjacente uma concepção interacional e sociodiscursiva da linguagem, e as atividades de letramento e alfabetização são desenvolvidas de forma integrada, permeadas pela ludicidade. Entretanto, o número de alunos por classe (31) é excessivo para uma professora e, quanto à distribuição das atividades na grade horária, é restrito o tempo dedicado ao ensino e à aprendizagem de leitura/escrita, pois este ficou reduzido a aproximadamente 8 horas das 22h30 semanais.

Tendo em vista que *o tempo e a qualidade de exposição à cultura letrada* são elementos fundamentais para que ocorra uma aprendizagem significativa e prazerosa, consideramos oportuno, para a ampliação desse tempo, o esforço de replanejamento curricular com atividades diversificadas no mesmo turno ou no contraturno, inclusive, a opção por uma escola em tempo integral.

Tal observação é importante, porque sabemos que qualidade e quantidade de acesso a práticas que integrem, desde cedo, o letramento e a alfabetização é um dos recursos essenciais para que ocorra a aprendizagem, ou seja, a consolidação de determinadas informações na memória que possibilitarão novas construções, viabilizando o desenvolvimento das competências inerentes ao ler e ao escrever.

Quanto à variedade de atividades que envolviam leitura e escrita, neste 1º ano do EF, devemos ressaltar que eram altamente motivadoras, tendo em vista o grau de atenção dispensado pelos alunos a propostas que exigiam um nível salutar de ansiedade. Assim, forma-se um círculo: os alunos motivados se concentram e têm possibilidade de formação de memórias, consequentemente, terão bom aprendizado. Entretanto, *se houver pouco tempo destinado a essas aprendizagens*, o processo não ocorre com a máxima *performance*, sobretudo para os alunos que apresentaram letramento emergente restrito no início do 1º ano.

Dessa forma, no primeiro ano, logo após a realização da primeira AD de leitura, os alunos cujas experiências pregressas não tenham sido propícias o suficiente para que pudessem explorar o universo letrado *ne-*

cessitarão de um tempo extra para ampliação desse contato. Será imprescindível também que as atividades de letramento e de alfabetização estejam integradas, e que os procedimentos de cunho lúdico privilegiem a oralidade e a leitura, os jogos, o uso de letras móveis, compartilhados pelos alunos com a mediação da professora.

Nesse sentido, se, logo no início das atividades que envolvem letramento e alfabetização nas classes de 6 e 7 anos, forem tomadas providências adequadas, certamente será *possível e necessário reverter o quadro*, diminuindo o número de alunos que chegarão ao EF II em desvantagem. Trata-se, portanto, de um desafio que a escola pública atual terá de enfrentar, ou seja, ampliar o *tempo* e a *qualidade* das experiências que envolvem leitura e escrita logo no início do EF I.

Ao concluir, nos conscientizamos de que novas pesquisas terão de ser realizadas para estudar cada criança (a singularidade, o interesse, a curiosidade) e o contexto em que ocorreu o letramento emergente dessas crianças antes dos 6 anos, resultante do ambiente familiar, do contato com as diversas mídias e das atividades lúdicas que envolvem oralidade, leitura e escrita na educação infantil. Dessa forma, será possível avaliar as oportunidades de acesso ao universo letrado tanto dos alunos com *expressivo* quanto dos alunos com *restrito* grau de letramento ao ingressar no 1º ano do ensino fundamental de 9 anos.

REFERÊNCIAS

ARAÚJO, A. P. et al. A educação infantil e sua importância na redução da violência. In: VELOSO, F. et al. (Org.). *Educação básica no Brasil*. Rio de Janeiro: Elsevier, 2009.

BAKHTIN, M. *Marxismo e filosofia da linguagem*. São Paulo: Hucitec, 1981.

BRASIL. Ministério da Educação. Secretaria de Educação Básica. *Ensino fundamental de 9 anos:* orientações gerais. Brasília: ME, 2006. Disponível em: <http://portal.mec.gov.br/seb/arquivos/pdf/9anosgeral.pdf>. Acesso em: 17 fev. 2010.

BRITTO, L. P. L. de. Alfabetismo e educação escolar. In: SILVA, E. T. *Alfabetização no Brasil:* questões e provocações da atualidade. São Paulo: Autores Associados, 2007. p. 19-50.

CHAUVEAU, G.; ROGOVAS-CHAUVEAU, E. *Les chemins de la lecture*: les guides magnard. Paris: Magnard, 1994.

CORSO, H. V. Funções cognitivas: convergências entre neurociências e psicologia genética. *Educação & Realidade,* v. 34, n. 3, p. 225-246, 2009.

FERREIRO, E. *Alfabetização em processo*. São Paulo: Cortez, 1986.

FERREIRO, E. L'écriture avant la lettre. In: SINCLAIR, H. (Ed.). *La productions de notations chez le jeune enfant*. Paris: PUF, 1988. p. 17-70.

FERREIRO, E. Uma reflexão sobre a língua oral e a aprendizagem da escrita. *Pátio*: Revista Pedagógica, v. 8, n. 29, p. 8-12, 2004.

FERREIRO, E.; TEBEROSKY, A. *Psicogênese da língua escrita*. Porto Alegre: Artmed, 1985.

FRADE, I. C. A. S. Alfabetização na escola de 9 anos: desafios e rumos. In: SILVA, E. T. (Org.). *Alfabetização no Brasil:* questões e provocações da atualidade. Campinas: Autores Associados, 2007.

GOODMAN, Y. The development of initial literacy. In: GOELMAN, H.; OBERG, A.; SMITH, F. (Ed.). *Awakening to literacy*. Portsmouth: Heinemann Educational Books, 1984. p. 112-109.

KISHIMOTO, T. M. O jogo e a educação infantil. In: KISHIMOTO, T. M. (Org.). *Jogo, brinquedo e brincadeira*. São Paulo: Cortez, 2005.

MARTINS, M. A. *Pré-história da aprendizagem da leitura*. Lisboa: ISPA, 1996.

MATA, L. *Literacia familiar*: ambiente familiar e descoberta da linguagem escrita. Porto: Porto, 2006.

OLIVEIRA-FORMOSINHO, J. Pedagogia(s) da infância: reconstruindo uma práxis de participação. In: OLIVEIRA-FORMOSINHO, J.; KISHIMOTO, T. M.; PINAZZA, M.A. (Org.) *Pedagogias da infância*: dialogando com o passado, construindo o futuro. Porto Alegre: Artmed, 2007.

PEREIRA, F.; LOPES, A. Ser criança e ser aluno: concepções das professoras do 1º ciclo do ensino básico. *Educação em Revista,* v. 25, n. 1, p. 37-62, 2009.

POSNER, M. *Foundations of cognitive science*. Cambridge: Bradford Book, 1989.

RAPOPORT, A. et al. Adaptação de crianças ao primeiro ano do ensino fundamental. *Educação,* v. 31, n. 3, p. 268-273, 2008.

RIBEIRO, V. M. (Org.) *Letramento no Brasil*. 2. ed. São Paulo: Global, 2004.

RIESGO, R. S. Transtorno de memória. In: ROTTA, N. T.; OHLWEILER, L.; RIESGO, R. S. *Transtornos de aprendizagem*. Porto Alegre: Artmed, 2006.

ROJO, R. *Letramentos múltiplos, escola e inclusão social*. São Paulo: Parábola, 2009.

ROTTA, N. T. Dificuldades para a aprendizagem. In: ROTTA, N. T.; OHLWEILER, L.; RIESGO, R. S. *Transtornos de aprendizagem*. Porto Alegre: Artmed, 2006a.

ROTTA, N. T. Plasticidade cerebral e aprendizagem. In: ROTTA, N. T.; OHLWEILER, L.; RIESGO, R. S. *Transtornos de aprendizagem*. Porto Alegre: Artmed, 2006b.

SCHLEICHER, A. Medir para avançar rápido. *Veja*, ed. 2072, p. 17-21, 6 ago. 2008. Entrevista de Monica Weinberg.

SEMEGHINI-SIQUEIRA, I. Desafios e soluções em ambientes de ensino e aprendizagem de língua materna para crianças de 6 anos. *Educação*, v. 34, n. 3, p. 330-340, 2011b.

SEMEGHINI-SIQUEIRA, I. Modos de ler textos informativos impressos/virtuais e questões sobre memória: estratégias para alavancar a construção do conhecimento em diferentes disciplinas. In: REZENDE, N.; RIOLFI, C.; SEMEGHINI-SIQUEIRA, I. (Org.). *Linguagem e educação:* implicações técnicas, éticas e estéticas. São Paulo: Humanitas, 2006. p. 169-203.

SEMEGHINI-SIQUEIRA, I. Recursos educacionais apropriados para recuperação lúdica do processo de letramento emergente. *Revista Brasileira de Estudos Pedagógicos*, v. 92, n. 230, p. 148-164, 2011a.

SEMEGHINI-SIQUEIRA, I.; BEZERRA, G. G. R.; GUAZZELLI, T. Estágio supervisionado e práticas de oralidade, leitura e escrita no ensino fundamental. *Revista Educação & Sociedade*, v. 31, n. 111, p. 563-583, 2010.

SMITH, F. *Leitura significativa*. Porto Alegre: Artmed, 1999.

SOARES, M. Alfabetização e letramento na educação infantil. *Pátio*: Educação Infantil, v. 6, n. 20, 2006.

SOARES, M. Alfabetização e letramento: caminhos e descaminhos. *Pátio*: Revista Pedagógica, v. 8, n. 29, p. 18-22, 2004b.

SOARES, M. Letramento e alfabetização: as muitas facetas. *Revista Brasileira de Educação,* n. 25, p. 5-17, 2004a.

TEALE, W.; SULZBY, E. Emergent literacy as a perspective for examining how young children become writers and readers. In: TEALE, W.; SULZBY, E. (Ed.). *Emergent literacy*: writing and readers. 4th ed. Norwood: Ablex Publishing 1989.

TERZI, S. B. A oralidade e a construção da leitura por crianças de meios iletrados. In: KLEIMAN, A. (Org.). *Os significados do letramento*. Campinas: Mercado de Letras, 1995.

THE PROGRAMME FOR INTERNATIONAL STUDENT ASSESSMENT (PISA). *PISA 2006 science competencies for tomorrow's world*. Paris: OECD, 2007.

THE PROGRAMME FOR INTERNATIONAL STUDENT ASSESSMENT (PISA). *PISA 2009 key findings*. Paris: OECD, 2010. 5 v.

THE PROGRAMME FOR INTERNATIONAL STUDENT ASSESSMENT (PISA). *PISA 2003 publications*. Paris: OECD, 2003. Disponivel em: <http://www.oecd.org/ pisa/pisaproducts/pisa2003/ publications-pisa2003.htm>. Acesso em: 10 abr. 2013.

THE PROGRAMME FOR INTERNATIONAL STUDENT ASSESSMENT (PISA). *PISA 2000 publications*. Paris: OECD, 2000. Disponivel em: <http://www.oecd.org/ pisa/pisaproducts/pisa2000/ publications-pisa2000.htm>. Acesso em: 10 abr. 2013.

VYGOTSKY, L. S. *A formação social da mente*. São Paulo: Martins Fontes, 1984.

VYGOTSKY, L. S. *O desenvolvimento psicológico na infância*. São Paulo Martins Fontes, 1998.

4

A dimensão da alfabetização na educação matemática infantil

Manoel Oriosvaldo de Moura

Neste capítulo, discute-se uma dimensão de alfabetização matemática, tornando-a um processo de apropriação de conhecimento por aquele que se insere em uma determinada cultura como sujeito. Sujeito aqui entendido como aquele que tem como objetivo de sua aprendizagem tanto as significações construídas socialmente quanto os modos de construí-las. Sendo assim, na educação escolar, o conteúdo e o modo de apropriação deste se constituem em objetos de ensino. A atividade de ensino, como o modo de objetivação da aprendizagem, é uma organização do professor, que tem como intencionalidade proporcionar condições para que os que a realizam se apropriem de conhecimentos que consideramos relevantes para o bem viver. Ao ensinar, o professor, como parceiro mais capaz, na perspectiva vygotskiana, e com uma responsabilidade outorgada por uma comunidade, deverá ter como intencionalidade proporcionar àqueles que chegam ao grupo a apropriação de instrumentos simbólicos que lhes permitam interagir e produzir nessa comunidade.

Na escola, formamos pessoas do e para o mundo, e, neste, a matemática é mais um instrumento: uma linguagem universal que poderá contribuir para o sentido de ser sujeito de uma comunidade local que produz e vive em um espaço que aprendemos a ver como finito e de responsabilidade de todos. Assim, a iniciação no conhecimento da matemática requer escolha de conteúdo e forma de construção de significados que podemos chamar de alfabetização. Desse modo, cabe ao educador a escolha de certos conhecimentos considerados basilares para que quem tiver acesso a eles possa se apropriar de conteúdos e maneiras de lidar com estes, adquirindo não só informação, mas também um método ou um modo geral da ação, como o denomina Davydov (1988).

O sentido geral para uma alfabetização matemática é o de que ensinar matemática é educar com a matemática, pois entendemos que se apropriar de um conhecimento, à semelhança de como nos apropriamos de uma ferramenta, é também um processo de aprimoramento constante do modo de usá-lo. E, na atividade de educar com a matemática, o professor, como parte de uma coletividade, em atividade de ensino, também estará aprendendo a melhor usar os instrumentos simbólicos de que dispõe e a organizar melhor o modo de proporcionar aprendizagem matemática. Esta, na perspectiva de uma alfabetização, a exemplo da alfabetização na língua, tem por objetivo possibilitar ao sujeito a apropriação de uma linguagem constitutiva da unidade do povo que o recebe.

NECESSIDADE CRIA INSTRUMENTO

A realidade, tal qual se apresenta, parece ordenada; os aparelhos digitais aparecem como uma fascinante invenção de um gênio que expõe o mais novo produto a ser consumido no próximo Natal. A visão mágica do mundo nos subtrai a consciência da necessidade do outro, do parceiro como fundamental para a solução de problemas que foram surgindo ao longo do desenvolvimento da humanidade. Sim, o homem frágil, que não dispõe de um equipamento corpóreo que lhe permita viver sem instrumentos e sem o grupo, parece nunca ter existido. Os instrumentos, os utensílios, a linguagem, a divisão de trabalho, etc., estão naturalizados, e, sendo assim, o aprender parece ser algo também natural no movimento de apropriação dos bens culturais produzidos nas atividades realizadas em resposta a necessidades humanas que, ao serem objetivadas, possibilitam a humanização. O que pode quebrar essa visão mágica da produção humana? A história dos conceitos pode ser a chave da resposta.

Vejamos episódios da história que ilustrem essa afirmação. Como o nosso objetivo é o de compreender os processos de apropriação de conceitos matemáticos, comecemos por um que pode nos dar uma pista sobre os processos humanos de controle do movimento das quantidades. Sim, esse teve um início, por certo. E também é certo que foi se aprimorando, pois hoje o controle das quantidades atingiu tamanha sofisticação, que foge à capacidade do homem comum entender os modos de fazê-lo por meio das intrincadas máquinas chamadas computadores.

Por volta do terceiro milênio antes de Cristo, a complexidade das relações sociais já exigia formas de contratos, de modo que se fazia necessária a intermediação de um terceiro sujeito nos contratos de prestação de serviços estabelecidos entre duas pessoas. Ifrah (1998) apresenta achados de registros que justificam perfeitamente uma pequena história que ele nos conta para ilustrar o aparecimento de sistemas de numeração e registros numéricos, que podem ser considerados a criação de signos que permitiram o controle das quantidades entre aqueles que, de algum modo, necessitavam dessa ação humana.

Imaginemos o cenário. Certo criador de animais, vendo-se impossibilitado de cuidar do seu rebanho, contratou os serviços de outro membro de sua comunidade para cumprir essa função. O seu trabalho consistia em levar os animais para pastar em outros campos, já que suas terras não comportavam mais a demanda por alimento devido ao aumento do rebanho. É claro que, nessa situação, seria necessário haver certo contrato para que ambos pudessem contabilizar se houve ou não perda de animais.

O problema também cria a solução. E esta, como não poderia ser diferente, é condizente com a tecnologia e o grau de desenvolvimento da época. Os registros encontrados na Mesopotâmia dão evidências do modo como era possível estabelecer esse controle de forma bastante precisa. O contrato entre o pastor e o que seria, para nós, o equivalente ao fazendeiro de hoje exigia a intermediação de um terceiro, que podemos imaginar como uma espécie de contador da época. Se não existia escrita, tornava-se necessário um registro que pudesse servir de referência para os três personagens envolvidos na trama estabelecida entre eles. O registro era bastante simples, mas é possível perceber a evolução do modo de controle de quantidades que superava o simples ato de contar pedras ou marcar riscos que fizessem corresponder, a cada animal, a pedra natural. Na forma de registro encontrada, já existe o trabalho humano movido por imaginação criadora.

Vejamos, segundo Ifrah (1998), como procedia o contador de nossa história ao ter que registrar uma grande quantidade de animais que estava sendo entregue aos cuidados do pastor. O autor, que nos inspirou a imaginar o cenário e o enredo de nossa história, sugere o número 299 como a quantidade de animais entregue ao pastor. O contador apresenta ao seu cliente os seus instrumentos de contagem feitos de argila: bastonetes, esferas e discos. Apresenta-lhe também uma espécie de urna de argila, que irá utilizar para "armazenar" a quantidade negociada. Em seguida, descreve o seu procedimento de armazenagem. Estabelece que, a cada animal, corresponde um bastonete e que, sempre que juntar um agrupamento de 10 bastonetes, ele terá de trocá-lo por uma esfera; cada dez esferas, por sua vez, ele deverá trocar por um disco de argila. Esse acordo feito presencialmente não apresentava nenhum problema, já que se tratava de um modo bastante simples de trocas concretas e que lhes permitia, na volta do pastor, conferir se havia ou não aumentado o rebanho. Quanto ao registro dos 299 animais – por exemplo, ovelhas, para melhor concretizar o que estamos tratando de representar, e podendo generalizar esse modo de controle para o registro de qualquer transação –, sua quantidade é computada da seguinte maneira: o contador coloca dois discos de argila representando cada um cem ovelhas, nove bolinhas associadas a uma dezena de ovelhas e nove bastonetes correspondendo cada um a uma ovelha. Terminada a contagem, o contador coloca os objetos – contáveis – dentro da urna, fecha-a e faz três marcas na sua superfície, o que corresponde a uma espécie de assinatura dos que estão envolvidos nos acordos que estão sendo realizados.

Em escavações no Irã, foram descobertos registros desse modo de contar, em que se pode perceber a criação das representações do movimento das quantidades que, embora fosse feito de modo concreto, já apresentava mudanças qualitativas advindas das novas formas de produção humana. Nas escavações arqueológicas, foram encontradas urnas que revelam um sofisticado modo de registro das quantidades por meio da contagem por agrupamentos. A história dos nossos personagens ilustra essa forma de registro.

Ifrah (1998) também cita outras formas de registros concretos, datados do quarto milênio antes de Cristo, feitos por elamitas e sumérios no golfo arábico. Nessa região, encontravam-se civilizações já bastante urbanizadas e com um modo socioeconômico de vida bastante complexo, que exigia formas já um tanto sofisticadas de registro do movimento das quantidades.

> As permutas econômicas são cada dia mais numerosas e se sente, cada vez mais, a necessidade de conservar de maneira duradoura o registro dos recenseamentos, dos inventários, das vendas, das compras e das distribuições que faziam diariamente. (Ifrah, 1998, p. 133).

Os registros eram feitos à semelhança dos que acabamos de relatar e ainda tinham uma relação bastante concreta com o que representavam, mas, sem dúvida, já se tratava de uma abstração do referente concreto que representavam. Segundo Ifrah (1998, p. 133), os registros eram feitos da seguinte maneira:

> [...] uma unidade simples por um pequeno cone;
> uma dezena por uma bolinha;
> sessenta unidades por um cone;
> o número 600 (= 60 × 10) por um grande cone perfurado;
> o número 3.600 (= 60 × 600) por uma esfera;
> e o número 36.000 (= 60^2 × 10) por uma esfera perfurada.

Outras formas de registro foram encontradas com variações bastante próximas às apresentadas. Percebe-se que, em cada uma delas, já existe um grau muito elevado de abstração, bem como o fato de que o cálculo também está associado à maneira de registrar as quantidades.

Fizemos essa breve exposição sobre o registro concreto das quantidades para destacar o movimento qualitativo das organizações humanas, que também leva a um movimento qualitativo das suas formas de comunicação, ou melhor, de mediação. No caso da realização do registro dos compromissos estabelecidos entre o fazendeiro, o pastor e o contador de nossa história anteriormente relatada, os objetos que serviram para registrar as quantidades são mediadores simbólicos que permitiram estabelecer um contrato seguro entre as partes que realizavam certo acordo.

A continuidade de nossa história nos ilustra o passo seguinte às mudanças qualitativas na forma de registro do movimento das quantidades. Imaginemos que o nosso contador, devido ao fato de tanto lidar com seus instrumentos de contagem, resolvesse marcar as quantidades na parte externa da urna que continha os bastonetes (ou cones), esferas e discos. Já que fazia marcas representando os sujeitos envolvidos na transação e que, para isso, usava uma espécie de sinete com características diferenciadoras para cada pessoa envolvida, não é difícil imaginar que, por semelhança, o uso de um instrumento capaz de deixar marcas na argila poderia perfeitamente assinalar o que representasse o bastonete, a esfera e o disco.

Segundo Ifrah (1998), as descobertas feitas pela Delegação Arqueológica Francesa no Irã (DAFI), durante os trabalhos na acrópole de Susa, evidenciam as etapas dessa evolução. Diz o autor que "[...] num segundo estágio, estes contadores tiveram a ideia de simbolizar as fichas guardadas nas esferas por diversas marcas de tamanhos e de formas variadas, gravadas na parte externa de cada uma delas [...]" (Ifrah, 1998, p. 138).

Também não é difícil imaginar que os contadores logo tenham percebido que não era necessário o duplo trabalho que realizavam: o de colocar os instrumentos de contagem dentro daquilo que lhes servia de urna registradora das transações dos acordos e os motivos impressos com os sinetes dos sujeitos que dele tomavam parte (mercadores, agricultores, artesãos, moleiros, etc.). Para que esse duplo esforço se podia apenas utilizar-se das representações dos bastões, esferas, discos e cones para as prestações de conta no final dos acordos firmados?

> Foi o que pensaram os contadores mesopotâmicos e elamitas, ao tomar rapidamente consciência da redundância existente entre os dois sistemas. Desde cerca de 3250 a.C., o uso dos *calculi* foi suprimido, e as esferas ocas substituídas doravante por tabletes de argila, no início de feitio grosseiramente arredondado ou oblongo (à semelhança de formas esféricas ou ovoides), em seguida de forma progressivamente mais fina e retangular. (Ifrah, 1998, p. 140).

Dessa maneira, estava inventada uma forma abstrata de representar as quantidades. Esta tinha por base um referente concreto resultante de uma atividade cujo objetivo era o registro de transações econômicas a fim de que, em outro momento, pudesse ser lembrado. Os referentes concretos serviam de instrumentos mnemônicos, mediadores para representar o que objetivamente ocorrera. Eram, portanto, signos, pois tinham como pressuposto a representação de algo concreto, mas já desencarnados do mesmo. Eram a lembrança sintetizada em uma representação que tem uma história, síntese de várias outras que foram construídas a partir de uma necessidade humana universal, que é a de se comunicar para solucionar problemas colocados pela vida em sociedade. O signo, assim, faz a relação entre o significante e o significado construídos historicamente por pessoas envolvidas na solução de problemas que as condições históricas colocavam e a tecnologia lhes permitia resolver.

Aqui, deixo por conta do leitor a viagem no tempo para imaginar o modo humano de construir soluções para os problemas da contagem causados pela mudança nas formas de organização social, nos modos de produção e no aumento das populações ao longo da história. Mas ainda é necessário conferir a história do movimento das quantidades e das suas representações. Consideramos que esse é o modo de tomar consciência sobre os processos humanos de aprender e fazer uso do aprendido na solução de problemas que se colocam de forma semelhante em outras situações, por meio de um processo de análise-síntese que promove novas qualidades de conhecimento capazes de serem qualificadas conforme a natureza das ações que as requerem. Foi dessa forma que as ciências foram se diferenciando e ganhando nomes de Física, Química, Biologia, etc.

Continuemos, então, à procura de explicitação do que pode caracterizar essa atividade humana que tanto se desenvolveu e que recebeu o nome de Matemática. A nossa busca é por uma justificativa para a sua aprendizagem como uma necessidade humana e também pela possibilidade de encontrarmos semelhanças entre os processos de aprendizagem da língua que possam justificar as aprendizagens iniciais da matemática como os que chamamos alfabetização e letramento.

Vimos o processo de criação do significado dos signos numéricos. Tal como o descrevemos, pode parecer para o leitor que essa representação está desassociada de uma representação escrita e falada. Não é difícil perceber o quanto isso é falso, pois estamos, neste momento, falando sobre tal processo porque fazemos uso do seu desenvolvimento histórico. O nosso problema é a naturalização dos processos criativos humanos, que nos deixa cada vez mais distantes da razão de aprendê-los por entendê-los como algo que, estando pronto e acabado, não tem uma história cheia de contradições, de incertezas, tal como nos diz Caraça (1998) ao se referir ao modo muito comum de compreender os processos humanos de criação da matemática.

O avanço na história das civilizações pode, mais uma vez, ser a chave para percebermos como é que a representação concreta das quantidades pode levar à criação de uma representação simbólica. Nas representações elamitas e sumérias, não encontramos o que poderia se chamar de signo numérico, tal como o define Vygotsky (1998). Para ser signo, é necessário que este perca o referencial concreto do que representa. O signo é uma representação desencarnada do referente, mas tem uma história que foi construída nos processos humanos de solução de algum problema, seja este uma ordem ou uma qualidade, uma quantidade, etc.

A criação do signo é mais uma dessas sínteses produzidas pelos homens de modo a permitir o aprimoramento dos processos comunicativos. Vimos que a criação da pedra de contar era uma evolução no modo de contar com a pedra natural. Essa invenção implicou criar regularidades na forma de representação que permitiam a compreensão nos processos de acordos estabelecidos entre sujeitos que participavam de alguma negociação. A pedra natural tinha o inconveniente de não permitir essa regularidade da representação pela forma, pois a unidade, ao ser representada por uma pedra pequena, está impregnada pela subjetividade de quem lida com ela – uma pedra pequena pode ser a representação de uma dezena, e não de uma unidade.

O outro passo importante foi o desprendimento da pedra concreta e o uso de sua representação com um instrumento que possibilitasse deixar as marcas das quantidades impressas em argila. O nível de abstração presente nessa forma de representação é de qualidade tal que permite lidar com quantidades cada vez maiores sem que se tenha de carregar muitos artefatos. Podemos imaginar como a prateleira do contador da história ficou bem mais leve. Para ilustrar essa afirmação, basta lembrar o quanto os livros digitais representam espaços economizados nas bibliotecas, hoje.

A lenta evolução da escrita suméria e elamita leva à representação de quantidades em que se faz necessário o referente e a quantidade a ele associada. Isto é, se a intenção fosse representar certa quantidade de ânforas, estas deveriam ser representadas e, ao seu lado, as escritas dos símbolos que representavam quantas eram. Por volta de 3200 a.C., segundo Ifrah (1998, p. 142, grifo do autor),

> [...] aparecem de fato, pouco a pouco, novos signos sobre os tabletes ao lado dos números sumerianos ou elamitas, enquanto as impressões dos sinetes cilíndricos vão progressivamente desaparecendo. Esta etapa marca o nascimento da *contabilidade escrita*.

Tais signos, que, ainda segundo o autor, eram desenhos que representavam todo tipo de objetos ou seres, tinham por finalidade precisar o tipo de mercadoria envolvido nas transações. Presencia-se, nessa forma de representar as quantidades, um modo de se fazer a contabilidade de objetos sem necessariamente se fazer referência aos sujeitos que integravam uma transação. Nesse sentido, a representação ganha um novo papel: o de representar quantidades, e não mais uma transação entre pessoas. O número ganha o *status* de ferramenta simbólica, que tem como finalidade representar certa quantidade que se quer guardar poupando-se a memória.

Foram encontrados tabletes datados de aproximadamente 2850 a.C., em que se encontra registro do que poderíamos considerar uma espécie de *fatura econômica* (Ifrah, 1998). Esses tabletes tinham registro em suas duas faces: em uma delas, estavam escritos os detalhes de uma operação, e, na outra, o total e os títulos referentes àquelas operações. Os desenhos, que, segundo o autor, por essa ocasião ainda não passam de *imagens-signos*, atendem bem às necessidades econômicas da época, mas não se trata ainda de uma escrita tal como a entendemos hoje.

A representação pictográfica é, no entanto, o embrião dessa escrita. Pouco a pouco, as "imagens-signos" passam a ter uma significação mais ampla, podendo também representar ações ou ideias próximas. Daí surge o que se chama de ideografia. Assim, a imagem de uma perna humana pode revestir não apenas o sentido de "perna", mas também o de "andar", "ir", "permanecer de pé", "correr" ou "fugir". Do mesmo modo, o disco solar tanto pode significar o sol quanto o dia, o calor ou a luz (Ifrah, 1998, p. 148).

A combinação dos desenhos possibilitou a representação de novas ideias: boca mais pão indica a ideia de comer; olho mais água pode significar lágrima, etc. Podemos perceber o quanto a criação humana pode fazer uso desses artifícios para chegar à nossa forma de escrever tal como a temos hoje, mas, na forma de representar dos elamitas e sumérios, ainda não havia a representação dos sons de uma linguagem articulada. Foi necessário mais um passo, dado entre 2800 e 2700 a.C. Nesse período, surge uma nova ideia do uso das imagens-signo, "[...] não mais em função de seu valor pictural ou ideográfico, mas de seu valor fonético em relação à língua suméria (ou elamita) [...]" (Ifrah, 1998, p. 149). As imagens de certos objetos passam a ser usadas não mais com o objetivo de representá-los, e sim pelo som associado ao mesmo.

Desse modo,

> A escrita acaba de nascer pela primeira vez no decorrer da história. E foram talvez os contadores que a inventaram, para atender às suas necessidades essencialmente econômicas. Oriundas de um sistema de *calculi* e de esferas de argilas, a transcrição gráfica dos números precedeu de fato à da linguagem articulada, ou seja, a invenção dos algarismos aconteceu muito antes da descoberta da escrita. (Ifrah, 1998, p. 150).

Todo esse movimento histórico de criação de formas de controle das quantidades também pode ser encontrado nos registros deixados pela antiga civilização egípcia. Ifrah (1998) afirma que, embora os egípcios empregassem diferentes suportes materiais para o registro dos signos e usassem a base sessenta, e não a base dez usada pelos elamitas e sumérios, eles também criaram o seu sistema de escrita numérica motivados por razões de ordem administrativa e comercial.

Diz o autor:

> Provando uma necessidade crescente de memorizar o pensamento e a fala, assim como a exigência de guardar duradouramente a lembrança dos

> números, ela [a civilização egípcia] percebe, então, que uma organização do trabalho inteiramente diferente se impõe. E, *como a necessidade cria o órgão*, ela descobre a ideia tanto da escrita quanto da notação gráfica dos números para vencer a dificuldade [...] (Ifrah, 1998, p. 159, grifo do autor).

Com essas palavras de Ifrah, podemos encerrar essa breve retomada histórica da evolução da grafia dos números. Nosso objetivo foi o de mostrar como, associada à representação do número, está a necessidade do homem de conseguir representar o movimento das quantidades de modo a deixar registrado aquilo que ficaria perdido se tivesse que se apoiar apenas nas suas lembranças. Fica claro também que, associado ao registro, está o significado da ação que leva ao registro. Todo ele é motivado. É fruto de uma necessidade que mobiliza os sujeitos para a criação da resposta capaz de criar o significado do que estão realizando e que, mais tarde, possa ser lembrada para dar novo significado à nova ação. Assim, o registro do contador, que no começo de nossa história servia para marcar o acordo inicial que registrava as quantidades iniciais, deveria dar condições para que, no final do contrato, ele pudesse conferir se tudo estava coerente com o acordado.

Fica evidente que a criação do significado é histórica e se relaciona com a tecnologia da época. Assim, o tablete que registrava a escrita elamita e suméria é diferente dos *tablets* da escrita digital de hoje, no entanto, ambos têm uma mesma função: permitir a satisfação das atividades integrativas que possibilitam a realização de ações humanas no decorrer da história das civilizações.

SIGNIFICAÇÃO

Quando Ifrah diz que "a necessidade cria o órgão", ele se aproxima das concepções de Leontiev (1978), quando este trata do desenvolvimento do psiquismo. Os pressupostos de que a consciência depende do modo de vida do sujeito conduzem indagações em busca de explicações sobre as relações vitais do homem e de que modo essas relações o constituem. E, considerando-se que as condições sociais e históricas mudam, é preciso que se estude, também, como tais mudanças contribuem para a mudança na estrutura da consciência do homem.

Dado que a realidade está presente na consciência do homem, a pergunta de Leontiev é sobre como isso é possível. Em sua busca de uma resposta, afirma o autor:

> Todo o reflexo psíquico resulta de uma relação, de uma interação real entre um sujeito material vivo, altamente organizado, e a realidade material que o cerca. Quanto aos órgãos do reflexo psíquico, eles são, ao mesmo tempo, os órgãos dessa interação, os órgãos da atividade vital. (Leontiev, 1978, p. 99).

Para o autor, todo reflexo psíquico depende das relações do sujeito com o objeto e do sentido vital que este tem com aquele. No caso do homem, tal relação é estabelecida de forma consciente objetivada pelo trabalho. Ele [o homem] "[...] tem consciência do seu objetivo; isto quer dizer que este se reflete nas suas relações objetivas (no caso, trata-se de relações de trabalho) na sua significação [...]" (Leontiev, 1978, p. 100).

Como estamos à procura do modo como os sujeitos se apropriam de conhecimento e, no nosso caso, do conhecimento matemático, torna-se imprescindível entender o conceito de significação e de que modo este pode nos ajudar a construir um conceito que poderia significar o modo de se apropriar dos conceitos iniciais de um conhecimento que, no desenvolvimento histórico do homem, passou a ser chamado de matemática. Em particular, parece relevante refletir, para ressaltarmos as peculiaridades da alfabetização matemática, sobre o caráter que tem para o homem a realização de atividades que permitem a chamada *significação*, nas palavras de Leontiev (1978, p. 100):

> A significação é aquilo que, em um objeto ou fenômeno, descobre-se objetivamente em um sistema de ligações, de interações e de relações objetivas. A significação é refletida e fixada na linguagem, o que lhe confere a sua estabilidade. Sob a forma de significações linguísticas, constitui o conteúdo da consciência social; enquanto, no conteúdo da consciência social, torna-se, assim, a "consciência real" dos indivíduos, objetivando em si o sentido subjetivo que o refletido tem para eles.

As significações, pelas palavras de Leontiev, são fenômenos histórico-culturais. São resultados das relações humanas ao produzirem as condições materiais que lhes permitem a existência. Desse modo, a produção de objetos e de ferramentas para a satisfação das necessidades vitais cria também as palavras que fixam tanto esses objetos quanto o modo de lidar com eles. Assim, os sujeitos que chegam a uma determinada comunidade têm a necessidade de se apropriar desses artefatos culturais que lhes permitem satisfazer às suas necessidades integrativas a partir das significações que constituem essa cultura. "A significação é, portanto, a forma sob a qual um homem assimila a experiência humana generalizada e refletida." (Leontiev, 1978, p. 101).

Dessa forma, as significações, à semelhança da realidade objetiva, também se apresentam aos homens, e estes, no desenvolvimento de suas vidas, deverão se apropriar destas. Leontiev (1978, p. 101) nos adverte de que "[...] o principal problema psicológico que a significação põe é do lugar e do papel reais que ela tem na vida psíquica do homem [...]". Ao tomar como verdadeiro que o mecanismo psicológico não poderia ser diferente daquele que o homem usa para se apropriar da realidade objetiva, o autor afirma que "[...] a significação mediatiza o reflexo do mundo pelo homem na medida em que ele tem consciência desse, isto é, na medida em que o seu reflexo do mundo se apoia na experiência da prática social e a integra [...]" (Leontiev, 1978, p. 101).

Mas esse conceito de mediação ainda não nos dá elementos para entender de que modo cada sujeito se apropria de tais mediações, pois sabemos que não basta a realidade estar presente, não basta o sujeito estar imerso em uma determinada realidade cultural para se apropriar das significações que a constituem. Mais uma vez é Leontiev quem nos dá uma resposta apropriada. Diz o autor:

> O fato propriamente psicológico, o fato da minha vida, é que eu me aproprie ou não, que eu assimile ou não uma dada significação, em que grau eu a assimilo e também o que ela se torna para mim, para a minha personalidade; este último elemento depende do sentido subjetivo e pessoal que esta significação tenha para mim. (Leontiev, 1978, p. 102).

Dessa afirmação de Leontiev, destaca-se o que ele chama de sentido pessoal. O conceito é particularmente importante para a nossa reflexão, já que estamos à procura dos fundamentos do que poderemos chamar de alfabetização matemática e sabemos que nem todos os sujeitos se apropriam dos conteúdos matemáticos, mesmo que eles se apresentem para esses sujeitos. Vejamos, pois, o conceito.

Sabemos que o estudo do desenvolvimento histórico da consciência, na perspectiva histórico-cultural, considera que o mais relevante não é o estudo da consciência, e sim o estudo das condições concretas que a criaram em toda a sua objetividade. É por isso que, para Leontiev, o sentido tem sua origem na própria vida do sujeito, nas relações que ele cria na sua atividade.

Sendo assim, a tomada de consciência sobre uma determinada significação é parte da relação do sujeito com o objeto que tem sentido para a satisfação de uma necessidade:

> O sentido pessoal é parte integrante da atividade do sujeito que tem uma finalidade: a satisfação de uma necessidade, e desse modo tem um objetivo. De um ponto de vista psicológico concreto, esse sentido consciente é criado pela relação objetiva que se reflete no cérebro do homem, entre aquilo que o incita a agir e aquilo para o qual a sua ação se orienta como resultado imediato. Por outras palavras, o sentido consciente traduz a relação do motivo ao fim. (Leontiev, 1978, p. 103).

É importante, nessa afirmação de Leontiev, atentar para o que ele destaca sobre o termo *motivo* quando afirma que

> [...] não utilizamos o termo *motivo* para designar o sentimento de uma necessidade; ele [motivo] designa aquilo em que a necessidade se concretiza de objetivo nas condições consideradas e para as quais a atividade se orienta, o que o estimula [...] (Leontiev, 1978, p. 104).

Assim, *motivo* e *sentido* são interdependentes. O que quer dizer que, para encontrar o sentido pessoal, é preciso saber qual o motivo que lhe corresponde.

A trama das personagens do episódio da história que contamos mostra que o modo de controlar as ovelhas só foi possível porque existiam sujeitos em busca de solução para um problema concreto que os envolvia. O objetivo era controlar o movimento das quantidades. O problema que a realidade colocava para aqueles sujeitos era o de conseguir um modo seguro de saber se a quantidade de ovelhas que correspondia ao registro na urna se modificava ou não ao final do período combinado. A quantidade e a qualidade dos artefatos envolvidos no registro da transação era a significação da atividade humana realizada. O sentido pessoal de cada sujeito que constituía a trama podia ser diferente, mas a combinação das ações e suas representações, construídas conjuntamente, dão a unidade necessária para a compreensão dos registros em tempos diferentes: o do contrato inicial e o da conferência final da quantidade de animais. Significação e sentido pessoal, nessa ocasião, andavam juntos.

ALFABETIZAÇÃO COMO ATIVIDADE DE SIGNIFICAÇÃO

Pelo que vimos, existe um forte vínculo entre o modo como o homem percebe e pensa o mundo e o grau de desenvolvimento social e cultural de sua época. Isso quer dizer que, ao longo da sua vida, o homem assimila as experiências das gerações precedentes, o que acontece por meio da apropriação das significações. Vejamos como os conceitos de significação, sentido pessoal e motivo contribuem para o entendimento dos processos de apropriação dos conceitos matemáticos e se esses podem ser chamados de alfabetização matemática, tendo como referência a palavra *alfabetização* como significação da atividade humana de apropriação de um sistema de signos que possibilita a comunicação escrita.

Tal como buscamos na história, procuremos nas atividades que as pessoas realizam o modo de apropriação dos conceitos necessários à solução de problemas que a atividade se propõe a realizar. A atividade da qual partiremos é aquela em que crianças são colocadas diante da necessidade de representar quantidades. Vamos chamar de episódios pequenos relatos que têm por finalidade narrar momentos em que fica evidente a tomada de consciência de um fato que reestrutura o pensamento da criança diante do problema e que dá uma qualidade nova para a solução que cria.

Episódio 1

Cenário: Crianças, divididas em grupos de quatro componentes, foram convidadas a jogar boliche e lhes foi proposto marcar os pontos obtidos em quatro jogadas. Todas haviam recebido papel e lápis para registrar as quantidades como melhor lhes conviesse: traços, bolinhas, com os *nossos números* (era assim que lhes falávamos para que eles buscassem no seu meio aquilo que identificam como sendo os *nossos números*).

Cena: Josélia joga a bola e derruba seis pinos. Volta correndo e marca com os numerais indo-arábicos 123456' (observem a marca acima do seis). Arranja o conjunto de garrafas que constitui os pinos do jogo, volta ao ponto combinado para arremessar a bola e, ao jogá-la, derruba dois pinos; vai até a sua folha de papel e se coloca na posição para registrar os seus pontos. Nesse momento, outro colega, que participava de seu grupo, aponta para o *dois* que ela havia escrito na jogada anterior e lhe diz: – *Taí o teu dois*. Josélia, então, marca os pontos de sua segunda jogada com o signo 2' (chamo novamente atenção para o fato que este tem um traço acima do signo). Na terceira rodada, Josélia faz novamente seis pontos. Agora ela não marca mais 123456. Marca simplesmente o 6'.

Episódio 2

Cenário: A crianças tinham consigo um baralho especial, cujas cartas continham signos que representavam os numerais maias de 1 a 12.

São signos simples. Os maias representam do um ao quatro com círculos, o cinco com um pequeno traço, do seis ao nove com traço e círculos, o 10 com dois traços, o 11 com dois traços e um círculo e o 12 com dois traços e dois círculos. Cada grupo de quatro crianças recebeu três cartas representando quantidades variadas.
Cena: Foi pedido que as cartas fossem colocadas em ordem crescente. A primeira criança colocou a sua carta, e, em seguida, outra colocou a sua. Esta criança foi prontamente contestada por um colega, que afirma não se tratar da carta certa. Outro coloca a sua e também é contestado. Observam-se várias tentativas que evidenciam uma solução por tentativa e erro. Ygor, então, exclama: – *Começa do um, gente!* Após essa afirmação, rapidamente, o colega que estava com um círculo baixa a sua carta; outro, que estava com dois círculos, baixa a sua; o que estava com o três baixa em seguida, e assim eles completam a sequência em ordem crescente.

SEMELHANÇAS NÃO SÃO MERAS COINCIDÊNCIAS

O que há de semelhante entre os episódios da história e os episódios das crianças lidando com as representações numéricas? Não é difícil perceber que o primeiro traço de semelhança está na atividade em que estavam envolvidos. No episódio que Ifrah (1998) nos relata sobre o controle das quantidades, o problema é o do registro da variação possível da quantidade de gado que iria para o pasto. Para tanto, fazia-se necessário um registro em que fosse possível encerrar toda a trama da qual faziam parte vaqueiro, dono do gado e contador. A tecnologia da época era o barro moldado em esferas, bastões e cones. A significação do ato estava no acordo estabelecido presencialmente e construído por diálogos capazes de permitir e conferir se os fatos registrados correspondiam ou não à realidade concreta do movimento das quantidades. Esta poderia ser maior, menor ou igual ao que ficasse registrado na urna depositária de toda a significação do trabalho humano encerrado naquele episódio da história. E foi esse registro que permitiu aos arqueólogos dos dias de hoje nos darem as suas versões sobre o ocorrido há milhares de anos.

Nos episódios das crianças, também temos uma atividade que dá significado aos atos de quem a realiza. No jogo de boliche, há regras e acordos que, se descumpridos, acarretam repreensão ao jogador ou até anulação da jogada. Cada criança participa, sobretudo, com a finalidade de marcar os seus pontos, mas tal marca deve ter um significado para ela e possibilitar, ao final do jogo, a compreensão dos outros sobre a quantidade de pontos feitos ser maior, menor ou igual à de cada um dos colegas envolvidos no certame. Desse modo, o acordo imposto pelo jogo será o balizador do ganhador, mas este requer o domínio das ferramentas simbólicas capazes de permitir a leitura da situação vivenciada entre os jogadores. O ato de jogar, assim, é uma atividade; tem uma finalidade, requer ações orientadas para um fim: ganhar o jogo. Para nós, na dimensão do que pretendemos discutir neste texto, interessa perceber que a significação do registro está na atividade partilhada entre os parceiros do jogo. É esta atividade que encerra significação do registro dos pontos da jogada. Por isso, eles podem ser registrados com traços, com bolinhas ou com signos numéricos que todos eles possam reconhecer.

Outro fato que fica evidente é que a forma de registrar o controle das quantidades pode ir se modificando à medida que os sujeitos envolvidos se apropriam de novos instrumentos ou novos modos de ação. O registro do contador elamita foi se aprimorando ao longo da história. No decurso de cinco centenas de anos, foi possível perceber, pelos registros históricos, que o modo de "guardar" as quantidades sai de dentro da urna e vai para a sua superfície. Cones, esferas e bastões ganham registro simbólico nas faces da urna. A concretude da contagem é transferida para os símbolos grafados com algum instrumento com certa destreza de quem o manuseia. Assim, a atividade humana da contagem cria o instrumento, o modo de lidar com ele e o signo que o representa. Este, o signo, agora encerra uma história bem mais complexa e que sintetiza histórias de contadores que foram contratados por muitos outros fazendeiros para registrar os seus contratos com algum pastor. A significação foi esse processo de registro das relações engendradas no seio social dos que realizavam atividades motivadas por uma necessidade.

No registro da Josélia, podemos observar que, no jogo, as significações também obedecem ao princípio da atividade comum (Rubtsov, 1996). Foi a realização da atividade comum, constituída pelo significado do jogar como uma atividade, que possibilitou ao colega da Josélia apontar-lhe o número dois e lhe dizer que aquele era o que representava a quantidade dos pontos que ela havia feito. Este, a partir da significação criada na parceria, passa a significar o número dois. O símbolo ganha estabilidade e passa a ser, de agora em diante, o modo de representar aquelas quantidades que significam a correspondência entre certo número de objetos que posso colocar em correspondência com outro que identifico como também sendo dois. O critério de verdade do que ele representa foi construído na sua relação com os outros, que aprovaram o que ela haveria de chamar de dois.

No outro momento, quando Josélia faz seis pontos e registra com um único signo o número 6 (seis), ela o faz com a segurança de quem sintetiza o que já sabia sobre a possibilidade de fazer correspondência um-a-um entre quantidades, de modo a conferir se elas são equivalentes ou não. Assim, na sua primeira jogada, ao escrever 123456, o faz para colocar esses signos em correspondência a cada uma das garrafas que havia derrubado. Quando novamente marca seis pontos, já de posse do significado do que o 6 representa, usa-o como instrumento que encerra a cardinalidade 6 para representar a quantidade de garrafas que havia derrubado no jogo. Demonstra, com isso, a apropriação do número, pois ali está o nome do que representa uma quantidade que é seis, bem como o nome dessa quantidade e o símbolo que a representa, com a estabilidade necessária para, daí em diante, fazer uso dele sempre que este corresponder a uma ação de contagem análoga à que vivenciou naquele momento. A criança, então, está de posse de uma ferramenta simbólica que lhe dá uma qualidade nova e tem, portanto, uma nova qualidade na sua consciência, na sua psique.

O que permitiu a mudança de qualidade foi a participação de uma atividade que colocou em interação saberes de vários sujeitos que, vindos de diferentes contextos sociais, tinham a possibilidade de partilhar significados já apropriados e, por isso, passíveis de serem colocados nas ações que os levariam a concluir a atividade coletiva. Ygor, no segundo episódio, ao dizer no seu grupo que a ordenação das cartas começa do um, dá a chave para que os outros, a partir do que já haviam ordenado, façam uma síntese de qualidade nova sobre a ordenação. Foi essa síntese, causada pelo conhecimento do parceiro mais capaz, que permitiu que a ação de colocar em ordem, feita de modo a representar concretamente o arranjo das cartas com os símbolos, saísse dessa dimensão que podemos identificar como interpsíquica para uma apropriação do significado dela e, assim, tornar-se uma ação intrapsíquica. Desse modo, temos ilustrada a lei geral da psicologia, segundo Vygotsky (1998, p. 114):

> Todas as funções psicointelectuais superiores aparecem duas vezes no decurso do desenvolvimento da criança: a primeira vez, nas atividades coletivas, nas atividades sociais, ou seja, como funções interpsíquicas; a segunda, nas atividades individuais, como propriedades internas do pensamento da criança, ou seja, como funções intrapsíquicas.

No episódio do boliche e da ordenação das cartas, também podemos destacar um fato que demonstra o modo de apropriação do conhecimento corroborado pelos aportes vygostskianos. Ao mostrar o dois para Josélia, o seu companheiro era esse sujeito mais capaz que atuou na zona de desenvolvimento proximal da colega e que lhe permitiu fazer uma nova síntese, elevando-a a um novo nível de conhecimento, de modo a resolver o problema não mais pela sua representação concreta e, sim, agora lançando mão do signo como instrumento capaz de mediar a ação de contar e representar o que é contado.

O mesmo podemos dizer de Ygor, quando este exclama que a ordem começa do um. Para ele, foi a própria atividade que lhe permitiu fazer uma síntese de qualidade nova. Mas, ao chegar a ela, partilha-a de modo a ter o teste de realidade. Os outros, ao seguirem a sua conclusão, o fazem como se também tivessem chegado a essa nova síntese. O acordo de que esta estava em ordem foi a demonstração de que, naquele momento, a atividade partilhada tinha também construído uma significação sobre a ordem a partir da ação de sujeitos em atividade e pela ajuda de um sujeito mais capaz agindo na zona de desenvolvimento proximal, possibilitando, assim, o movimento de conhecimento que vai do conhecimento real instituído ao instituinte representado pela nova síntese.

O leitor deve estar se perguntando: mas onde está a alfabetização? Em que os episódios da história das crianças em atividade de registro de quantidades podem nos levar a compreender os processos de apropriação do conceito de número ou de outro conhecimento matemático qualquer, à semelhança de uma alfabetização? A resposta pode estar no que se tem chamado de alfabetização. A significação da atividade humana chamada de alfabetização para a aprendizagem da língua materna pode ser a mesma para a aprendizagem de conceitos matemáticos.

Ferreiro (1985), ao pesquisar sobre a psicogênese da escrita na criança, nos assegura que é preciso que atentemos para o significado do que poderíamos chamar de uma escrita alfabética. Para a autora, o sujeito precisa entender a escrita como um sistema. As letras isoladas e os sons que elas representam não dão a possibilidade de que os sujeitos os usem de modo significativo. Usar as letras de modo a fazê-las representar os sons da fala implica o domínio de um conjunto de significações que deverão constituir a possibilidade de se fazer compreender por outro que também está de posse dessas significações. A identificação de cada letra e dos sons que representa, ou melhor, a representação de cada fonema, deve ser de tal maneira que outros sujeitos que pertençam, ou façam parte de uma coletividade, possam se comunicar, o que acarreta a possibilidade de se fazer compreender ao agir.

O sujeito que está sendo alfabetizado está para munir-se de instrumentos simbólicos capazes de lhe permitir partilhar ações em atividades realizadas na sua comunidade. Para isso, é preciso entender que *p* é diferente de *b*, e este é diferente de *d*, mesmo tendo bastante semelhança nas suas formas. Os sons que representam são diferentes e, ao se combinarem com outros sons, formando a palavra, certamente implicarão mensagens diferenciadas para aqueles que participam de um diálogo. Quem já não presenciou as manifestações de alegria de uma criança ao juntar as letras de modo a identificar e relacionar a palavra escrita ao seu significado? Ao escrever PATO e identificar nesse ato a representação da ave, a criança exulta, o que pode significar o momento de uma síntese nova. Dá-se, assim, o entendimento da escrita como um sistema em que se combinam letras para formar palavras e palavras para representar o seu poder de comunicação com os outros.

Lemle também nos afirma que, para a alfabetização, são necessárias certas capacidades:

> A primeira é a capacidade de compreender a ligação simbólica entre letras e sons da fala. A segunda é a capacidade de enxergar as distinções entre as letras. A terceira é a capacidade de ouvir e ter consciência dos sons da fala, com suas distinções relevantes na língua. (Lemle apud Moura, 1992, p. 43).

Encontramos em Ferreiro (1985) afirmações que explicitam as suas reflexões também sobre os processos de aprendizagem da matemática, fazendo referência aos processos de alfabetização na língua.

Diz a autora:

> No caso dos dois sistemas envolvidos no início da escolarização (o sistema de representação dos números e o sistema de representação da linguagem), as dificuldades que as crianças enfrentam são dificuldades conceituais semelhantes à construção do sistema, e por isso pode se dizer que, em ambos os casos, a criança reinventa esse sistema. (Ferreiro, 1985).

Embora concordemos com essas afirmações das autoras, é importante chamar atenção para o fato de que é necessário considerar certas particularidades da apropriação dos conceitos matemáticos, particularmente das representações numéricas. Lemle afirma que a escrita contém dois níveis de representação simbólica: "[...] a representação de conceitos por meio de sons e a representação de sons por meio de letras [...]" (Lemle, 1987 apud

Moura, 1992, p. 44). Embora essa afirmação pareça também ser verdadeira no caso da matemática, é preciso considerar que o domínio da representação numérica encerra outros aspectos que têm sido negligenciados por certas correntes que veem os processos de apropriação dos conceitos matemáticos de forma muito semelhante àqueles defendidos para a língua materna.

No caso particular da representação numérica, o numeral representa qualidade e quantidade. A representação da quantidade *doze* pelo *12* pode estar de acordo com a afirmação de Lemle acima, mas há algumas nuances que precisamos considerar. Na história da escrita numérica, vimos anteriormente que o signo estava sempre associado aos objetos ou seres que ele representava. Assim, para representar seis ânforas, escrevia-se o símbolo que representava o *seis* e a imagem da ânfora. Se a intenção era representar oito ânforas, era necessário escrever as duas representações: o *8* e a ânfora. Somente em um estágio em que as transações comerciais se tornaram mais complexas é que apareceu a representação numérica tal como a temos hoje: desprovida dos elementos que ela representa. Assim, é preciso lembrar que, ao escrever o numeral, temos dois níveis de conteúdo da consciência envolvidos: um conteúdo que é operatório, que faz diferenciar, por exemplo, o *5* do *8*, e outro que é a própria representação simbólica dos sons que se usam nos processos comunicativos.

ESCOLA COMO LUGAR DA SIGNIFICAÇÃO DA INICIAÇÃO MATEMÁTICA

A consciência de que os processos de apropriação da cultura não são tão naturais é a invenção da escola como o espaço em que as aprendizagens humanas podem ser otimizadas. Isso, que pode ser uma obviedade para alguns, tem sido criticado e questionado quanto à escola tratar-se realmente do lugar mais adequado para promover as aprendizagens necessárias para o mundo atual. Mas ninguém é capaz de negar que deve haver um processo de aprendizagem da leitura e da escrita. Propiciar a inclusão de um sujeito em um determinado grupo social passa, necessariamente, pela possibilidade de que este se aproprie da linguagem constitutiva daquele grupo.

A linguagem, como temos defendido, é certamente fruto da necessidade de que cada sujeito se torne parte de um grupo na ação necessária para solucionar algum problema. É claro que as ações iniciais da humanidade não tinham toda a complexidade que hoje existe nas relações sociais. Mas não podemos negar que o seu papel desde o início da humanidade foi o de possibilitar a satisfação de uma necessidade primordial para o desenvolvimento humano: a necessidade integrativa (Malinowski, 1975).

A produção de ferramentas e utensílios que possibilitavam a ampliação da capacidade corpórea do homem para a satisfação de suas necessidades básicas exigiu também, desde o início, a partilha das ações, e estas, por sua vez, uma ordenação rumo à concretização de objetivos coletivos. Assim, os processos comunicativos estão em desenvolvimento desde o primeiro momento da tomada de consciência da existência do semelhante como essencial para a superação das limitações individuais em tarefas complexas em que se fazia necessária a divisão do trabalho. A invenção da faca como instrumento por um sujeito que resolveu se utilizar de uma pedra lascada para melhor tirar a pele de um animal é que possibilitou a aprendizagem de outros, que passaram a usar esse instrumento em ações semelhantes. A possibilidade de passar uma pedra em outra mais dura e refazer o fio que havia sido perdido é um outro momento de aprendizagem. Esta podia ser realizada no convívio, por imitação. Mas a história da faca, que vai desde a pedra lascada até o mais sofisticado faqueiro que faz parte das listas de casamento, dá a dimensão de que a primeira necessidade de retirada da pele de um animal para proteger-se do frio possibilitou a organização de ações e a descoberta de materiais mais eficientes para o ato de cortar. Nada disso seria possível sem o instrumento mais sofisticado da invenção humana: a linguagem.

Essa breve digressão sobre a invenção de uma ferramenta e da necessidade integrativa para o seu aprimoramento visa chamar a atenção sobre os processos humanos de criação. Estes não são nada naturais; são sempre uma busca de satisfação de alguma necessidade criada nos processos de realização da vida. O desenvolvimento da linguagem tinha e tem o seguinte princípio: dar possibilidade de defesa e manutenção da vida.

Por que alfabetização matemática? Eis uma possível resposta a essa pergunta: para satisfazer às necessidades integrativas humanas. Alfabetizar-se significa, aqui, apropriar-se de uma cultura. Tal apropriação se dá pela aquisição da linguagem falada e escrita e pelo domínio do modo de realizá-la para permitir aos sujeitos se sentirem participantes de uma comunidade. E ser participante tem um sentido de pertencimento. Ser pertencente ao grupo significa tomar parte de atividades que servirão para dar unidade ao grupo, para dar sentido à vida.

Alfabetizar em matemática implica um conjunto de ações conscientes de uma comunidade que, diante da necessidade de incluir cada um dos novos sujeitos que chegam ao seu grupo, possibilita-lhes a apropriação de elementos simbólicos e de um método de construção de significados para manejar esses signos na construção de saberes que forneçam acesso ao mundo letrado predominante em todos os níveis da sociedade atual.

O termo *alfabetização matemática*, apesar de ser difundido na comunidade acadêmica, não tem significado consensual. Recentemente, tem-se utilizado o conceito de *literacia/letramento* quando se trata da aprendizagem da escrita e *materacia* para a aprendizagem dos números. Para nós, o mais relevante é o entendimento sobre os processos humanos de construção de significados. Consideramos que a nossa compreensão sobre esses processos poderá dar relevantes contribuições para a organização de ações que poderemos classificar como o modo humano de apropriação de instrumentos simbólicos, bem como a maneira de manejá-los.

É a necessidade de compartilhar significado que leva o homem a buscar um modo de comunicar-se. E isso deve ser feito em todos os níveis do conhecimento humano. Não só o de matemática. Sabemos que a divisão do conhecimento em áreas, na educação escolar, é resultante de concepções dominantes sobre os processos humanos de ensinar e aprender. Fomos criando especialistas em determinados conhecimentos, mas não podemos nos esquecer dos processos de significação como resultantes do trabalho humano na produção da vida.

Os significados compartilhados em comunidades ganham sentido pessoal para cada sujeito do grupo, pois eles são necessários para resolver problemas localizados no coletivo. E quando a comunidade é globalizada? O que fazer quando as necessidades do conhecimento a ser transmitido vêm por diferentes mídias, e os símbolos ganham tamanha proporção que precisam ser apreendidos, pois sem eles ficaremos alijados da comunidade? Deve haver aqueles conhecimentos que consideramos basilares e sem os quais o sujeito priva-se de uma vida plena de possibilidades para o convívio na sua comunidade.

Em matemática, tal como na alfabetização na língua materna, são necessários conhecimentos básicos, capazes de possibilitar a compreensão dos seus signos e o modo como se organizam para dar significado ao que representam. Também se faz necessária a aprendizagem de um modo geral de lidar com os símbolos de forma a permitir o permanente acesso a outros conhecimentos nos quais a matemática se faz presente.

A matemática é apenas parte desse imenso universo cultural produzido pelo homem para satisfazer às suas necessidades instrumentais e *integrativas*, cuja finalidade primeira foi a de satisfazer às necessidades básicas do homem na sua luta pela vida. Mas, sendo verdade o que diz Ortega y Gasset (1963) sobre a principal demanda do homem ser a de bem viver, vemos que a nossa busca por esse objetivo nos move em um movimento infinito de sempre criarmos. O conhecimento matemático certamente está nesse movimento humano de buscar o bem viver, que nos levou da caverna até os chamados prédios inteligentes, com todas as comodidades que nos oferecem, de modo a diminuir o nosso esforço para obter conforto – o ar-condicionado, as lâmpadas artificiais, o elevador e o forno micro-ondas são apenas alguns desses itens em que a matemática se faz presente na incessante busca humana do bem viver.

CONCLUSÃO

A mediação para a aprendizagem é a atividade na qual o sujeito está participando. É ela que permite as interações necessárias para a solução de problemas que exigem a comunicação e que possibilitará essas interações, que, partilhadas, servirão para concretizar um objetivo. É a solução de cada problema que se põe ou que surge na realização da atividade que promove a criação das significações necessárias resultantes da solução conjunta desses problemas. Ao solucioná-los, os parceiros mais capazes contribuem para que cada indivíduo aproprie-se dos significados considerando o seu nível de conhecimento real e o seu motivo, revelados no sentido pessoal presente na realização da atividade.

Dessa forma, a significação é parte do resultado da atividade, e é a sua posse que permite ao sujeito se tornar de outra qualidade, já que vai de um conhecimento instituído a outro, possibilitado pelas apropriações realizáveis nas interações entre diferentes saberes partilhados na solução de problemas reais advindos da necessidade concreta de se fazer entender pelos outros ou de entender um fenômeno que o motiva a compreendê-lo. É por isso que dizemos que a qualidade do sujeito é diferente, pois a realização de sínteses permitirá nova qualidade de consciência.

Alfabetizar-se, portanto, é fazer uma nova síntese conceitual. Esta é realizada por um sujeito que se apropria de conhecimento novo munido de instrumentos simbólicos e que o faz a partir do sentido pessoal que o vincula à atividade da qual participa. O motivo é o elo entre a significação e o sentido pessoal que possibilitará a nova síntese, ponto de chegada para o conhecimento instituído e ponto de partida para o novo conhecimento que haverá de ser criado, isto é, o instituinte. Assim, alfabetizar-se e letrar-se é um movimento único rumo à representação das relações integrativas. Essa atividade humana de apropriação de ferramentas simbólicas e do modo de usá-las deve ter, portanto, um único nome, o qual, pela significação que a palavra já alcançou, deveria ser alfabetização matemática, pois o termo encerra o significado da ação humana de se fazer comunicar e se apropriar das significações constituintes da cultura por meio de signos.

A atividade humana organizada para alfabetizar na escola, na perspectiva que aqui defendemos, é aquela capaz de possibilitar aos que dela participam ações rumo ao objetivo de apropriação dos instrumentos simbólicos e do modo de usá-los com o objetivo profícuo de se fazer compreender e agir em um universo cultural complexo, cujas relações são pautadas em processos comunicativos em que a leitura e a escrita são imprescindíveis. Quem faz isso é a atividade de ensino. Assim, voltamos a Leontiev (1978, p. 68) quando nos diz que devemos entender por atividade "[...] aqueles processos psicologicamente caracterizados por aquilo a que o processo, como um todo, se dirige (seu objeto), coincidindo sempre com o objetivo que estimula o sujeito a executar essa atividade, isto é, o motivo [...]". Desse modo, devemos entender a atividade de ensino como a atividade do professor que age intencionalmente para possibilitar a apropriação de significações. Isso implica a apropriação tanto do conteúdo quanto do modo de lidar com ele.

Já a atividade de aprendizagem é a ação do aprendiz que tem como meta dominar a significação encerrada nas palavras, e isso redunda em apropriar-se do conteúdo que ela encerra, tanto do ponto de vista histórico quanto lógico e social.

A atividade orientadora de ensino (Moura, 1996, 2002; Moura et al., 2010) é a possibilidade de organizá-lo de modo a dar movimento aos processos de aprendizagem do aluno colocando-o diante de uma situação que incita a buscar uma forma de se apropriar da sua significação. Para tanto, o aluno deverá estabelecer metas, organizar as suas ferramentas simbólicas e definir um modo de ação. O exemplo da criação de significado que o jogo promoveu na escrita do numeral 6, para Josélia, ilustra o jogo organizado de modo intencional para a possibilidade de interações capazes de produzir novas sínteses. Trata-se de uma atividade orientadora, que é motivada pela necessidade de proporcionar a apropriação do signo numérico e, para isso, define ações e o modo de concretizá-las. Já as crianças veem-se desafiadas pela necessidade de representar as suas quantidades, e, sendo assim, o que registram tem sentido para elas e são ações pertinentes à atividade que engendrou essa necessidade. A meta do professor é o ensino, e a sua objetivação parte de um sentido pessoal sobre o que é ensinar, mas é o colocar-se em atividade de ensinar que lhe possibilita a compreensão crescente dessa atividade. A atividade é orientadora porque respeita o movimento do modificar-se ao realizar a atividade e daí passar à nova qualidade da ação.

Por fim, é possível se depreender dessa breve reflexão sobre o significado da alfabetização matemática o quanto é necessário combater as propostas de alfabetização ou iniciação à matemática em que se parte das falsas compreensões sobre os processos de apropriação de conceitos. As visões culturalistas podem levar à falsa ideia de que as crianças estão impregnadas pela visão dos números no seu meio e que já têm o motivo necessário para buscar compreendê-los. Não, isto não corresponde à verdade. Apropriar-se de um conceito, como é para todo o processo de apropriação de um significado, deve ser resultado de uma atividade do sujeito, motivado, que se apropria das significações a partir de suas potencialidades e de um sentido pessoal.

REFERÊNCIAS

CARAÇA, B. *Conceitos fundamentais da matemática*. 2. ed. Lisboa: Gradiva, 1998.

DAVYDOV, V. V. *La enseñanza escolar y el desarrollo psíquico*: investigación psicológica teórica y experimental. Moscú: Progreso, 1988.

FERREIRO, E. *Reflexões sobre alfabetização*. São Paulo: Cortez, 1985.

IFRAH, G. *Os números:* a história de uma grande invenção. São Paulo: Globo, 1998.

LEONTIEV, A. N. *O desenvolvimento do psiquismo*. São Paulo: Moraes, 1978.

MALINOWSKI, B. K. *Uma teoria científica da cultura*. Rio de Janeiro: Zahar, 1975.

MOURA, M. A atividade de ensino como ação formadora. In: CASTRO, A. D.; CARVALHO, A. M. P. (Org.). *Ensinar a ensinar:* didática para a escola fundamental e média. São Paulo: Pioneira Thompson, 2002.

MOURA, M. A atividade de ensino como unidade formadora. *Bolema*, v. 2, n. 12. p. 29-43, 1996.

MOURA, M. O. *A construção do signo numérico em situação de ensino.* 1992. Tese (Doutorado em Educação) – Faculdade de Educação, Universidade de São Paulo, São Paulo, 1992.

MOURA, M. O. et al. *A atividade pedagógica na teoria histórico-cultural.* Brasília: Liber Livro, 2010.

ORTEGA Y GASSET, J. *Meditação da técnica.* Rio de Janeiro: Livro Ibero-Americano, 1963.

RUBTSOV, V. A atividade de aprendizado e os problemas referentes à formação do pensamento teórico dos escolares. In: GARNIER, C.; BEDNARZ, N.; ULANOVSKAYA, I. (Org.). *Após Vygotsky e Piaget:* perspectivas social e construtivista das escolas russa e ocidental. Porto Alegre: Artmed, 1996.

VYGOTSKY, L. S. *A formação social da mente.* São Paulo: Martins Fontes, 1998.

5

Ação pedagógica da educação física em contextos multiculturais: análise de experiências em Portugal e no Brasil[1]

Marcos Garcia Neira

O movimento atual em torno dos estudos da infância afirma a pedagogia como um campo das ciências da educação com saberes específicos e historicamente legitimados em um processo de constante reconstrução. Resultado de concepções tecidas no âmbito de contextos culturais e sociais, a Pedagogia sustenta a formação de educadores por meio de saberes provenientes da ação situada, das concepções teóricas e das crenças e valores.

Na especificidade do trabalho com o público infantil, a pedagogia tem reiterado a relevância da linguagem associada ao lúdico como forma de leitura do mundo. O movimento com sentido e significado constitui-se em instrumento para comunicação e expressão (Kishimoto, 2001). Mas é no plano do desenvolvimento da criança que a linguagem se torna instrumento de cultura. Nesse processo, o brincar propicia a comunicação entre pessoas que compartilham de uma mesma cultura e sua representação pode ser feita por meio da gestualidade.

Partindo do pressuposto que as linguagens se desenvolvem de forma articulada ao contexto social e cultural, a instituição educacional da infância deverá promover um ambiente educativo de qualidade, sobretudo, pela explicitação de uma pedagogia que contemple uma grande variedade de manifestações.

Como manifestações da cultura lúdica infantil, identificamos o brinquedo, o jogo, a dança e as cantigas de roda, entre outras. Para Soares (2001), essas práticas corporais constituem-se em uma linguagem que permite às crianças agirem sobre o meio físico e sobre o ambiente humano, comunicando-se pelo seu teor expressivo. Se pensarmos, por exemplo, que, entre os direitos humanos mais fundamentais, está o de se expressar, podemos ter uma ideia da importância da proposição de situações que estimulem a interação e, assim, a educação da expressão, a começar pela expressão corporal.

Em um estudo sobre a antropologia dos movimentos, Daolio (1995) afirma que a linguagem corporal resulta das interações sociais e da relação dos homens com o ambiente; seu significado constrói-se em função de diferentes necessidades, interesses e possibilidades corporais presentes nas diferentes culturas, em diferentes épocas da história. Assim, ao brincar, jogar, imitar e criar ritmos, as crianças também se apropriam do repertório da cultura corporal[2] na qual estão inseridas. Depreendemos daí que a pedagogia da infância deverá favorecer um ambiente social onde a criança se sinta estimulada e segura para manifestar seu repertório cultural.

Em Portugal, à semelhança do que ocorre no Brasil, é na institucionalização do direito de todos à educação escolar e à igualdade de oportunidades de acesso e permanência na escola que se enraízam as medidas e ações que pretendem positivamente responder ao multiculturalismo[3] (Leite, 2001). O princípio de igualdade foi orientador das políticas educativas a partir da revolução de abril de 1974, em Portugal, sendo inserido na Lei de Bases do Sistema Educativo Português de 1986. Essa lei, para além de alargar o período de escolaridade obrigatória de 6 para 9 anos, afirmou, pela primeira vez em texto, a igualdade de oportunidades de acesso e de sucesso escolares como um dos princípios fundamentais da educação. No Brasil, a Constituição Federal de 1988 defendeu princípios idênticos, posteriormente regulamentados pela Lei de Diretrizes e Bases da Educação Nacional, em 1996.

O novo desenho social teve, como é evidente, repercussões sobre a população presente nos espaços escolares, fazendo avolumar-se a contradição já existente entre as culturas de algumas das crianças e jovens e a cultura escolar, situação que ganhou maior visibilidade a partir da fase em que a massificação do ensino trouxe para o interior das escolas os filhos de grupos até então delas excluídos. Não restam dúvidas de que esse processo possibilitou a entrada de novas culturas corporais na escola.

À construção da "escola de massas" em Portugal e no Brasil, não correspondeu uma reconfiguração do currículo[4] e dos processos do seu desenvolvimento. Como ilustração, basta mencionar que as experiências de vida da nova população escolar não foram consideradas. O resultado disso, conforme Formosinho (1997), foi a continuidade do sucesso daqueles que dominavam o código escolar.

Foi no final do século XX que Portugal e Brasil incluíram as questões do multiculturalismo na agenda dos debates e das políticas de intervenção escolar. As escolas, sofrendo o efeito da progressiva diversificação da sociedade, passaram a confrontar-se com a realidade desajustada dos currículos etnocêntricos e monoculturais que as caracterizavam. Este desajuste, aliado aos ideais democráticos que crescentemente orientam as políticas educativas e que assumiu o princípio da "escola para todos" foi evidenciando a necessidade de analisar o currículo e nele intervir diante das condições que oferece aos diferentes alunos que passaram a frequentar os bancos escolares.

Perante a diversidade da população escolar, algumas vozes reclamaram a necessidade de se criarem condições para a inclusão, afirmando as escolas como instituições que aceitam, valorizam e positivamente intervêm face à diversidade da população que as frequenta. De fato, ao considerar-se a educação escolar como um bem público, justifica-se a exigência de que todos sejam seus beneficiários. E, se não forem todos, que se questione o porquê de não o serem.

Caracterizando a situação do ponto de vista das práticas educativas desejadas, pode-se dizer que a ideologia democrática apontou a necessidade de se desenvolverem situações pedagógicas que, em vez de imporem a cultura do silêncio, conduzissem à libertação dos oprimidos (Freire, 1970). Ao mesmo tempo, o princípio da igualdade de oportunidades, veiculado em termos não só de acesso à educação escolar, mas também de sucesso, tornou evidente que já não bastava a abertura da escola a crianças e jovens de grupos sociais, culturais e econômicos diversos, em contrapartida, era necessário intervir de modo a gerar sucesso em todos aqueles que iniciaram a história escolar de suas famílias.

O debate e a investigação produzidos sobre esse campo enviaram para o currículo parte da responsabilidade pelo não cumprimento do princípio da equidade escolar e propuseram que, nesse domínio, se encontrassem meios de solução. Como lembra Carvalho (2004, p. 59),

> [...] a escola e o currículo são práticas sociais que têm papel relevante na construção de conhecimentos e de subjetividades sociais e culturais. Aprende-se na escola a ler, escrever e contar, tal como se aprende a dizer "branco", "negro", "mulher", "homem" [...].

As dificuldades enfrentadas na tentativa de construir uma escola democrática, embora diferentes, têm sido objeto de investigações que discutem o currículo de forma ampla. A teorização curricular empreendida por Kincheloe e Steinberg (1999) e McLaren (2003) permite-nos identificar um considerável movimento em busca das transformações necessárias à nova realidade, visando à devida e necessária inclusão de todos os grupos na instituição escolar. A presença de diversos grupos culturais no espaço escolar pode ser enfrentada pelos educadores de variadas formas: multiculturalismo conservador ou monoculturalismo, multiculturalismo liberal e multiculturalismo crítico.

Por vezes, ouvimos, na escola, algum educador afirmar que todas as crianças são iguais, o que o leva a conduzir atividades de forma homogênea com a intenção de proporcionar a mesma oportunidade a todas. Essa postura está na base do "multiculturalismo liberal". É em nome dessa humanidade comum que esse tipo de multiculturalismo apela para o respeito, a tolerância e a convivência pacífica entre as diferentes culturas.

Para o multiculturalismo crítico, uma postura assim deixaria intactas as relações de poder que estão na base da produção da diferença. Apesar de seu impulso aparentemente generoso, a ideia de tolerância, por exemplo, implica também uma certa superioridade por parte de quem mostra "tolerância". Por outro lado, a noção de "respeito" implica certo essencialismo cultural, por meio do qual as diferenças são vistas como fixas, como já definitivamente estabelecidas, restando apenas "respeitá-las". No multiculturalismo crítico, a diferença, mais do que tolerada ou respeitada, é colocada permanentemente em questão. Embora o multiculturalismo crítico opere com base nas categorias centrais de classe, etnia e gênero, ele atua em prol de todos os grupos subordinados (por faixa etária, por local de moradia, por região geográfica, por oportunidades de escolarização, por posição social, por ocupação profissional e tantas outras esferas desprovidas de poder).

Contrapondo-se às ideias liberais e críticas do multiculturalismo, encontra-se o multiculturalismo conservador ou monocultural. Nesta perspectiva, embora os professores reconheçam a existência de diferenças entre os alunos, atuam de forma a apagá-las, visando assimilá-los à cultura dominante indistintamente. Essa perspectiva ocorre em função de uma visão homogeneizadora e funcionalista da educação escolar e uma desqualificação da cultura dos alunos. Para esses professores, há um saber socialmente legitimado (cultura dominante) e, à escola, cabe transmiti-lo para que todos adquiram as mesmas condições para exercer o seu papel na sociedade estabelecida.

Frente a isso, Silva (2007) alerta sobre a impossibilidade de olhar para o currículo com a mesma inocência de antes. É no currículo que se deflagram as lutas mais intensas pelo privilégio de formar os sujeitos que ocuparão o espaço social. E isso só pode ser feito mediante o emprego de mecanismos que, fazendo uso de relações de poder, simultaneamente legitimam determinadas identidades e desvalorizam outras.

INVESTIGAÇÃO

Visando promover uma reflexão sobre essas questões, a presente investigação qualitativa recorreu a um estudo da prática pedagógica da educação física (EF) em duas escolas portuguesas (A e B)[5] e uma brasileira (C).[6] Como aspecto em comum, atendem comunidades multiculturais. Seguindo as orientações de Rodríguez, Gómez e García (1999) e Serrano (2000), para quem a investigação qualitativa privilegia a observação e a entrevista para recolha de dados, foram observadas e filmadas, de forma aleatória, um total de 15 aulas nas classes do 1º ano da escolarização obrigatória em cada uma das escolas. Também foram realizadas entrevistas com os professores portugueses responsáveis pelas aulas, a partir da assistência à edição das imagens coletadas nos três contextos.

O procedimento permitiu uma reflexão dos docentes sobre própria prática, bem como sobre o fazer pedagógico multiculturalmente orientado. As transcrições das entrevistas e filmagens foram submetidas à análise de conteúdo com base na terminologia linguística empregada e codificada a partir das recomendações de Bogdan e Biklen (1994). Foram classificados como perspectivas dos sujeitos os códigos orientados para formas de pensamento partilhadas pelos entrevistados desde que revelassem convicções concernentes aos aspectos específicos da situação didática. Essa codificação possibilitou captar como os sujeitos compreendiam as dimensões da atuação pedagógica frente às comunidades culturalmente diversas. A outra classificação empregada emergiu das análises dos registros em diário de campo. Nesse caso, os códigos de estratégia abordaram as táticas, métodos, caminhos e técnicas que os professores utilizaram durante as aulas.

Após a codificação, a leitura dos dois conjuntos de códigos permitiu o estabelecimento de categorias, conforme recomenda Serrano (2000). A interpretação das categorias deu-se por meio do confronto com a teorização cultural e pedagógica, pois, segundo Oliveira-Formosinho (2002, 2006) o debate no campo cultural recebe contribuições da pedagogia, que, por sua vez, interage com o processo cultural mais amplo.

Pedagogia da transmissão

Entre os aspectos sinalizados, tanto nos depoimentos dos professores entrevistados quanto nas observações das aulas, merecem destaque as diversas alusões ao que a literatura educacional tem denominado pedagogia operante (Bernstein, 1998), pedagogia burocrática ou uniforme (Formosinho; Machado, 2006) ou pedagogia da transmissão (Oliveira-Formosinho, 2006).

Segundo Oliveira-Formosinho (2006), a pedagogia da transmissão centra-se na lógica dos saberes, no conhecimento que se quer veicular, resolvendo a complexidade da realidade da sala de aula por meio da escolha unidirecional dos saberes a serem transmitidos e da delimitação do modo e dos tempos para fazer essa transmissão.

A autora afirma ainda que essa concepção de ensino se apresenta simples, previsível e segura na sua concretização, dado que representa um processo de simplificação centrado na regulação e no controle de práticas desligadas da interação com outros polos, de uma resposta à ambiguidade por meio da definição artificial de fronteiras e de respostas tipificadas. Por isso é a pedagogia congruente com o modo organizacional baseado na burocracia (Formosinho; Machado, 2006), pois se baseia na simplicidade do juízo que fundamenta a ação e na pré-decisão originada no centro da ação, para desenvolvimento e aplicação na periferia.

A pedagogia da transmissão pôde ser identificada, por exemplo, na concepção que os professores entrevistados apresentaram sobre a organização das aulas (disposição dos alunos, apresentação dos materiais, condução das atividades de ensino, etc.):

> É, não gostei do aquecimento, não do exercício em si, mas da colocação do professor e é a orientação do professor. O professor estimulava o exercício, mas não controlava a turma. O professor estava no meio ao correr, tinha alunos atrás, não conseguia controlar e não tinha a certeza se estavam fazendo aquecimento. Poderia acontecer alguma coisa, e ele não controlou isso. Isto é, o professor não controlou nesse primeiro momento a turma, e isto é fundamental do ponto de vista de organização da aula. Outra coisa que eu não gostei tem a ver com essa questão da organização da aula, que é, na parte principal da primeira aula e mesmo na segunda aula, quando do exercício ele cria dois grupos que se confrontam quando poderia eventualmente criar três ou quatro grupos, isto é, para diminuir a fila de espera e aumentar o empenho motor. (Professor 01).

A preocupação com a organização da atividade reflete a intenção de controle das crianças. O professor espera que a organização espacial, a realização das atividades de forma sincrônica, o atendimento às solicitações, a espera, a imobilidade e a atenção durante as explicações, etc., levarão os alunos a seguir o caminho "correto", viabilizando uma maior aprendizagem.

> Não gosto quando eles se pegam, por exemplo, quero incutir uma regra, mas eles estão tão obcecados com aquilo que apagam, começam aos berros uns com os outros, eu detesto. Eu estou sempre a dizer a mesma coisa, mas eles não compreendem. O erro, na maior parte das vezes, é meu, mas já chega a uma altura que não aguento mais, ainda por cima, são as últimas aulas que eu dou, levo o dia todo cheia, então é mais isso, é quando quero organizar, mas muitas vezes precisam ouvir uma palavra, mas começam a resmungar e... isso que eu não gosto, detesto. Eles desorganizarem-se. Fazem um jogo assim, um bocado anárquico, faz-me confusão. Acho que é mais isso, a anarquia deles e que eu devo também interferir. (Professor 02).

Formosinho (2007) é de opinião que essa forma de transmissão dos conhecimentos tem como pressuposto as atribuições da escola e, consequentemente, do papel do professor como porta-voz e veiculador de uma cultura válida. Esses dados nos remetem à ideia de que o professor atribui-se a condição de legítimo representante de uma cultura considerada superior àquela que constitui o patrimônio dos alunos. Assim, para que a escola efetue sua função socializadora, o que nela é cultuado deverá ser assimilado.

Enquanto política cultural, tal assimilação implica um processo social conducente à eliminação das barreiras culturais (Pereira, 2004). Por esse processo, os indivíduos pertencentes às minorias desfavorecidas adquirem os traços culturais do grupo dominante (as regras, os comportamentos, por exemplo), ainda que isso exija a perda dos traços culturais originários. Com essa visão, a escola e o currículo permanecem centrados nos padrões culturais dominantes e os saberes dos grupos minoritários são ignorados, porque se parte do pressuposto de que os alunos das minorias poderão se integrar melhor na sociedade por meio de uma imersão total e imediata na cultura da elite.

As observações realizadas constataram, por exemplo, o privilégio concedido a alguns (que seguiam as regras e que possuíam determinadas habilidades motoras) em detrimento dos outros.

> Na aula de hoje, os alunos jogaram o tempo todo uma espécie de queimada. Nitidamente, não há intervenção nenhuma no sentido de garantir uma equidade de participações, falas e atuações no jogo. Os alunos mais habilidosos participam de uma forma extremamente maior e privilegiada. As meninas pouco tocaram na bola, enquanto o professor estimulava os meninos incansavelmente, não se dirigiu a elas nenhuma vez. (Aula 13).

A perspectiva assimilacionista pressupõe que as minorias (os alunos e alunas menos habilidosos) e os grupos marginalizados (as meninas) não possuem os conhecimentos necessários para a sua inserção satisfatória nas aulas. Conforme foi identificado nas práticas pedagógicas investigadas, não faz sentido que a ação pedagógica se adapte às formas de ser e se movimentar das culturas minoritárias. Como se verificou, foram ofertadas apenas oportunidades educativas "formatadas" com base nos padrões de excelência (da elite), visando à inserção no sistema social da cultura dominante.

Esse fenômeno é facilmente constatado na absoluta credibilidade que os entrevistados apresentaram nos conhecimentos que veiculam.

> [...] é na EF que eles aprendem muito a partilhar, a jogar em equipe, saber perder, saber ganhar, a dividir as coisas, saber respeitar as regras, respeitar os colegas, é uma disciplina que abrange muita, pronto é, como eu hei de explicar, vejo uma diversidade muito grande de conhecimentos, de saber, de saber estar, de conhecer o corpo, acho que é interessante real e essencialmente quando se trabalha com crianças pequenas. (Professor 03).

Esse professor permaneceu fiel à sua visão pedagógica mesmo quando analisou situações didáticas em que o patrimônio dos alunos era valorizado. Explicitando uma concepção elitista, buscou identificar nas imagens elementos que pudessem ser aproveitados pela cultura dominante:

> Eu acho que a escola tem muito essa função de preparar uma criança para saber... ter capacidade de liderança para que se, no futuro, ela tiver uma empresa, tem que saber ser um líder, saber. Acho que a escola tem muitas vertentes a nível da educação, mas também essa será somente uma parte, mas também ensiná-los a ter capacidade de liderança, a trabalhar em grupo, pegar um grupo e saber trabalhar com ele, saber explicar o que é que pretende. Conseguir com que esse grupo com quem vai trabalhar ponha em prática as ideias que essa pessoa tem, acho que, desde pequeninos, acho que é bom eles saberem que... saberem pegar num grupo e trabalhar com ele. Então, nesse caso, são crianças com jogos, mas futuramente podem ter uma empresa, pronto. (Professor 03).

Como se pode notar pelos depoimentos acima, os professores confiam plenamente em uma perspectiva redentora da educação física. Essa visão fundamenta uma interpretação multiculturalista conservadora (Kincheloe; Steinberg, 1999), devido à consideração manifestada de que os benefícios dos saberes transmitidos são inquestionáveis e podem ser estendidos a todos os alunos indistintamente. O valor dos conhecimentos ensinados, suas origens, os contextos da sua produção e, até mesmo, a sua inserção no currículo sequer são questionados.

Quando portadores do pensamento oriundo do multiculturalismo conservador ou monocultural, os educadores afirmam que "todos os alunos são iguais", ignoram as diferenças que subjazem às culturas de chegada, empregam práticas pedagógicas hegemônicas e revelam seu daltonismo cultural (Stoer; Cortesão, 1999).

Dessa maneira, conforme Formosinho (2007), a realização da aula passivamente por uma parte do grupo significa simplesmente a sujeição àquela prática social devido ao compartilhamento dos modos de entender o mundo e a uma posse relativa do mesmo patrimônio cultural socializado no decorrer das atividades de ensino.

Segundo Formosinho (1997), a pedagogia da transmissão reflete, em boa medida, a predominância dos padrões culturais mais próximos da educação familiar e informal dos alunos melhor posicionados na escala social, por isso, não é de se estranhar a condição de fracasso enfrentada por aqueles grupos sociais para aqueles que, na escola, se deparam com um idioma estrangeiro.

Por essa razão, os alunos e alunas que não conseguem alcançar determinados patamares "aguardados" pelos professores e alinhados com a cultura dominante são consciente ou inconscientemente excluídos ou taxados de incompetentes e indisciplinados, pois, afinal, no modelo carencial da educação monoculturalista, os problemas se localizam no estudante. Como se notou, quando a experiência educacional se fundamenta na pedagogia da transmissão, tal enfoque distancia a consciência dos representantes das elites da realidade enfrentada pelos representantes dos grupos dominados.

Nessa forma de pensar, não existe a supremacia da cultura dominante e, consequentemente, não há necessidade dos representantes da elite examinarem o produto de sua própria consciência ou a natureza da sua condição privilegiada.

A alegação dos monoculturalistas é que as diferenças criam divisões e impedem o único e melhor modo de construir uma sociedade funcional por meio do consenso. O modelo consensual fomenta o conceito de "cultura comum", que se concretiza, por exemplo, nos currículos unificados e tem sido amplamente defendido pelos setores conservadores da burocracia educacional (Formosinho; Machado, 2006).

Nesse sentido, vale destacar que, em 2001, o Ministério da Educação português publicou os programas oficiais da educação física a serem seguidos por todas as escolas de educação básica. O consenso e a harmonia inseridos no apelo à cultura comum não passam de uma demonstração de isolamento cultural dos membros da cultura dominante, os quais não sentiram na própria pele as pontadas cotidianas da opressão.

Pela transmissão, os neocolonizadores[7] da cultura dominante tentam desestabilizar qualquer movimento de libertação das escolas, dos professores ou dos alunos, como também qualquer preocupação política pelos efeitos do racismo, sexismo ou preconceitos de classe. Nesse contexto, os monoculturalistas tentam abortar o que consideram ataques multiculturais à identidade ocidental, desqualificando qualquer preocupação com a injustiça social e o sofrimento dos grupos marginalizados nas escolas e em outras instituições sociais.

Os indivíduos que aceitam o ponto de vista neocolonial, por exemplo, normalmente consideram que os alunos pertencentes a outras etnias ou aos estratos socialmente desfavorecidos possuem deficiências e, assim, sem qualquer peso na consciência, colocam-nos em uma posição inferior à das crianças brancas da classe média.

> Vejo neles a falta de regras, de orientação. Sempre muito uns em cima dos outros. Isso assusta-me muito, principalmente aqui nessa escola, noto muito. (Professor 03).

> Eu acho que, depois é assim, eles só ficam naquele grupo, com o grupo. Depois são miúdos, como é que eu hei de explicar... É um bocadinho do bairro, um bocadinho eles vão sempre pra porrada, uns com os outros, de vez em quando, não deixam passar a bola para os amigos, eu não sei, não sabem partilhar, não sabem distribuir, não sabem, como é que eu hei dizer, não estão disponíveis para os outros, estão só disponíveis para aqueles, acho que é mais isso. (Professor 02).

As alusões a essa inferioridade raramente são feitas em público de forma aberta, pois constituem-se em insinuações sobre os valores familiares e sobre o que é visto como a forma ideal de ser, agir e pensar. Diante desse posicionamento, os valores familiares ideais adquirem natureza racial e classista, servindo para justificar e fundamentar posturas opressoras com relação àqueles que se encontram à margem, posto que, presumivelmente, carecem de valores e por isso não conseguem ser bem-sucedidos.

> Não sei como funciona lá, mas a presença dos pais, aqui, acho que aqui isso não era viável. Cá não, acho que os pais não acompanham tanto, não

> têm essas brincadeiras, porque os miúdos não têm os recursos, não têm outras coisas para brincar, com amigos, etc. (Professor 02).

> É claro que, depois, tem a ver com questões físicas, quase que hereditárias, algumas características que nós já herdamos, mas há outros miúdos nos quais é isso que eu percebo, que tenho que fazer muito e eles não estão habituados, pode ser que, a partir de agora, comecem a [...] Muitos deles chegam ao segundo ciclo, que é o 5º ano, e não aprenderam nada, e é aí que eles têm educação física – que a partir daí é obrigatória. Já é um bocadinho tarde. (Professor 03).

Embora se verifique que o aspecto essencial do multiculturalismo conservador é a possibilidade de assimilar a todos os capazes de adaptar-se às normas da cultura dominante, isto é, da classe média branca, MacLaren (1997) e Giroux (1997) afirmam que o resultado obtido é o silenciamento das vozes dos oprimidos em razão da sua condição social.

Formosinho (2007) alenta que a filosofia curricular que tem prevalecido desde sempre em Portugal é a que defende que o conjunto de saberes deve ser: planejado centralmente por um grupo de iluminados, adaptado e mandado executar pelos serviços centrais, integrado por um saber fragmentado à maneira de "um pouco de tudo" e uniforme para todos os alunos, todas as escolas e todos os professores, independentemente das características e aptidões dos que os recebem e das condições de sua implementação.

Todavia, a análise das entrevistas expõe as queixas no que tange ao insucesso na implementação do currículo único:

> Fala-se em tipo ginástica, como se faz a ginástica se não temos colchões, não temos. Pronto. Acho que isso será viável daqui a uns anos, quando eles investirem e realmente criarem condições para que isso seja feito. Acho que essas são mais base ou orientações gerais, mas não dá para cumprir à risca. (Professor 02).

O "currículo uniforme", para Formosinho, é independente dos interesses, desejos e tendências vocacionais do aluno, das suas características psicológicas e da sua cultura familiar. Consequentemente, é completamente independente da aprendizagem real. Quer o aluno tenha aprendido ou não, quer tenha aprendido de forma superficial ou consistente, o ensino fornecido é exatamente o mesmo.

> A aula hoje se concentrou no campinho de futebol. O professor dividiu o trabalho em duas partes – a primeira contendo uma série de estafetas que

> exigiam uma variedade de habilidades motoras do tipo: correr em linha reta, correr e saltar, correr desviando de obstáculos. Depois, o professor fez o jogo dos dez passes, no qual, após o último toque, os alunos poderiam jogar a bola na cesta. Novamente, as atividades propostas envolviam a todos os alunos com a mesma ação. No meio do jogo, muitos alunos haviam se retirado da atividade. (Aula 06).

Formosinho e Machado (2006) são de opinião que é o princípio da racionalização que leva à adoção de um mesmo modo de organização pedagógica, que se consubstancia no princípio de *ensinar a muitos como se fossem um só*[8] e tem a turma como agrupamento nuclear o mais homogêneo possível (faixa etária, nível de aprendizagem, trajetória na escolarização, etc.) uma das funções organizacionais essenciais para o seu funcionamento.

Entretanto, a análise dos dados à luz dessas reflexões permite inferir que, apesar da força simbólica dessa tendência, os alunos encontram maneiras de resistir à inculcação da aprendizagem, aos conteúdos do ensino, enfim, ao currículo, o que remete a dúvidas sobre a eficácia da pedagogia da transmissão. A sensibilidade às respostas dos alunos poderia, consequentemente, estimular os professores a modificarem suas práticas. Na condição de "desprovidos" de cultura, os alunos são submetidos às práticas de inculcação.

A pedagogia burocrática, segundo Formosinho e Machado (2006, p. 312), está radicada no racionalismo inerente à escola da modernidade, cuja ação ampara-se na "[...] convicção de que as pessoas estão uniformemente em branco ao nascer e, por isso, são totalmente moldáveis às influências externas [...]". A essa ideia, articula-se a visão kantiana do papel da educação como responsável pela formação moral. Citando o filósofo, os autores reafirmam a valorização de preceitos como passividade, submissão, obediência e coação mecânica inerentes a uma educação voltada mais para a obediência do que para a liberdade, mais para a submissão do que para a participação.

Atribuímos a esses elementos o papel de "bagagem hereditária" da pedagogia da transmissão, o seu DNA. Na prática, como se notou, isso significa a tentativa de apagar ou transformar qualquer comportamento desviante por parte dos alunos.

> Eu acho que é complicado, em crianças assim pequenas, conseguirmos ensinar as regras, e isso é bem difícil, realmente complicado em crianças assim, nós conseguirmos ensinar assim a crianças pequenas as regras dos jogos, porque normalmente eles não nos ouvem e pronto. Eu gostei real-

> mente de ver, vi assim uma aula minha, nunca tive oportunidade disso, mas constato muito isso, a maior falha entre eles conseguirem fazer ou não, é que eles nem chegam a me ouvir, eles querem fazer, eles nem querem entender o que é para fazer. (Professor 03).

No entanto, as observações das aulas revelam que os comportamentos desviantes foram externados exclusivamente com relação aos conteúdos ensinados, e não em relação aos colegas ou professores, ou seja, a rejeição dos alunos se dá com relação àquilo que a escola tenta ensinar.

> [...] em seguida, passou a uma brincadeira de estafeta. Para tanto, posicionou sentadas todas as crianças (usando um longo tempo para isso). Com todas as crianças sentadas, ensinou cada uma das etapas da estafeta – saltar dentro de bambolês, correr, pegar uma bola no chão e realizar três lançamentos para cima e receber. O professor distribuiu os alunos e organizou as filas. Os alunos não sabiam onde terminava e, mesmo chegando no primeiro, continuaram a jogar. Foram interrompidos bruscamente, e o professor disse que uma das equipes tinha sido campeã. Eles gritaram muito, e os demais ficaram pasmos. Finalizando a aula, o professor trabalhou com o jogo de "dança das cadeiras", mas com bambolês. Da mesma forma, as crianças demoraram muito tempo para entender o sentido do que estavam fazendo, corriam mais do que necessário em diversas direções e brigavam muito quando duas crianças entravam no mesmo bambolê. (Aula 08).

No tocante aos conteúdos, os professores entrevistados manifestaram concepções que se alinham à sacralização do currículo, ou seja, naturalizaram de tal forma determinados saberes que lhes atribuem um valor educativo inquestionável, mesmo enfrentando uma forte oposição tanto no que concerne à aprendizagem quanto à aceitação dos alunos.

No nosso entendimento, o movimento de resistência identificado não se trata de atitude individual, tampouco isolada, é uma ação social desorganizada e levada a cabo pelos estudantes que possuem condições diferentes de participação e, em decorrência disso, de sucesso na pedagogia da transmissão. Com uma silenciosa postura de afastamento, demonstram sua rejeição à imposição uniforme da cultura dominante. Formosinho e Machado (2006) entendem que essa uniformidade restringe o sentido de igualdade em educação. Os autores denunciam, por exemplo,

> [...] o desigual apoio familiar à sua instrução, a falta de preparação dos professores para lidar com a nova população escolar da escola de massas e as diferenças da educação escolar informal que se refletem nas possibi-

lidades de sucesso escolar dos alunos das classes mais desfavorecidas. (Formosinho; Machado, p. 309).

A escola é organizada e controlada pelo Estado, o que reforça a ideia da educação ser uma esfera de atuação fundamental à questão política (Bernstein, 1998). Nessa direção, a luta pela validação de significados culturais torna-se presente e constante no currículo. A pedagogia da transmissão, ao priorizar a cultura "legítima", proporciona certas práticas e beneficia argumentos neoliberais conforme o verificado nas falas dos professores, ou favorece reformas neoconservadoras (como as avaliações nacionais com base em um currículo comum).

A ideia subjacente a essas políticas é de que não existe nada melhor ou fora do capitalismo, que existe uma verdade única que pensa por nós e nos dispensa da possibilidade de construção de tarefas sociais. Ou seja, nega-se a história dos indivíduos e despotencializam-se as diferenças e singularidades. Estas disposições remetem a questões universais, hegemônicas e ideológicas.

Tais posições podem ser notadas em diversos fatos que constituem a cultura escolar e que são marcados por ações autoritárias decorrentes do processo de formação da identidade nacional que ressaltam relações de poder presentes em nossa sociedade. Para Martins (2002), a cultura autoritária está por trás das aparentes cordialidades que caracterizam o discurso de povo afável, hospitaleiro e plural. Em suas análises, os novos arranjos econômicos, políticos e sociais nos quais a sociedade, favorecida pelo avanço do capitalismo global, se estabeleceu, suscitaram condições singulares para a construção de novas formas de autoritarismo.

Apesar das constantes pressões pela democratização das instituições, especialmente nas escolas e universidades, estas dependem do nível de resistência com que a dominação hierárquica atua nos diversos campos de luta por poder. Apoiando-nos nas reflexões do autor, percebemos que o processo de democratização muitas vezes escancara a resistência cultural de certa parcela das classes ascendentes e das elites dominantes, que, ao manterem privilégios e centralizarem as tarefas de organização das instituições, ampliam a exclusão social e negam a capacidade de articulação e produção cultural das classes populares ou das posições subalternas, impondo-lhes uma cultura de consumo (cultura de massa) e ações descontextualizadas da labuta diária.

Para McLaren (1997), a resistência é parte do processo de hegemonia. Para o autor, a resistência dos alunos ocorre em oposição ao processo hegemônico por entender a imposição cultural como um ato hostil. Em suas análises, a escola hegemônica propicia pouca ou quase nenhuma opção de escolha aos alunos em desvantagem cultural e coloca-os diante de um dilema: ou competem em condições desiguais, negando seus conhecimentos de rua, da família e outros espaços culturais, além da sua dignidade, ficando fadados ao fracasso, ou são colocados para fora do sistema. Nas aulas do componente fundadas na pedagogia da transmissão, quando os conhecimentos trazidos pelo aluno não são aceitos pela cultura hegemônica, ele se torna "estranho". Diante das condições impositivas do currículo único da educação física, isto é, da definição de certas técnicas culturais a serem ensinadas, o aluno ou se sujeita àquela cultura, ou resiste à dominação. Ao resistir aos ditames do professor, como constatou Nunes (2006) sobre as aulas do ciclo II do ensino fundamental e médio, o aluno é excluído da aula. Contudo, em muitos casos, a resistência pode favorecer uma nova identificação com os seus colegas. A identificação com o grupo dos excluídos, conforme se verificou na observação das aulas:

> Na metade da aula, o professor decidiu interromper a atividade (na qual alguns alunos brincaram três vezes, e outros, nenhuma) e, contra a vontade dos próprios alunos, queria desenvolver o jogo dos dez passes. Alguns começaram a pressionar o professor e ele cedeu, deixando os meninos na grande parte do pátio de areia jogando futebol e deu uma corda pequena para as meninas brincarem. Uma das meninas, com muita destreza, rapidamente apossou-se do material e impôs a forma de brincar às amigas, algumas afastaram-se. Os meninos, da mesma maneira, à sua própria vontade, discutiam as questões dos jogos, enquanto alguns se afastaram. O professor foi bater corda e novamente impôs sua forma de brincar. Em momento algum, o professor pergunta se eles sabem, o que sabem, como querem brincar, etc. (Aula 23).

Como se observa, a resistência se apresenta como negação do conhecimento oferecido no currículo. O professor, ao deparar-se com a resistência, ou impõe os saberes da cultura dominante ou afasta-se da ação pedagógica, abandonando os alunos à própria sorte. Essa indiferença do currículo uniforme pelos saberes dos alunos e em relação à aprendizagem real revela o estigma burocrático e centralista que o identifica.

Outra característica marcante da pedagogia da transmissão, consubstanciada no currículo uniforme, é o ensino de forma fragmentada. Assumindo como ponto de partida a incapacidade dos alunos compreenderem a realidade complexa, o professor, influenciado pelo racionalismo cartesiano, emprega o ensino parcializado, compreendendo que, ao seguir uma sequência "lógica", os alunos compreenderão o todo.

> Em seguida, o professor, com muito custo, conseguiu distribuir a turma em duplas (sempre chamando-lhes a atenção). As crianças permanecem muito tempo comparando as alturas e de mãos dadas. Com todas ao redor, o professor agachou-se e tentou, passo a passo e de forma exaustiva, ensinar-lhes a brincadeira da "briga de galo". As crianças começaram a fazer tudo à sua própria forma, e o professor a todo tempo interrompia-os para, "gritando" e brigando muito, ensinar-lhes como deveriam fazer. Muitas crianças ficaram simplesmente se empurrando, sem entender o funcionamento do jogo. O professor não pediu afastamento, tampouco procurou fazer que os alunos compreendessem o objetivo do jogo. Apenas insistentemente demonstrou e pediu que o copiassem. (Aula 09).

Pedagogia da participação

Oliveira-Formosinho (2006, p. 18) argumenta que a pedagogia da participação cumpre a essência mais nobre da pedagogia, pois reside na integração das crenças e dos saberes, da teoria e da prática, da ação e dos valores. "[...] A pedagogia da participação centra-se nos atores que constroem o conhecimento para que participem progressivamente, por meio do processo educativo, da(s) cultura(s) que os constituem como seres sócio-histórico-culturais [...]". A pedagogia da participação exerce uma intensa dialética entre a intencionalidade do ato educativo e a sua prossecução no contexto com os atores, pois estes são considerados ativos, competentes e codefinidores do itinerário do projeto de apropriação e reconstrução cultural.

Fundamentado nas obras de Henri Lefèbvre e Bogdan Suchodolski, Libâneo (1996) apresenta a dialética como um caminho possível para a compreensão dos vínculos entre a pedagogia e os processos concretos da sociedade, por meio das relações entre o concreto e o abstrato, entre o lógico e o histórico, entre a teoria e a prática. Ao citar Lefèbvre, o autor sugere que o conhecimento é inicialmente prático – muito antes de ser teorizado –, visto que sempre começa com a experiência prática da realidade objetiva. Em um segundo momento, passa a ser social, uma vez que é transmitido entre os membros da sociedade. Finalmente, o conhecimento apresenta um aspecto histórico, no sentido da universalidade.

Podemos inferir, portanto, que a pedagogia da participação implicará na atuação dialética com todos os aspectos do conhecimento, sendo capaz de organizar o conhecimento histórico – patrimônio da humanidade –, o conhecimento social – fruto da experiência de outros indivíduos ou grupos –, e também o conhecimento prático – fruto da experiência real do próprio grupo e da cultura escolar. Para que isso seja possível, o método de ensino deverá ser suficientemente plástico, construído efetivamente mediante/durante o processo educativo.

A atuação do professor deixa de ser apenas o domínio técnico prático para constituir-se também em um instrumento lógico metodológico de leitura das situações pedagógicas concretas enquanto práticas histórico-sociais.

Oliveira-Formosinho (2006) salienta que a interatividade entre saberes, práticas e crenças é construída pelos atores na construção do seu itinerário de aprendizagem, mas em interação com os seus contextos de ação pedagógica. É a interdependência entre os atores e a cultura que faz da pedagogia da participação um espaço complexo, no qual lidar com a ambiguidade, a emergência e o imprevisto torna-se o critério do fazer e do pensar. Nesse enfoque, merecem destaque a escuta, o diálogo e a negociação. A pedagogia da participação rompe com qualquer definição técnica do ato de ensinar ou qualquer antecipação do que será realmente aprendido, devido à relação intrínseca entre o processo de ensino-aprendizagem e o contexto onde ele se dá.

Essas características nos levam a concluir que a pedagogia da participação reconhece os saberes e diferenças, escuta as vozes, é sensível à cultura dos alunos e dos professores. A pedagogia da participação, assim, oferece-se como terreno de troca e reconstrução cultural, como espaço de retomada, ressignificação, ampliação de saberes, reconhecimento de diferenças e das múltiplas identidades que configuram e reconfiguram o cotidiano das relações sociais. Se, amparados em Silva (2007), concebermos o currículo como terreno propício para o encontro das culturas que habitam a sociedade, encontraremos o elo entre a pedagogia da participação e o multiculturalismo crítico.

Pelo fato de uma proposta desse tipo não poder ser sistematizada de maneira universal, visto que depende intimamente daquilo que possa vir a ocorrer durante o processo educativo no qual o método de ensino é construído a partir do conhecimento da realidade – do grupo de alunos, seus apelos, suas dúvidas em profunda relação com a comunidade onde vivem –, estabelece-se um contato mais íntimo com a cultura patrimonial. É dessa forma que o ensino efetivamente se configura. Nessa direção, o método empregado não comporta em sua rotina os tradicionais elementos da pedagogia da transmissão, ou seja, planos rígidos fundados no racionalismo e em busca de objetivos comportamentais e procedimentais. Isso decorre do fator improviso, e não de uma aula improvisada, nem mesmo do *laissez-faire*. Em síntese, a pedagogia da transmissão depende dos questionamentos e interesses surgidos a partir da problematização dos temas "da vida real" por parte dos alunos, dos professores (sem imposição) ou da comunidade escolar.

Para que se possa desenvolver uma ação pedagógica capaz de possibilitar aos alunos uma visão de totalidade sobre os conhecimentos da cultura, em prol da justiça social, faz-se necessária a estruturação de uma nova visão sobre a aprendizagem no interior do currículo.

Inversamente à postulada "sequência" do simples ao complexo (marca distintiva da pedagogia da transmissão), a pedagogia da participação coloca os alunos, desde o primeiro momento, diante de uma tarefa complexa, global e completa, em semelhança ao que acontece nas atividades autênticas da vida social. Somente em um segundo momento serão propostas atividades específicas em relação às diferentes dimensões da manifestação estudada: organização do conteúdo temático, abordagem centrada em conceitos específicos, experimentação de diferentes procedimentos, etc., antes que o aluno se confronte novamente com a situação complexa da tarefa inicial. Em resumo, em lugar de propor um crescimento gradativo, o processo de ensino tem início com a aproximação intencional dos alunos com a manifestação da cultura no contexto da prática social. Portanto, no caso da educação física, não se trata de explicar o jogo primeiro, ensinar as regras da atividade em questão ou treinar as habilidades motoras (fundamentos) e cognitivas necessárias para sua realização, trata-se de jogar a partir da prática social do jogo (Neira, 2007).

Para que os alunos possam entender o patrimônio cultural à sua volta, é necessário que tais conhecimentos sejam ofertados, inicialmente, na sua formatação original, para que se possa, de forma coletiva, distribuir as inúmeras seções da manifestação cultural ao longo do currículo, aprofundando o conhecimento sobre elas para que a compreensão do fenômeno seja ampliada. Esse processo, denominado "problematização" por Freire (1967), permite aos atores sociais discutir, refletir, analisar, perceber, enfim, permite inúmeras dimensões da prática social, como que "colocando-a simultaneamente no mundo e no microscópio". Feito isso, o resultado final permitirá romper com o sincretismo, que caracteriza a consciência ingênua, para atingir a visão sócio-histórica da consciência transitivo-crítica. Não se trata de aprender a partir de elementos simples conhecidos, mas de produzir um novo conhecimento como resposta às indagações surgidas a partir de uma situação real complexa, recorrendo, individual e coletivamente, a múltiplos procedimentos e ações.

Diversas características da pedagogia da participação puderam ser identificadas na experiência brasileira, cujas imagens foram utilizadas na presente pesquisa para estimular as reflexões dos professores portugueses sobre a diversidade cultural dos alunos. Entre os tópicos importantes desta concepção, verificou-se, por exemplo, a valorização dos saberes pertencentes à cultura patrimonial dos alunos:

> O professor, em uma sala de aula, solicita aos alunos que escrevam em pequenos pedaços de papel as brincadeiras que conhecem e que foram respondidas por ocasião das entrevistas realizadas no começo do ano. Os alunos vão escrevendo ao seu modo e ele vai perguntando-lhes qual a brincadeira eles escreveram, anotando no cantinho do papel o nome do jogo quando os alunos escreveram por signos indecifráveis ou na hipótese pré-silábica. Os alunos estão quietos e participam bastante da aula. (Aula 31).

> Início da aula em roda, com uma conversa levantada pelas crianças sobre a páscoa, sobre os ovos de páscoa e sobre se eles iriam ou não receber ovos na escola. O professor propõe que deem início a uma conversa relacionada à proposta da aula. Ele relembra o fato de cada um deles ter conversado, numa entrevista, sobre as brincadeiras que eles realizavam fora da escola e que não tinham aprendido na lá. (Aula 37).

> O professor pergunta à aluna se a brincadeira na escola ficou igual à que ela fazia em sua casa; ela diz que teve que mudar algumas coisas na brincadeira. (Aula 39).

É interessante notar que os professores entrevistados não só identificaram, como também valorizaram o trabalho a partir dos saberes dos alunos:

> Vou ser sincera, gostei de tudo. Eu gostei desde o início da ideia de serem eles a levarem os jogos, gostei que tenham feito na aula jogos que eles próprios sugeriram, algo que acho que torna a atividade muito mais interessante, não é? Eu gostei da forma da organização, de como foram sendo realmente postos em prática os jogos. Como cada um ia explicando seu jogo. (Professor 02).

> Tornam-se mais participativos na aula, mais... como eu hei de explicar, acho que é uma forma de os cativar mais do que se, de repente, sou eu a ficar ali "vamos fazer isto, vamos fazer aquilo", apesar deles gostarem de jogos assim, mas é mais aquela postura "ela manda e nós fazemos". Se calhar,

> acho que as crianças [...] acaba por ser bom para elas aprender a serem elas a liderarem um grupo, a serem elas a ensinarem, um jogo, a explicarem as regras e fazerem com que os colegas compreendam quais são essas regras. Serem elas um bocado também o líder da turma e explicar e saber ensinar, acho que é muito interessante, eu gostei muito. (Professor 03).

Embora suprimidos pelos "guardiões" da cultura dominante, os conhecimentos dos alunos oriundos das parcelas menos privilegiadas da população, isto é, o conhecimento subordinado, na expressão utilizada por Kincheloe e Steinberg (1999), representa um papel primordial na pedagogia da participação, o que permite o seu alinhamento às perspectivas do multiculturalismo crítico.

A tradição crítica que fundamenta as ideias de Kincheloe e Steinberg está particularmente interessada em reconfigurar os espaços sociais onde, tradicionalmente, se produz a dominação. Os professores que atuam com essa preocupação procuram conscientizar os alunos enquanto seres sociais. O homem ou mulher que alcance essa conscientização estará disposto a compreender como e por que suas opiniões políticas, sua classe socioeconômica, seu papel na vida, suas crenças religiosas, suas relações de gênero e sua própria imagem racial estão configuradas pelas perspectivas da cultura dominante.

O currículo fundado no multiculturalismo crítico fomenta a reflexão sobre as práticas culturais que rodeiam os alunos da forma pelas quais elas se apresentam na sociedade. É por isso que o multiculturalismo crítico encontra, na valorização pela escola dos conhecimentos oriundos dos grupos marginalizados, um grande potencial de transformação das relações de poder. Retomando a afirmação de Formosinho (2007) sobre a marca elitista do currículo uniforme, acrescentamos, com base na teorização multicultural crítica, que os saberes por ele veiculados enquadram-se nos modos de ver o mundo específicos da cultura dominante. A pedagogia da transmissão, ao socializar exclusivamente o referencial de vida dos homens brancos, heterossexuais, europeus e da classe média, deixa de fora todos os outros referenciais culturais possíveis. Nesse sentido, as crianças pertencentes aos grupos desprovidos de poder serão socializadas em um contexto de vida que lhes é estranho e no qual serão ensinadas a apreciar a cultura dos poderosos e desgostar do patrimônio que as identifica socioculturalmente.

Frente a essas colocações, os dados coletados permitiram desvelar um outro elo entre a pedagogia da participação e o multiculturalismo crítico: a escuta e a valorização, no contexto educativo, das vozes dos alunos.

Oliveira-Formosinho (2006, p. 27) compreende "[...] a criança como uma pessoa com agência, não à espera de ser pessoa, que lê o mundo e o interpreta, que constrói saberes e cultura, que participa como pessoa e como cidadão na vida da família, da escola, da sociedade [...]". Por essa razão, a autora configura a escuta e a negociação como processos principais de uma pedagogia da participação e observação.

> O professor aponta uma aluna e diz-lhe para contar qual brincadeira pratica fora da escola e explicar para os colegas como se brinca essa brincadeira ("pega-pega duro mole"). Ela e os colegas são questionados pelo professor se seria possível brincar na escola, com todos os colegas juntos, do mesmo jeito que a Silmara conhecia e brincava na sua rua/casa. As crianças respondem afirmativamente. Neste momento, após a realização das discussões iniciais, as crianças passam a brincar de "pega-pega duro mole" pelo espaço da quadra e suas mediações. [...] Após um momento de realização da brincadeira, o professor chamou uma nova roda, a fim de resolverem os conflitos que surgiram durante a brincadeira (algumas crianças disseram que não dava para continuar brincando do jeito que estava, pois havia crianças empurrando as outras, colocando o pé na frente enquanto o outro estava correndo, etc. (Aula 35).

Segundo Oliveira-Formosinho (2006, p. 29), as práticas desejáveis de observar, escutar e negociar precisam se situar em um pensamento reflexivo e crítico sobre o porquê e o para que dessas ações. A escuta é um processo de ouvir a criança sobre a sua colaboração na construção coletiva do conhecimento. Ela deve ser contínua no cotidiano educativo, pois consiste em procura de conhecimento sobre as crianças, seus interesses, motivações, relações, saberes e modos de vida.

> O professor coloca para o grupo as seguintes questões: dá para continuar brincando assim? Se as crianças avaliam que não; o que pode ser feito para melhorar a brincadeira? Neste momento (ou com essa pergunta), algumas crianças sugerem a substituição da brincadeira, ou seja, o problema parece não ser entendido como algo a ser superado, mas como um obstáculo intransponível cuja resposta adequada é ignorá-lo, via sugestão de outras brincadeiras. O professor repete em todos os momentos que se trata de achar uma solução para essa brincadeira, e não de realizar uma outra; afirma que eles estão e continuarão realizando *aquela* brincadeira. As sugestões para melhorar aquela brincadeira dadas pelas crianças são: a) não colocar o pé na frente; b) parar de empurrar; c) entrar um de cada vez por baixo da perna do colega para salvá-lo (elas constataram que estava

ocorrendo um monte de "trombões" por conta de entrarem mais de uma criança de cada vez na perna dos colegas que deveriam ser salvos). O professor, então, diante dessas sugestões, pergunta ao grupo se eles acham ser possível, agora, continuar a brincadeira. As crianças retornam à brincadeira. Aparentemente, a brincadeira fica mais organizada. Novamente, o professor pede que as crianças formem uma roda. Desta vez, é ele quem aponta para o grupo um problema que percebeu. (Aula 35).

Os entrevistados destacaram positivamente esse aspecto com as afirmações:

> [...] acho interessante os pais ensinarem jogos, pronto, se calhar são mais antigos, que as crianças nem conhecem, nem jogam e ficarem também, sei lá, nessa parte, podia ficar bem fazer em casa, em vez de ser presencial, podiam os miúdos trazerem de casa, pesquisar os jogos dos pais e depois, na aula, serem eles a ensinar a pôr em prática, se bem que é como eu digo, Marcos, acho interessante assim. Eles ouvirem os pais acho que é muito legal. Apesar de não ser, lá está, muito fácil, nem todos os pais têm também essa disponibilidade, não é? Apesar de achar que é interessante. A única forma de modificar isso é só fazerem o trabalho de pesquisa e serem eles a colocar em prática o jogo que jogava o pai ou avó. (Professor 02).

> Ah... Bem, eu penso que a primeira questão é organizar esse projeto de tal forma a dar vez... ã... ou dar voz às crianças e aos pais das crianças [...] isso, pela minha prática, quando nós trabalhamos com os avós e com os pais, eles vão e explicam [...]. (Professor 01).

Outra característica da pedagogia da participação, para Oliveira-Formosinho (2006), é a negociação. A negociação é um processo de debater e consensualizar com o grupo de alunos os processos e conteúdos, bem como os ritmos e modos de aprendizagem.

> O professor diz que algumas crianças disseram que o jogo não deu certo porque houve empurrão na escada; ele volta a perguntar: deu certo o "esconde-esconde lá, naquele espaço? Será que aqui (pátio coberto) a brincadeira vai dar certo? As crianças acham que sim, e o grupo passa a se organizar para a brincadeira. O professor pergunta onde poderia ser o local para "bater cara"; o Pablo sugere que seja na porta da sala de educação física. Nessa brincadeira, os batedores de cara mudam sem que todos os que se escondem sejam achados; quando uma criança é achada, esta vira, automaticamente, "batedor de cara". O professor pergunta às crianças que estavam perto do local de bater cara qual era a regra para se trocar o

> batedor, mas elas não souberam responder direito. Transcorrida a brincadeira, o professor pede para que o grupo forme uma nova roda, a fim de conversarem sobre o que havia acontecido no jogo. (Aula 39).

Os professores entrevistados não deixaram de notar esse importante aspecto:

> A jogarem... essencialmente a respeitaremos amigos como um grupo, onde todos estão pela mesma coisa, acho que é isso. Em que todos têm as mesmas regras e fazem cumprir as mesmas regras. Acaba por ser do tipo, todos falam a mesma linguagem, fazem, e depois, é, como é que eu ia dizer... Todos participam, não há discriminação entre todos, todos acabam por participar. Acho que é mais isso. (Professor 03).

> Eu penso que é aqui um momento de evolução, quando se fala, no discurso pedagógico, do professor como facilitador da aprendizagem, vou tocar neste ponto, penso que é nesta escola multicultural e nesta, nesta nova visão da motricidade na escola, justifica-se, mais do que nunca, esta dimensão, o professor como facilitador da aprendizagem. O professor de educação física, neste caso, conhecedor das componentes didáticas da educação física, com o conhecimento das componentes críticas, dos gestos e de todo o desenvolvimento motor, neste caso, da brincadeira, deve, também ter, como trunfo, se quisermos, uma dimensão facilitadora da aprendizagem, o facilitador da informação para que ela passe. (Professor 01).

A reunião dos três elementos sinalizadores da pedagogia da participação anteriormente mencionados – a valorização dos saberes provenientes dos alunos, a escuta e a negociação – proporciona uma intensa aproximação da concepção externada por Moreira (2002), para quem o multiculturalismo crítico poderá se enriquecer e aprofundar-se com as contribuições da teorização social e cultural e com o recurso ao diálogo.

A importância do diálogo explicita-se com mais clareza entre os pesquisadores que privilegiam a discussão sobre o multiculturalismo. A partir daí, uma forte implicação para uma prática pedagógica multicultural crítica é a criação de um contexto no qual as inter-relações favoreçam a aprendizagem, e isso se dá pelo reconhecimento do outro como pessoa.

Nessa ecologia da pedagogia da participação, o diálogo é visto mesmo como o elemento norteador das estratégias pedagógicas. A tarefa do professor não é transmitir informações como advoga a pedagogia da transmissão, mas criar um contexto em que pessoas, crianças e adultos possam interagir a partir e em função de atividades que tenham sentido para elas. O fundamental para criar o contexto relacional são as próprias pessoas e suas interações, consequentemente, a tarefa do educador é pensar o contexto, atentar às relações construídas e interferir como um dos sujeitos dentro do processo, para ativar essas relações. Esses elementos foram vividos na experiência brasileira e comentados pelos professores entrevistados:

> [...] a aula inicia-se com o professor esperando a organização inicial da turma. Quando o grupo se organiza, ele inicia a conversa inicial; ele pergunta ao grupo quem se lembrava do que havia sido feito na última aula. Grande parte das crianças levanta a mão e grita "eu, eu, eu!". O professor espera o silêncio e depois intervém, questionando-os se é preciso gritar. Uma das alunas pede para explicar a última brincadeira feita (o "esconde-esconde"). Houve um certo tumulto, muita conversa paralela; o professor intervinha enfatizando a necessidade e importância de prestar atenção no colega que estava ou ia falar. A aluna, então, conseguiu explicar a brincadeira do jeito que tinha sido realizada. Ao final de sua explicação, o professor perguntou a ela se tudo tinha dado certo na brincadeira; ela respondeu que não, alegando que o que tinha dado de errado foi o fato de alguns colegas empurrarem os outros na escada. Diante dessa fala, outras crianças passaram a levantar situações de conflitos físicos que ocorreram durante a brincadeira. (Aula 40).

> Voltando à reflexão do vídeo, a fazer uma análise crítica ao vídeo, o que me chamou mais a atenção naquela aula de educação física foi, de fato, a participação dos alunos de uma forma intensa e extensa se quisermos. Os alunos... eram os alunos que conduziam, que propunham e conduziam o conteúdo da aula, isso de fato é o outro lado da pedagogia, dar a voz aos alunos, dar a voz às crianças. Esse é o ponto forte de fato, aliás, é um discurso emergente ã... do discurso pedagógico emergente de uma pedagogia transmissiva, para uma pedagogia participativa. Também outra coisa que me chamou a atenção é a dimensão interdisciplinar ou a interdisciplinaridade que também faz parte do discurso emergente ou, se quisermos, cultural ou multicultural. Portanto, de fato, esses dois focos ou essas duas variáveis: dar a voz aos alunos e o caráter interdisciplinar das aulas de educação física foram os momentos que mais me chamaram a atenção. (Professor 01).

O aspecto destacado por esse entrevistado, "a valorização das vozes dos alunos", é especialmente abordado pela teorização multicultural crítica conforme argumenta Giroux (1988). Para o autor, a escola e o currículo devem funcionar como uma esfera pública democrática. A escola e o currículo devem ser locais onde os estudantes tenham a oportunidade de exercer as habilidades democráticas da discussão e da participação, de questionamento dos pressupostos do senso comum da vida social. Por outro lado, os professores e as professoras não podem ser vistos como técnicos ou burocratas, mas como pessoas ativamente envolvidas nas atividades da crítica e do questionamento, a serviço do processo de emancipação e libertação. Giroux aponta para a necessidade de construção de um espaço onde os anseios, desejos e pensamentos dos estudantes possam ser ouvidos e atentamente considerados. Através do conceito de "voz", Giroux (1988) concede um papel ativo à sua participação – um papel que contesta as relações de poder por meio das quais essa voz tem sido, em geral, suprimida.

Esses princípios que sustentam o multiculturalismo crítico por meio de uma pedagogia da participação (a escuta das vozes dos alunos) não passaram despercebidos pelos entrevistados após assistirem aos vídeos da experiência multicultural crítica:

> O ponto positivo e que poderia ser partilhado com os professores, de fato, é um novo paradigma de educação. Vou pôr um ponto positivo macro, é uma nova visão pedagógica, isto é, nossa tradição é tipicamente uma pedagogia transmissiva, centrada no professor, centrada num conteúdo, centrada num currículo, em geral, centralmente pensado e a seguir um currículo quase como uma escritura sagrada que é preciso cumprir. Esse fato é um ponto que faz parte das nossas escolas, penso que das vossas escolas, mas também das nossas escolas. Para uma pedagogia participativa, isto é, dar a voz aos alunos, dar uma certa individualidade aos alunos, ir ao interior dos alunos e eles colocarem em prática, no pensamento e na prática, aquilo que realmente gostavam de fazer, de realizar, isto é, e... Podemos ver que é uma herança mais cultural, mais local, isto é, mais ontológica, do ser em si, da criança em si. Esta questão da pedagogia participativa tem a ver com uma lógica, e agora vou meter um bocadinho de filosofia se quisermos, tem a ver com um certo revivalismo da razão crítica, um certo revivalismo da autonomia, um certo revivalismo da individualidade. E só nesta pedagogia participativa que este revivalismo poderá ser conseguido, a lógica da autonomia. E... e, agora, fazendo a ponte para o cultural, para o multicultural, só há multiculturalidade autêntica e a cultural autêntico... eu estou a falar isso porque argui uma tese de mestrado e toquei nestes pontos, só há de fato uma multiculturalidade autêntica quando esta dimensão da autonomia é concretizada, e os mínimos de dignidade são concretizados. (Professor 01).

CONSIDERAÇÕES FINAIS

Dado que a escola foi paulatinamente chamada a contribuir com a ideia da sociedade produtivista, o processo de atomização gerado na esfera trabalhista foi também reproduzido no âmbito escolar. A taylorização no processo de escolarização (Formosinho, 2007), refletida e consolidada no currículo único e uniforme, impede que os professores e os alunos possam atuar em direção a uma reflexão crítica sobre a realidade. Nesse sentido, a educação física praticada nas escolas investigadas parece conduzir ao aprendizado da obediência e da submissão (pela tentativa de inculcação das regras), embora, de forma explícita, os alunos resistam violentamente a esse processo.

Os meios utilizados baseiam-se, por exemplo, no isolamento da educação física na grade curricular, descontextualizando-a, na fragmentação das atividades, na focalização no desempenho e na constante repreensão dos professores às atitudes dos alunos. Como na indústria, alguns poucos especialistas são responsáveis pelo processo, elaboram as teorias e diretrizes curriculares, em nível macro, e os professores isoladamente as executam, em nível micro. Para a maioria, estudantes e docentes, inclusive, cumprem-se as orientações sem, no entanto, compreendê-las, sequer o que as motiva.

A constatação do vigor empregado pela pedagogia da transmissão, mediante um modelo educacional centrado no professor e uma visão monocultural de disciplina corporal, leva-nos a concluir que a escola pública, responsável pela educação das crianças das classes populares, descumpre a sua função de prepará-las para uma cidadania plena, pois, ao reproduzir a opressão, prepara para a submissão às normas do trabalho desqualificado e braçal. Nesse sentido, os corpos infantis vão sendo modelados para atender o toque do sinal, para serem apenas números entre muitos outros, para não expressarem sentimentos e emoções, para responderem com cortesia mesmo quando se sentirem ofendidos, para seguirem normas que não são válidas para todos, para executarem movimentos padronizados pela elite, etc.

Refletindo sobre isso, depreendemos que a pedagogia da transmissão da educação física constatada nas aulas observadas termina por formar determinadas identidades sociais: os bons alunos são os habilidosos, aqueles que se alinham obedientemente às proposições dos professores, os maus alunos são os que, manifestando sua cultura, rejeitam as atividades propostas, e os excluídos são aqueles com os quais os professores não interagem por acreditá-los incapazes e inferiores.

Os defensores da pedagogia da transmissão entendem que, apesar das diferenças individuais, experiências motoras diversificadas e contextos de vida diferentes, todos podem alcançar os níveis elevados alusivos ao repertório motor característico do cidadão hábil, desde que adequadamente estimulados pelo professor. Nesta visão, as diferenças são descartadas por meio de uma adequada ação pedagógica – centrada no fornecimento de exemplos que deverão ser imitados. O problema surge, conforme se verificou, quando os alunos apresentam um repertório de saberes absolutamente diferente daquele que é valorizado pela escola. Nesse caso, resistem, buscam artimanhas para fugir e ludibriar. Apesar disso, os professores, operários do currículo único, atribuem-se, segundo Formosinho (2007), a condição de detentores da cultura válida e cumpridores da função legítima da escola – educar para a vida em uma sociedade dividida, onde determinadas formas de ser são aceitas e valorizadas enquanto outras devem ser esquecidas e modificadas. A forma encontrada para cumprimento dessa nobre missão veio à tona pela identificação de uma ação pedagógica centrada em práticas de controle e dominação, por um lado, ou abandono e descaso, por outro.

É importantíssimo, no entanto, não culpabilizar os professores por esse processo. Convém lembrar que esses profissionais, à época alunos dos cursos de formação docente, também foram vítimas do mesmo currículo. Dessa maneira, o oprimido de ontem transforma-se no opressor de hoje, perpetuando e reproduzindo indefinidamente esse ciclo.

Os professores observados e entrevistados, ao veicularem uma ação pedagógica que se advoga igualitária por ofertar a todos os mesmos conteúdos e do mesmo modo, exigindo-lhes o mesmo desempenho, acabam por incorrer na concepção conservadora do multiculturalismo ou monocultural. Esse quadro nos permite abstrair do seu fazer, os elementos característicos da pedagogia da transmissão, segundo Oliveira-Formosinho (2006), do currículo uniforme, segundo Formosinho (2007), e, amparados em Pereira (2004), podemos afirmar que a política cultural veiculada ao lidar com as diferenças configura-se em uma perspectiva assimilacionista.

E, no sentido oposto, o currículo multiculturalmente orientado da educação física, segundo Neira e Nunes (2006), considera e respeita as práticas corporais do cotidiano (a cultura corporal popular), pois são elas que fornecem a base para se pensar como as pessoas dão sentido e significado às suas experiências e vozes. Nessa perspectiva, a ação pedagógica da educação física não veicula uma ideologia redentora, visível, por exemplo, na ideia de que todos são iguais, por isso necessitam das mesmas experiências educacionais. Conforme identificamos, uma prática pedagógica crítica recorre à política da diferença por meio das "vozes" da cultura corporal daqueles que são quase sempre silenciados. Por essa razão, o currículo da experiência multicultural brasileira desenvolvida com as comunidades mais humildes de uma grande cidade paulista abriu-se ao jogo, à dança e às cantigas populares; naquelas aulas, as vozes do povo foram ouvidas, suas ideias reconhecidas e discutidas, seus movimentos contextualizados.

Essas características permitiram-nos verificar, na experiência brasileira, fruto de um contexto de intervenção colaborativa, as características da pedagogia da participação alentadas por Oliveira-Formosinho (2006), mediante uma concepção transformativa da ação pedagógica, na visão de Formosinho (1997). Como política curricular, o currículo multicultural da educação física acompanha os pressupostos do multiculturalismo crítico na visão de Silva (2007).

Foi possível, por meio da análise dos depoimentos sobre a experiência brasileira, identificar a tensão existente entre a pedagogia da participação e a pedagogia da transmissão. Enquanto a primeira é organizada em torno do prazer e da diversão, a segunda é definida principalmente em termos instrumentais. A pedagogia da participação situa-se no terreno do cotidiano, ao passo que a pedagogia da transmissão legitima e transmite a linguagem, os códigos e os valores da cultura dominante. A pedagogia da participação compreende os alunos dos grupos desfavorecidos e ajuda a validar suas vozes e experiências, enquanto a pedagogia da transmissão valida as vozes do mundo adulto, da universidade, bem como da ciência preconceituosa.

Para a promoção de uma experiência educacional transformadora, Apple (2003) afirma a necessidade de criticar/desconstruir o modelo neoliberal em curso e que exclui grandes contingentes da população e criar/reconstruir uma sociedade que se paute pela inclusão de todos os que contribuem com seu trabalho para a produção de riquezas, independentemente de sua classe social, gênero, raça e etnia. Essa nova sociedade será uma sociedade multicultural, em que a diferença não mais será estigma, assumindo a sua enriquecedora potencialidade.

Acreditamos que uma pedagogia da educação física pautada na participação contribui com esse processo ao proporcionar aos alunos a ampliação do seu repertório de saberes sobre a cultura corporal, partindo da análise crítica da cultura viva à sua volta e organizando situações em que possa ser por eles interpretada e reconhecida socialmente. Por essa razão, os professores portadores dessa visão acabam por abraçar a concepção crítica do multiculturalismo. Conforme se verificou, as aulas da experiência brasileira forneceram elementos que a aproximam, segundo Oliveira-Formosinho (2006), da pedagogia da participação, e sua ideia de currículo se apoia na visão "transformativa" manifestada por Formosinho (1997).

Procurando contribuir com o debate, supomos que a ampliação, o incentivo e a divulgação de pesquisas sobre essa temática permitirão acumular conhecimentos que contribuam para um melhor encaminhamento da construção de uma prática pedagógica democrática para o componente. No nosso entendimento, somente o aumento e a diversificação de investigações de ações educativas sobre as práticas corporais possibilitarão o crescimento da epistemologia da prática, pré-condição necessária para desencadear as modificações desejadas na quadra, no pátio e na sala de aula da escola pública.

Em virtude de ser esta uma investigação sobre a prática, é legítimo que, a partir dela, surjam alguns encaminhamentos possíveis no sentido da construção de uma prática pedagógica multicultural orientada para a educação física.

Inicialmente, frente às condições apresentadas pela comunidade investigada, defendemos explicitamente a superação da pedagogia transmissiva, do multiculturalismo conservador e da perspectiva assimilacionista percebidos e a construção de um novo referencial teórico-prático que possibilite conceber a educação física enquanto componente que tematiza as práticas da cultura corporal de forma crítica e participativa.

Se for essa a intenção, convém, por princípio, repensar a forma como comumente ocorre a socialização dos saberes no cotidiano e a quem pertencem esses saberes divulgados na prática pedagógica do componente, ou seja, a adoção de uma postura reflexiva no sentido atribuído por Pérez Gómez (1998). Tal socialização poderá acontecer de forma democrática (no melhor sentido do termo), a partir da potencialização da voz e dos gestos dos mais diversos grupos e subgrupos que compõem a cultura escolar. Convém lembrar que as manifestações a serem estudadas na educação física visam à comunicação de ideias, princípios, valores, crenças, etc. A socialização deverá ser acompanhada do confronto, discussão e análise de cada prática corporal, a fim de que cada educando compreenda seu contexto de formação, a realidade na qual aquela manifestação se insere e o que permitiu ou dificultou seu surgimento e continuidade.

A adoção desses procedimentos possibilitará aos educandos uma nova forma de participação de um espaço pedagógico (a aula de educação física) – de consumidores, passarão a produtores de cultura. Nesse contexto de produção cultural, fazem-se presentes os sentimentos, a criatividade, o lúdico e a corporeidade, além de uma postura crítica frente às práticas da cultura corporal massificada e das infinitas relações de poder-saber da sociedade.

Nessa ótica, a experiência dos escolares com a educação física vai conduzi-los à percepção das práticas corporais enquanto patrimônio cultural, proporcionando-lhes, antes de tudo, condições para compreender, reconhecer e respeitar esse repertório. Nessa perspectiva, cabe à educação física e aos educadores tomarem consciência das relações embutidas nas manifestações da cultura corporal para, nelas, identificar os traços e as representações advindas dos diversos grupos que compõem a sociedade.

Assim, segundo Neira (2007), é possível pensar em ações pedagógicas a partir das práticas sociais dos diversos grupos culturais que chegam à escola, para, pela mediação, socialização e ampliação de saberes, proporcionar-lhes uma melhor compreensão das teias que envolvem os produtos sociais, suas condições e modos de produção, uma vez que esse fato é absolutamente necessário para a emancipação e transformação social.

Como princípio da justiça social, a dignidade deve ser a mola propulsora das transformações sociais almejadas no projeto educativo. Dar voz aos grupos silenciados, às minorias subjugadas e às identidades historicamente impedidas de entrarem na escola poderá contribuir significativamente para a construção de um caminho para a luta por uma representação mais digna. Assim, o espaço de socialização escolar, público por natureza, poderá se tornar um espaço do diálogo cultural, pois a diversidade de saberes produzida por diferentes grupos entra em contato com aqueles ofertados pela instituição ou trazidos por representantes de outros grupos culturais. Diante da mediação e do diálogo (tão valorizados pela pedagogia da participação de Oliveira-Formosinho, 2006), os diversos grupos poderão entrar em contato com os problemas subjacentes a cada cultura e, então, construir um projeto coletivo, ou seja, a participação cidadã solidária e cooperativa.

NOTAS

1 Investigação realizada no âmbito do Programa de Cooperação Internacional Capes/Grices entre o Instituto de Estudos da Criança da Universidade do Minho e a Faculdade de Educação da Universidade de São Paulo.

2 "Cultura corporal", segundo Soares et al. (1992), é a parcela da cultura geral que abrange os produtos da motricidade humana historicamente em construção, tanto no plano material quanto simbólico – jogo, esporte, dança, lutas, atividades circenses, etc.

3 O multiculturalismo surge como fenômeno de reivindicação dos grupos culturais dominados no interior dos países dominantes do hemisfério norte, para terem suas formas culturais reconhecidas e representadas na cultura nacional. O multiculturalismo representa um importante instrumento de luta política, pois transfere para o terreno político uma compreensão da diversidade cultural.

4 Neste estudo adotaremos a concepção de currículo de Silva (2007), ou seja, todas as práticas sociais que acontecem no interior da escola: a organização durante as aulas, os materiais utilizados, as atividades elaboradas pelos professores, etc.

5 Foram selecionadas duas escolas portuguesas situadas nos chamados bairros sociais da cidade de Braga.

6 A escola brasileira foi selecionada em função da característica multiculturalmente orientada do seu currículo de educação física.

7 De forma semelhante, os movimentos de vanguarda educacional em Portugal e no Brasil têm sofrido fortes críticas na mídia.

8 Grifos dos autores.

REFERÊNCIAS

APPLE, M.. *Educando à direita:* mercado, padrões, Deus e desigualdade. São Paulo: Cortez, 2003.

BERNSTEIN, B. *Pedagogia, control simbólico e identidad.* Madrid: Morata, 1998.

BOGDAN, R. C.; BIKLEN, S. K. *Investigação qualitativa em educação:* uma introdução à teoria e aos métodos. Porto: Porto, 1994.

CARVALHO, R. T. *Discursos pela interculturalidade no campo curricular da educação de jovens e adultos no Brasil nos anos 1990.* Recife: Bagaço, 2004.

DAOLIO, J. *Da cultura do corpo.* Campinas: Papirus, 1995.

FORMOSINHO, J. Currículo e diversidade na escola de massas: abordagem à educação multicultural. Braga: Universidade do Minho, 1997.

FORMOSINHO, J. *O currículo uniforme pronto-a-vestir de tamanho único.* Mangualde: Pedago, 2007.

FORMOSINHO, J.; MACHADO, J. Anônimo do século XX: a construção da pedagogia burocrática. In: OLIVEIRA-FORMOSINHO, J.; KISHIMOTO, T. M.; PINAZZA, M. A. *Pedagogia(s) da infância:* dialogando com o passado, construindo o futuro. Porto Alegre: Artmed, 2006.

FREIRE, P. *Educação como prática da liberdade.* Rio de Janeiro: Paz e Terra, 1967.

FREIRE, P. *Pedagogia do oprimido.* Rio de Janeiro: Paz e Terra, 1970.

GIROUX, H. A. *Escola crítica e política cultural.* São Paulo: Cortez, 1988.

GIROUX, H. A. Praticando estudos culturais na faculdade de educação. In: GIROUX, H. *Os professores como intelectuais*: rumo a uma pedagogia crítica da aprendizagem. Porto Alegre: Artmed, 1997.

KINCHELOE, J. L.; STEINBERG, S. R. *Repensar el multiculturalismo.* Barcelona: Octaedro, 1999.

KISHIMOTO, T. M. Brinquedos e materiais pedagógicos nas escolas infantis. *Educação e Pesquisa*, v. 27, n. 2, p. 229-246, 2001.

LEITE, C. O lugar da escola e do currículo na construção de uma educação intercultural. In: CANEN, A.; MOREIRA, A. F. *Ênfases e omissões no currículo.* Campinas: Papirus, 2001. p. 45-64.

LIBÂNEO, J. C. *Didática.* São Paulo: Cortez, 1996.

MARTINS, P. H. Cultura autoritária e aventura da brasilidade. In: BURITY, J. (Org.). *Cultura e identidade*: perspectivas interdisciplinares. Rio de Janeiro: DP&A, 2002.

MCLAREN, P. *A vida nas escolas:* uma introdução à pedagogia crítica nos fundamentos da Educação. Porto Alegre: Artmed, 1997.

MCLAREN, P. *Multiculturalismo revolucionário:* pedagogia do dissenso para o novo milênio. Porto Alegre: Artmed, 2003.

MOREIRA, A. F. B. Currículo, diferença cultural e diálogo. *Educação & Sociedade*, v. 23, n. 79, ago. 2002.

NEIRA, M. G. *Ensino de educação física*. São Paulo: Thomson Learning, 2007.

NEIRA, M. G.; NUNES, M. L. F. *Pedagogia da cultura corporal*: crítica e alternativas. São Paulo: Phorte, 2006.

NUNES, M. L. F. *Educação física e esporte escolar*: poder, identidade e diferença. 2006. Dissertação (Mestrado em Educação)- Faculdade de Educação, Universidade de São Paulo, São Paulo, 2006.

OLIVEIRA-FORMOSINHO, J. *A supervisão na formação de professores I:* da sala à escola. Porto: Porto, 2002.

OLIVEIRA-FORMOSINHO, J. Pedagogia(s) da infância: reconstruindo uma práxis de participação. In: OLIVEIRA-FORMOSINHO, J.; KISHIMOTO, T. M.; PINAZZA, M. A. *Pedagogia(s) da Infância:* dialogando com o passado, construindo o futuro. Porto Alegre: Artmed, 2006.

PEREIRA, A. *Educação multicultural:* teorias e práticas. Porto: ASA, 2004.

PÉREZ GÓMEZ, A. I. A formação de professores. In: SACRISTÁN, J. G.; PÉREZ GÓMEZ, A. I. *Compreender e transformar o ensino*. Porto Alegre: Artmed, 1998.

RODRÍGUEZ, G; GÓMEZ, J.; GARCÍA, E. *Metodologia de la investigación cualitativa*. Málaga: Aljibe, 1999.

SERRANO, G. P. *Investigación cualitativa*: retos e interrogantes. Madrid: La Muralla, 2000.

SILVA, T. T. *Documentos de identidade:* uma introdução às teorias do currículo. Belo Horizonte: Autêntica, 2007.

SOARES, C. L. *Corpo e história*. Campinas: Editores Associados, 2001.

SOARES, C. L. et al. *Metodologia do ensino de educação física*. São Paulo: Cortez, 1992.

STOER, S. R.; CORTESÃO, L. *Levantando a pedra*: da pedagogia inter/multicultural às políticas educativas numa época de transnacionalização. Porto: Afrontamento, 1999.

6

Da pedagogia burocrática à pedagogia intercultural: diversidade cultural na escola para todos

João Formosinho
Joaquim Machado

A modernidade caracterizou-se pela construção de sistemas educativos baseados em uma interpretação uniformista da igualdade progressivamente concretizada em um currículo uniforme, em uma pedagogia transmissiva e em uma organização pedagógica destinada a facilitar o ensinar a todos como se fossem um só. A construção da escola fundamental, baseada em concepções burocráticas que perspectivavam a igualdade como tratamento impessoal, opôs-se a uma evolução das ideias pedagógicas que valorizou a diferenciação pedagógica e o envolvimento das pessoas na construção da sua aprendizagem. A "pedagogia burocrática" construída pelo "autor anônimo" tem vindo a apresentar-se como a pedagogia oficiosa da escola para todos, em detrimento das pedagogias participativas. Na sociedade pós-moderna, o respeito pelas diferenças sociais e culturais emerge como um valor tão importante como o da igualdade. O conceito de *educação compensatória*, baseado na visão moderna das diferenças como déficit que se constitui no principal obstáculo ao sucesso da pedagogia burocrática, tem sido progressivamente questionado por uma *pedagogia intercultural*, baseada em uma aceitação e valorização pós-moderna das diferenças e preconizando a participação na construção da própria aprendizagem e identidade cultural. Este capítulo apresenta a Pedagogia-em-Participação promovida pela Associação Criança como uma pedagogia intercultural.

DA IGUALDADE À UNIFORMIDADE CURRICULAR

Do primado da lei e do princípio da igualdade

A modernização da sociedade vem a ser, segundo Max Weber, o processo pelo qual emergem a empresa capitalista e o Estado moderno, cujo meio organizativo é o direito formal. O direito formal baseia-se no princípio da positivização, isto é, de que qualquer norma pode estatuir-se ou positivar-se como direito. A esse princípio, alia-se a pretensão e expectativa de que a norma será obedecida por todos aqueles que estão sujeitos à autoridade da comunidade política. Os cidadãos prezam "a lei", e esta, por sua vez, garante-lhes a interdição do Estado na vida, liberdade ou propriedade sem o consentimento da população ou dos seus representantes devidamente eleitos.

Diferentes constituições políticas dos países democráticos determinam o princípio da igualdade de todos perante a lei, salvaguardando cada um de tratamento discriminatório. Contudo, esse princípio da igualdade jurídica não significa que todos devem ser tratados da mesma maneira, mas que os iguais devem ser tratados igualmente e os desiguais desigualmente na medida em que eles se desigualam, de forma a promover a justiça e o equilíbrio entre todos. Assim, o conceito de igualdade abarca não só a ideia de igualdade formal, mas também a ideia de igualdade material, por contraposição de igualdade e desigualdades (que é da ordem das "circunstâncias"), e ainda a ideia de diversidade que deriva das diferenças "essenciais" existentes no mundo social. Enquanto as desigualdades estão sujeitas à circunstancialidade histórica e são reversíveis através da ação social, no mundo das diferenças não é possível a reversibilidade (p. ex., a diferença biológica de homem e mulher) ou o grau de legitimidade é equivalente (p. ex., a diferença das formas de religiosidade muçulmana e cristã), sabendo que, no plano essencial das diferenças, não existem gradações (ou estados), mas sim categorias diferenciadas umas das outras:

> De uma forma simplificada, pode-se dizer que as desigualdades relacionam-se frequentemente ao *estar* ou mesmo ao *ter* (pode-se "ter" mais riqueza, mais liberdade, mais direitos políticos) enquanto as diferenças relacionam-se mais habitualmente ao *ser* ("ser negro", "ser brasileiro", "ser mulher"). (Barros, 2005, p. 353).

Decisão burocrática

Max Weber estuda a racionalização progressiva da vida social nas sociedades capitalistas e, ao tipo de sociedade legal, racional ou burocrática, faz corresponder a *burocracia* como *aparato administrativo*, fundado nas leis e na ordem legal, onde as posições e as relações entre as pessoas são definidas por *regras impessoais* e *escritas* e os funcionários estão organizados em uma *hierarquia* de cargos claramente definida e submetidos a rigorosa disciplina e controle. A ação burocrática caracteriza-se principalmente pela impessoalidade, a uniformidade, a formalidade e a rigidez.

No que diz respeito à escola, a ação da decisão burocrática operacionaliza-se por meio da pré-categorização das situações possíveis que ocorrem na vida das escolas e da pré-decisão dessas situações. É esta pré-decisão, baseada em uma pré-categorização, que, dando as mesmas soluções para todas as situações, garante a uniformidade dos processos decisórios em todo o território. Ela garante, de igual modo, a impessoalidade da decisão, na medida em que a pré-categorização dificulta a consideração dos fatores pessoais, de amizade, políticos e outros na tomada de decisão.

A operacionalização da ação da decisão burocrática faz-se pela pré-categorização, por meio de normativos que, de modo geral, introduzem sub-pré-categorias em categorias já previamente definidas em documentos legislativos de maior importância. É evidente que um dos objetivos e uma das consequências desse modelo é diminuir bastante a margem de poder discricionário das escolas e dos professores, visto que a sua ação só pode ser acionada dentro dos limites dessas pré-categorizações ou, na versão adaptativa do modelo nas escolas, manipulando essas categorizações por meio de combinações de categorizações, diferenciação do grau de rigor de implementação, exploração de conflitos entre categorizações, etc. Assim, esse processo de decisão próprio de um sistema de ação burocrática faz da ação da administração no domínio da educação uma *ação insensata*, porquanto, na sua relação com as escolas, utiliza um juízo de conformidade de *meios* com *meios*, e não um juízo de conformidade dos *meios* com os *fins*.

Concepção técnico-burocrática da escola

No modelo de administração pública centralizada, a escola é concebida como *serviço local do Estado* e integrada na sua administração periférica (Formosinho, 1989). É um serviço chefiado por órgãos locais e funciona na dependência hierárquica dos serviços centrais concentrados ou desconcentrados do Ministério da Educação. A comunidade escolar restringe-se aos elementos que podem ser enquadrados na cadeia hierárquica da administração da educação e sujeitos ao poder disciplinar do Estado: professores, funcionários e alunos. Ela não tem autonomia (científica, curricular, organizativa, financeira ou administrativa), é um serviço dirigido pelos serviços Centrais através de despachos normativos, despachos, circulares e instruções diretas, pelo que a sua direção se encontra fora dela (Formosinho, 1999, p. 55-56).

Essa concepção burocrática da escola aproxima-se de uma concepção da escola como "empresa de produção", quando se perspectiva não só os produtos alcançados, mas também a economia de processos por meio de soluções padronizadas e da seleção das pessoas certas para os lugares certos, em função dos princípios da divisão do trabalho e da especialização do trabalhador, no pressuposto de que a eficiência aumenta na relação direta dessa especialização. Neste sentido, compete à administração a seleção, o treino e o aperfeiçoamento do trabalhador para um cabal desempenho das tarefas, tendo em vista as metas da organização escolar. Compete-lhe, de igual modo, a *concepção* do trabalho (atividade intelectual) e a sua *realização* (atividade prática), em uma relação que se desloca da primeira para a segunda à medida que se desce na pirâmide organizacional. Segundo Émile Planchard (1979, p. 131-135), esse processo integra várias tarefas, das quais as primeiras são: definir o *produto acabado*, isto é, em que consiste o aluno realmente formado; determinar os *fatores* que se conjugam na consecução do resultado, efetuar uma análise minuciosa de todos os elementos que atuam no aluno; determinar os *métodos* de trabalho (no sentido mais amplo) e os *instrumentos* mais apropriados para a verificação das diversas influências educativas e didáticas, comparar o seu valor, fixar as condições "ótimas" do seu emprego. Acrescenta este autor que a garantia de "uma eficiência máxima" se apoia no "controle direto e tanto quanto possível objetivo (os resultados no aluno)", tarefa esta que "corresponde à verificação industrial do produto, no que diz respeito à quantidade e à qualidade", seja a "verificação final", seja a "verificação progressiva no decorrer da formação", mas sempre "avaliação objetiva da eficiência dos diversos fatores que intervêm na produção".

Currículo uniforme

O Estado assume, assim, o modo burocrático para o desempenho da sua "missão educadora", concebe um único modo de assegurar a universalidade da educação e, por isso, define uma *pedagogia ótima* que se traduz em um currículo escolar.

Ao definir o currículo escolar, o Estado centralista determina de forma uniforme para todo o território nacional e para todos os alunos *o que* estes devem aprender e, por isso, deve ser ensinado, assumindo explícita ou implicitamente opções de fundo quanto às suas finalidades e concepções de educação. A definição do *corpus* curricular enquadra-se, porém, em uma concepção da escola enquanto local social da educação formal e de controle social, que lhe facultou legitimidade ao longo da modernidade e fez dela aparelho ideológico do Estado. Ao mesmo tempo, incorpora concepções e orientações sobre o modo de estruturação e concretização do currículo relativas aos conteúdos, às metodologias e ao controle das aprendizagens curriculares.

O modelo centralizado e burocrático de formular o currículo cultiva a uniformidade e gira em torno de um aluno médio hipotético. Superiormente definem-se o papel da disciplina no currículo, a sua carga horária semanal, os conteúdos programáticos e, eventualmente, formulam-se orientações metodológicas genéricas, cabendo à didática o papel de, sobretudo, ensinar os melhores métodos e técnicas de transmissão desses conteúdos pré-definidos naquele contexto pré-definido. Aos professores, cabe a implementação nas escolas.

Normatividade curricular e princípio da homogeneidade

A estrutura curricular centralizada e homogeneizante determina e organiza de modo funcional as disciplinas, incluindo a sua sequencialização e hierarquização por anos e ciclos de estudo, baliza as regras escolares e impõe a normatividade curricular: o que, como e quando se deve fazer. Apesar de algumas variações relativas às áreas curriculares, mantém-se inalterável o pilar da estrutura curricular: tudo para todos é previamente determinado (Pacheco, 1996, p. 171). Ela consubstancia uma *escola graduada* que se baseia em critérios de temporalidade, tomando o ano letivo como referência: a regulação do programa das disciplina se estabelece no ano letivo, o calendário escolar é determinado anualmente, a planificação nas escolas é feita ano a ano, o recrutamento e a colocação de professores é anual, a distribuição do serviço docente serve para todo o ano, os manuais escolares são escolhidos por ano de escolaridade e para vigorarem durante *n* anos, o projeto curricular de escola é anual, a avaliação que determina a progressão ou retenção do aluno é igualmente anual.

A escola graduada faz corresponder um ano de progressos nas matérias a um ano de permanência do aluno na escola, pressupondo que ele avança de forma regular em todas as áreas de desenvolvimento e determina a correção do seu progresso comparando o que ele realizou com o que se estima adequado para o grau em que ele se encontra, pelo que o progresso tido por insuficiente se resolve com a repetição da tarefa correspondente ao ano de escolaridade em que se encontra e o progresso rápido é compensado com atividades de enriquecimento em sentido horizontal, de modo a não antecipar o grau que se segue. O aluno é alocado a uma turma que, em nome da facilitação da aprendizagem e potenciação do rendimento escolar, se constitui pelo princípio da homogeneidade.

A não consideração da heterogeneidade dos grupos de alunos no que se refere aos processos cognitivos torna desnecessários os processos de individualização do ensino e a continuidade da relação pedagógica, pelo menos ao longo de um ciclo de escolaridade, ao mesmo tempo que legitima a reconstituição das turmas no início de cada ano escolar, a colocação anual de professores e a distribuição anual do serviço docente pelo sistema de preenchimento de *vagas docentes* correspondentes a *lugares docentes* (Formosinho, p. 2000: 153). A alocação anual de professores e a homogeneização das turmas são, por isso, causa e consequência da pedagogia burocrática.

Na verdade, a anuidade escolar e as suas frações temporais (período escolar, horário quinzenal ou semanal, jornada escolar, tempo letivo) formatam, enquanto variável escolar, todo o trabalho docente e "ensinam-lhe" a compartimentação horária do ensino: "[...] há um tempo para cada coisa, e cada atividade escolar deve se realizar em limites de tempo máximo-mínimo [...]" (Rico Vercher, 1989, p. 475). Por outro lado, a programação anual e a "cronogramação" do ano escolar, ao mesmo tempo em que requerem do professor capacidade para administrar o tempo escolar, naturalizam a descontinuidade das aprendizagens e a descontinuidade do ensino.

A educação escolar é descontínua porque se organiza em ensino compartimentado ao longo do dia, fazendo atribuir um professor a um grupo de alunos – a turma – que aloca em um determinado espaço escolar – a sala de aula. Por isso, a escola vem sendo associada a uma ou mais salas de aula, onde um professor dá a sua lição a uma turma de alunos com o objetivo predeterminado de transmitir blocos de conhecimentos perfeitamente delimitados nos programas. Essa "gramática" da escola contribui para a ritualização das normas burocráticas e, impondo a racionalidade normativa sobre as pessoas e os contextos, sacraliza a norma que é instrumental e contribui para a dualidade entre os *fins* da educação e os *meios* que conduzem à sua prossecução.

PEDAGOGIA DA UNIFORMIDADE

Pedagogia da transmissão

João Barroso (2001) exemplifica a uniformidade das normas, dos espaços, dos tempos, dos alunos, dos professores, dos saberes e dos processos de inculcação com a evolução pedagógica do ensino primário público até a consolidação da matriz de "ensino em classe". Enquanto divisão de alunos, essa matriz resulta do aumento do número de "aprendizes", visa ensinar ao maior número de alunos com o menor dispêndio de meios e consubstancia-se no princípio de *ensinar a muitos como se fossem um só.*

Desde o início, o "ensino de classe" viu denunciado o seu caráter geométrico e homogeneizador impeditivo de um ensino individualizado e diferenciado (Barroso, 2001, p. 76-77). Visto pelo lado do aluno, esse modo de ensinar significa a diluição da sua individualidade na turma enquanto estrutura compósita, a sujeição das suas forças e necessidades individuais a um ritmo cadenciado pela lição do mestre e pela realização dos exercícios de consolidação das matérias ensinadas e a impossibilidade de serem os seus conhecimentos e as suas aptidões a determinarem o ritmo do processo. Visto do lado do professor, a sua atenção tem de se dirigir à classe como um todo, mais que aos indivíduos enquanto partes que constituem esse todo, e a supervisão do seu trabalho convida-os a tornarem-se simples executores de programas pré-estabelecidos e adaptadores de uma pedagogia predeterminada, independentemente de quem a usa, para quem é dirigida e em que condições é usada (Formosinho, 1999, p. 16).

A instituição do modo coletivo de ensinar como modo de organização pedagógica da escola faz da transmissão o seu modo característico de fazer pedagogia, que

> [...] se centra na lógica dos saberes, no conhecimento que quer veicular, resolve a complexidade por meio da escolha unidirecional dos saberes a serem transmitidos e da delimitação do modo e dos tempos para fazer essa transmissão, tornando neutras as dimensões que contextualizam esse ato de transmitir [...]. (Oliveira-Formosinho, 2007, p. 17).

Esse modo de fazer pedagogia é congruente com o modo organizacional baseado na burocracia: a burocracia "[...] é baseada na simplificação do juízo que fundamenta a ação, na pré-decisão no centro da ação a ser desenvolvida pela periferia [...]"; a pedagogia da transmissão "[...] representa um processo de simplificação centrado na regulação e no controle de práticas desligadas da interação com outros polos, de uma resposta à ambiguidade por meio da definição artificial de fronteiras e de respostas tipificadas [...]" (Oliveira-Formosinho, 2007, p. 17-18). São a simplicidade, a previsibilidade e a segurança da concretização da *pedagogia da transmissão* que explicam a sua persistência e resistência.

A *pedagogia da transmissão* fixa-se de forma exclusiva na importância dos conteúdos curriculares e pede a divisão de cada tópico em disciplinas, de cada disciplina em lições, de cada lição em fatos e fórmulas para a criança seguir, passo a passo, degrau a degrau, e, por meio do domínio de cada uma dessas partes, chegar ao todo. Tendo como palavra-chave a "disciplina", a pedagogia da transmissão sustenta-se na lógica dos conteúdos, na erudição do professor e no treino da criança e requer a definição de instâncias de orientação e de controle. E, nesse sentido, a disposição das carteiras por filas verticais torna-se o dispositivo adequado, visto que coloca cada aluno isolado e diretamente virado para o professor, de onde emana o saber, e para o quadro, onde este é registrado e facilita a circulação do docente para apoio e controle dos exercícios de aplicação dos conhecimentos transmitidos (Foucault, 1996).

A pedagogia da compensação

A *pedagogia da transmissão* idealiza como "bom aluno" aquele que consegue acelerar a inscrição do que está prescrito (conhecimentos, técnicas, valores e atitudes) e atribui ao professor a tarefa de compensar os déficits dos alunos que apresentam dificuldades de aprendizagem (Oliveira-Formosinho, 2007, p. 21).

Na verdade, a finalidade igualizadora da educação escolar confronta-se com o insucesso e o abandono escolares, cuja análise conduz à acumulação de evidências de que esse fenômeno incide predominantemente sobre os alunos mais desfavorecidos sob os pontos de vista econômico, social, cultural, familiar e psicológico e de que esses fatores são externos ao funcionamento da escola. Nesse sentido, o cumprimento da finalidade igualizadora da educação escolar exige que a escola compense os déficits cuja persistência acaba sistematicamente por neutralizar a eficácia da ação pedagógica, assumindo um conjunto de papéis que abarcam diferentes modalidades de política social (Saviani, 2008, p. 33).

A pedagogia da compensação materializa-se em ação social nas vertentes da alimentação, saúde, higiene e dos apoios socioeducativos e em apoio psicopedagógico com vista à compensação de carências detectadas nos alunos. Contudo, a persistência de insucedidos reforça a ligação entre privilégio social e insucesso escolar e põe em causa a relação entre culturas escolares e outras culturas sociais,

> entre culturas escolares fortemente vinculadas aos padrões de classes médias urbanas residindo nas regiões mais favorecidas e aos padrões de Estado nacional e, da outra banda, as culturas de classes populares, designadamente quando acumulam a residência em regiões deprimidas e a ligação aos setores primário e secundário, ou quando sofrem processos de hipermarginalização por razões étnicas, religiosas ou outras. (Silva, 1994, p. 1220).

A pedagogia da compensação desenvolve-se, assim, em coerência com um sistema que faz do currículo prescrito o projeto unificador das aprendizagens, sem abalar a sua rigidez programática, que, por sua vez, "[...] inviabiliza a adequação e a diferenciação curricular necessárias para que todos tenham *acesso ao mesmo* a que têm direito, através dos caminhos diversos que lhes permitam chegar lá [...]" (Roldão, 1999, p. 41).

Inadequação da pedagogia uniforme

Os princípios da igualdade, da impessoalidade e da formalidade contribuíram para a emancipação do indivíduo, conferindo-lhe liberdade formal. Contudo, a sua energia emancipadora não impede que os indivíduos experienciem os princípios como abstração e limitação da expressão das particularidades que compõem a diversidade. Na verdade, enquanto ser social, o ser humano é reduzido a ser genérico, igual a cada um dos outros homens por isolamento na coletividade coativamente dirigida. A esse propósito, escreve Rousseau (1990, p. 18-19), em *Emílio*:

> O homem natural é tudo, para si mesmo; é a unidade numérica, o total absoluto que só tem deveres para consigo próprio ou para o seu semelhante. O homem civil é apenas uma unidade fracionária que depende do denominador e cujo valor está na sua relação com o número inteiro, que é o corpo social. As boas instituições sociais são as que mais bem sabem

deteriorar o homem, retirar-lhe a sua existência absoluta para lhe dar uma relativa, e transportar o *eu* para a unidade comum; de modo que cada particular deixe de se crer um indivíduo, mas sim como uma parte da unidade e só seja sensível no todo.

Essa afirmação da totalidade de cada ser humano que não se deixa apreender pela universalidade do conceito leva à contestação da impessoalidade, da uniformidade, da formalidade, da rigidez que caracterizam a pedagogia burocrática:

> Sendo a relação pedagógica uma relação pessoal, ela não pode ser sujeita a sistemas que se baseiam na *impessoalidade*. Sendo a relação pedagógica uma relação de pessoas concretas, dificilmente se sujeita a esquemas que se baseiam na *abstração*. Sendo a relação pedagógica uma relação que se destina a transmitir conhecimentos, valores, normas e atitudes a crianças e adolescentes que diferem grandemente entre si por diferenças de temperamento, de origem social, meio ambiente, aptidões, interesses, necessidades e motivações, transmissão feita por pessoas também diferentes, ela dificilmente aceita soluções pedagógicas baseadas na uniformidade. Devendo a relação pedagógica ser uma relação pessoal próxima, ela não se compadece com sistemas que se baseiam na *distância* e afastamento entre quem decide e as pessoas interessadas na decisão. Podendo a relação pedagógica ocorrer entre pessoas muito diferentes em contextos muito diferentes, não é facilmente enquadrável no princípio da *pedagogia ótima*, para a qual não há, aliás, base científica; pelo contrário, se há algum consenso entre as várias teorias pedagógicas, é acerca da necessidade de qualquer relação pedagógica, para ser bem-sucedida, ter em conta as especificidades dos intervenientes e do contexto. (Formosinho, 1999, p. 18).

INDIVIDUALIDADE E DIVERSIDADE

Afirmação da individualidade de cada um

Os movimentos de renovação pedagógica sublinham a ideia de que cada criança é diferente de todas as outras:

> Diferente, não somente na preparação com que inicia o estudo dos diferentes ramos de conhecimentos, no interesse que esse estudo lhe merece, na constância da sua atenção, poder de retenção da memória, acuidade ou segurança da inteligência, rapidez ou lentidão com que estuda ou progride, mas também no caráter, no humor triste ou alegre, na energia, no domínio de si mesma. (Ferrière, 1934, p. 5-6).

Foi esse princípio da individualidade que, no início do século XX, conduziu a uma proliferação de métodos no seio da Escola Activa (Cousinet, 1978, p. 97), centrados ora na criança, ora no grupo. Os movimentos de renovação pedagógica acentuam "[...] aquele apetite de saber e de agir, natural [mas muito variável] nas crianças [...]", fazem da diversidade de aptidões de crianças e professores o seu ponto de partida, ao mesmo tempo em que têm como alvo a "centração" de cada um para dar o seu *optimum*. Esse alvo "jamais atingido" exige a aceitação da criança com a sua forma própria de ver, de pensar e de sentir (Ferrière, 1934, p. 49).

Assim, os novos métodos procuram obter a colaboração da criança na ação educadora do professor, adaptando judiciosamente essa ação e moldando-se às tendências, necessidades, desejos e possibilidades das próprias crianças e ao meio físico, familiar, social em que a criança e a escola se inserem. Acima dos métodos, estão, pois, as pessoas do educando e do educador, cada ser humano como indivíduo com uma forma particular de inteligência, de sensibilidade e de vontade.

A procura de pedagogias alternativas

É a consideração do professor e do aluno como "totalidades" vivas que leva à contestação da imposição na escola pública de sistemas rígidos, programas nitidamente delimitados, horários *nevarietur* e exames sem opções e à defesa de um "sistema dos programas múltiplos" em alternativa à lição coletiva e de transformações no domínio da avaliação, dos programas, dos horários e dos métodos. Na verdade, os programas, métodos, horários e diversos processos prescritos nos regulamentos não passam de meios a subordinar ao fim constante de conservar e aumentar a potência espiritual da criança. Assim, procuram-se novos processos que permitam a avaliação das aptidões escolares e a intensificação do esforço criador, do espírito de iniciativa, da atividade individual da criança; reforça-se uma perspectiva globalizante do processo de aprendizagem que compatibilize a necessidade de um tronco comum e um programa mínimo para todos, com uma grande variedade de percursos individuais e matérias a desenvolver; proporciona-se a existência de períodos de tempo mais ou menos longos, segundo o interesse e a fadiga dos alunos, sem impor limites arbitrários ao trabalho e permitindo que este crie a si próprio o quadro que lhe convém; faz-se do trabalho individual e em grupo e da pedagogia da descoberta a alternativa à lição do professor, que expõe os assuntos e interroga os alunos, e ao estudo por apontamentos ou pelo manual e à memorização da matéria para posterior recitação na lição seguinte ou no exame; enfim, incentiva-se o desenvolvimento do saber-aptidão em alternativa ao saber-erudição.

Da valorização das diferenças à pedagogia intercultural

Ao afirmar a individualidade de cada ser humano, a pedagogia traz para o seu centro a questão das diferenças e das desigualdades. E, se se responde à desigualdade com medidas de discriminação positiva que promovam a justiça e a equidade, às diferenças se responde com a sua valorização como parte integrante da afirmação da individualidade que não deve ser negada no processo de integração social. Contudo, a reivindicação do direito à diferença não se restringe, na sociedade pós-moderna, às diferenças individuais de personalidade reconhecidas pela psicologia, às diferenças biológicas (étnicas ou sexuais) anteriormente desvalorizadas, mas alarga-se às diferenças regionais e culturais legitimadas pelos saberes antropológico e sociológico, às diferenças religiosas legitimadas pelas novas abordagens teológicas e pastorais, às diferenças de língua e de dialeto legitimadas pelos novos saberes da linguística, às diferenças de gênero e de orientação sexual. Todas essas diferenças são parte integrante da identidade de cada ser humano, e a sua valorização contribui para a coesão das sociedades desenvolvidas, que hoje são, cada vez mais, multiculturais.

A reivindicação do direito à diferença e a consequente valorização das diferenças na sociedade pós-moderna requer a integração das diferenças no currículo escolar e a sua consideração como elemento enriquecedor do processo de construção do conhecimento de si, do outro e do mundo. Banks (1993) distingue quatro níveis na abordagem curricular da multiculturalidade:

1. A inclusão no currículo de alguns conteúdos (datas e festas), de modo episódico, quase sempre superficial e restrito a aspectos “folclóricos”.
2. A adição de novos conteúdos, de modo cumulativo, sem questionamento da perspectiva histórica dominante.

3. A inclusão de perspectivas de vencedores e vencidos dos acontecimentos históricos estudados (colono, índio) dominante e o favorecimento da construção pessoal do conhecimento.

Esta abordagem transformativa requer uma pedagogia transformativa, a que Banks e Banks (1995) chamam de "pedagogia da equidade", que envolve os estudantes no processo de construção e produção de conhecimentos e transforma não apenas as relações do estudante com o conhecimento, mas também as relações entre estudante e professor.

Neste sentido, a "pedagogia da equidade" promove também a interação entre as culturas como condição de crescimento de todos os sujeitos e dos grupos sociais a que pertencem e, ao mesmo tempo, contribui para a diminuição do preconceito social, étnico, nacional, regional ou de gênero.

Concepções da criança

Os movimentos de renovação pedagógica distanciam-se da concepção de educando e educador que caracteriza a "escola tradicional" que dá corpo à pedagogia burocrática (Formosinho; Machado, 2007, p. 310-316). Com efeito, a pedagogia burocrática concebe o educando como um ser passivo, cera a fundir, barro a modelar, folha branca para escrever e pintar, copo a encher, e faz da educação um ato de depositar, de transferir, de transmitir valores e conhecimentos para essa "caixa" que seria o educando. Nessa concepção *bancária* da educação, o educador é quem educa, sabe, pensa, diz a palavra, disciplina, opta e prescreve a sua opção, atua, escolhe o conteúdo programático, identifica a autoridade do saber com a sua autoridade funcional e é o sujeito do processo. Por sua vez, o educando é o que é educado, quem não sabe, quem é pensado, segue a prescrição, tem a ilusão de que atua na atuação do educador, acomoda-se à sua escolha do conteúdo programático, adapta-se às suas determinações, recebe os depósitos, arquiva-os, memoriza-os para depois os repetir; enfim, é mero objeto do processo (Freire, 1974; 1975). Na concepção *bancária*, a educação orienta-se, pois, mais para a obediência que para a liberdade, mais para a submissão que para a participação (Fernández Enguita, 1992, p. 79-80), mais para a "passividade" (Formosinho, 1987) e "domesticação" que para a "libertação" do homem. Por sua vez, a concepção *humanista* de educação promove o encontro das pessoas do educando-educador e do educador-educando, na convicção de que "os homens se educam entre si mediatizados pelo mundo" e de que o que importa é desafiar os educandos por meio de situações existenciais concretas.

Na verdade, é o processo psicossocial interativo no grupo-turma que pode promover ou não uma atitude intercultural, e esse processo está intimamente ligado à pedagogia usada na sala de aula. Com efeito, os métodos pedagógicos usados tanto podem propiciar o trabalho de grupo ou a aprendizagem cooperativa, fomentar a participação dos estudantes e facilitar a interação multicultural, como podem fomentar uma atitude passiva, em que cada estudante está quieto no seu lugar sem interagir com os colegas. É, pois, da dinâmica criada no grupo-turma que depende, em última instância, a concretização da convivência multicultural e a capacitação de cada estudante para *viver com* o outro, para a comunicação aberta e a compreensão do ponto de vista do outro, para a leitura do mundo (Paulo Freire) e para a sua transformação, para a cooperação entre os pares e para a relação intercultural.

PEDAGOGIA-EM-PARTICIPAÇÃO COMO PEDAGOGIA INTERCULTURAL

Portugal multicultural e implicações educativas do pluralismo cultural

Sendo reino independente desde o século XII, com as fronteiras praticamente estáveis desde finais do século XIII, onde o português é a língua oficial, Portugal tem sido considerado um dos países monoculturais e monolíngues da Europa. Contudo, hoje se reconhece, cada vez mais, a diversidade cultural nele estabelecida, seja pela presença já secular das comunidades cigana e judaica, seja pelo fluxo migratório proveniente das ex-colônias (Angola, Moçambique, Guiné-Bissau, Cabo Verde, São Tomé e Príncipe e Timor), seja ainda pela imigração que resulta da eliminação das fronteiras no espaço da União Europeia e da livre circulação de pessoas, associada aos grandes movimentos migratórios da Europa central e de leste após o desmoronamento do "bloco socialista".

A diversidade étnica, linguística, religiosa e cultural cresce em Portugal, concentrando-se, sobretudo, na periferia das zonas urbanas mais populosas, exigindo do sistema educativo respostas adequadas com incidência na alteração dos conteúdos, nas metodologias e nos materiais de ensino, mas também das práticas pedagógicas e na gestão cotidiana das escolas (Souta, 1997).

A educação multicultural em Portugal é tardia (finais dos anos de 1980) e tem origem sobretudo no próprio aparelho de Estado e nas instituições de ensino superior. Entre as instituições da sociedade civil, destacamos a ação da Associação Criança – Criar uma Infância Autônoma numa Comunidade Aberta, cuja missão é promover programas de intervenção para a melhoria da educação das crianças pequenas nos seus contextos organizacionais e comunitários. Essa "associação privada de profissionais de desenvolvimento humano" promove o desenvolvimento e a aprendizagem das crianças e suas famílias, por meio do apoio sustentado dos profissionais da educação de infância e dos contextos em que atuam. A sua ação alicerça-se em uma concepção de criança como "[...] um ser ativo, competente, construtor do conhecimento e participante no seu próprio desenvolvimento, por meio da interação com os seus contextos de vida [...]" (Formosinho; Oliveira-Formosinho, 2001, p. 27-28). A Associação Criança não é, pois, uma escola, mas antes uma entidade de promoção do desenvolvimento sustentado dos profissionais e dos contextos, por meio de processos colaborativos.

Diálogo intercultural e inclusão social da população imigrante

A Associação Criança aborda o fenômeno da multiculturalidade no jardim de infância, distanciando-se da perspectiva "daltônica", segundo a qual a criança não se dá conta das diferenças étnicas, sociais e culturais, e afirma a necessidade de criar, nas salas de jardim de infância, ambientes que promovam a educação para a diferença, experimentando oportunidades educativas positivas e desenvolvendo atitudes, percepções e comportamentos transculturais positivos (Oliveira-Formosinho, 2001).

Essa abordagem visa promover o diálogo intercultural e facilitar a inclusão social dos pais imigrantes e dos seus filhos na corrente da vida portuguesa. A inclusão educacional dos filhos de imigrantes[1] na educação de infância é um avanço para a integração na educação primária, na educação secundária e na vida social, dado que a exclusão educacional, sejam quais forem os seus mecanismos, leva, na maioria das vezes, à exclusão social. O objetivo principal da inclusão educacional é a integração social na vida portuguesa e deve ser desenvolvida em todos os níveis da atividade dos Jardins – pedagogia de sala de aula, formação de professores, envolvimento dos pais, integração de serviços, treino de liderança, investigação, disseminação.

Se tivermos em conta as posições teóricas e históricas em relação à diversidade cultural, podemos considerar quatro principais perspectivas teóricas sobre o diálogo intercultural: o segregacionismo, o pluralismo, o integracionismo e o assimilacionismo (ver Quadro 6.1).

Quadro 6.1 Diálogo intercultural – Perspectivas teóricas

Perspectiva	*Descrição*	*Exemplos históricos*
Segregacionismo	Vidas sociais separadas para cada grupo étnico ou religioso. Implica a existência de escolas separadas ou até de sistemas escolares separados.	• *Apartheid* sul-africano • Atitudes nos Estados Unidos face aos negros até a década de 1960 • Posição face à comunidade cigana em muitos países
Pluralismo	Manutenção das características de cada grupo minoritário no contexto da sociedade abrangente. Pode levar a escolas separadas.	• Situação de muitas comunidades chinesas no mundo ocidental • Política do Reino Unido relativa a diferentes grupos religiosos
Integracionismo	Manutenção de muitas das características dos grupos maioritários e minoritários sobre um quadro legal e social comum a toda a sociedade. Promoção de um diálogo intercultural forte. Favorece as escolas inclusivas com programas interculturais.	• Política cultural relativa aos "hispânicos" nos Estados Unidos • Política cultural contemporânea relativa aos negros nos Estados Unidos
Assimilacionismo	A cultura das minorias étnicas não é conhecida nem valorizada, uma vez que não se adéqua ao padrão maioritário. Progresso social que leva à adoção, pelas minorias, de todas as atitudes e valores culturais, comportamentos e hábitos da maioria (no que diz respeito a vida familiar, alimentação, etc.).	• Caldo de culturas americano com a população caucasiana • Caldo de culturas brasileiro

Fonte: Formosinho e Oliveira-Formosinho (2008).

A abordagem da Associação Criança assume a perspectiva do integracionismo, ou seja, admite igualdade relativamente aos direitos, admite a diversidade em relação às identidades cultural e social e enfatiza igualdade quando as diferenças podem ser consideradas discriminação negativa e quando a uniformidade pode ser considerada um constrangimento para a identidade cultural.

Pedagogia para o reconhecimento da diversidade e a promoção do diálogo intercultural

Na abordagem pedagógica da Associação Criança, a diversidade cultural é vista como uma riqueza a explorar, e não como um problema a superar. A promoção do diálogo intercultural vem de uma pedagogia que admite todos os tipos de diferenças – *diferenças individuais* (personalidade, inteligência, gênero, idade, necessidades especiais); *diferenças socioeconômicas* (origem rural, urbana ou suburbana, estatuto socioeconômico, estatuto profissional, classe social); *diferenças culturais* (cor da pele, afiliação étnica, língua, religião).

Mas as diferenças culturais têm um lugar importante na pedagogia da Associação Criança, uma vez que levam à pedagogia intercultural. Essa pedagogia para a diversidade é operada na organização do ambiente educacional em áreas temáticas, nos materiais, na rotina da sala de aula, nas atividades e projetos, na documentação.

A *organização do ambiente educacional* em áreas temáticas pode facilitar o diálogo intercultural – áreas como o canto do faz de conta ("área da casa") ou a *mediateca* favorecem as trocas interculturais. Os *materiais* podem admitir também a diversidade – bonecas de todos os meios étnicos maioritários e diferentes cores de pele, livros sobre questões interculturais sob o mote da Organização das Nações Unidas para a Educação, a Ciência e a Cultura (UNESCO): "todos iguais, todos diferentes".

As *atividades* podem incluir regularmente esse elemento da diversidade, tal como o contar histórias – a abordagem da Associação Criança encoraja o uso semanal de histórias baseadas em algumas questões diversificadas (tanto histórias tradicionais quanto recentes).

O *trabalho de projeto* tem um impacto poderoso na aprendizagem das crianças, tal como é uma das mais importantes ferramentas para a promoção do diálogo intercultural, uma vez que pode incluir o envolvimento dos pais imigrantes no seu desenvolvimento. O processo de *do-*

cumentação é essencial para desenvolver a pedagogia para a diversidade, uma vez que permite uma comunicação mais fácil com os pais e permite que as crianças reflitam sobre os seus próprios produtos e consolidem os seus ganhos sobre diversidade.

Inclusão por meio do envolvimento dos pais

O envolvimento dos pais é uma ferramenta muito importante para a inclusão das crianças e famílias imigrantes. Como dissemos acima, o envolvimento pedagógico dos pais nas atividades e projetos é um bom veículo para o diálogo intercultural. A participação organizacional é, obviamente, outra ferramenta importante para a participação das famílias imigrantes, devendo o jardim consultar os pais e encorajar a sua participação em iniciativas e tomadas de decisão. Festas e outras celebrações no jardim são também uma boa ocasião para celebrar a diversidade por meio da exibição de danças tradicionais, de músicas étnicas ou da gastronomia étnica.

No que diz respeito à participação comunitária dos pais, é também importante educar os pais imigrantes para a participação na sociedade, uma vez que esta será uma vantagem clara para o seu sucesso na vida. Na verdade, o recurso de pais de minorias étnicas como voluntários em tempo parcial ou em tempo integral tem-se revelado, na Inglaterra, um meio muito eficiente de integração dos imigrantes.

Formação dos professores e liderança para a inclusão

Educar para o diálogo intercultural deve ser uma característica distintiva do jardim. Para tal, a liderança deste deve supervisionar todos os aspectos da vida nele que podem ter impacto na integração das crianças e famílias imigrantes – pedagogia de sala de aula, envolvimento dos pais e integração de serviços.

Também na formação de professores e na educação da liderança, a inclusão e o diálogo intercultural devem fazer parte da formação.

O valor acrescido da abordagem da Associação Criança é construir e disseminar conhecimento sobre uma abordagem na educação da primeira infância que, por meio do reconhecimento de diversos patrimônios culturais, promove um início precoce para a educação intercultural e a coesão social.

NOTA

1 A definição de filhos de imigrantes deve ser uma definição cultural, em vez de uma definição legal – ela inclui os filhos e filhas da primeira, segunda e terceira gerações de imigrantes, sem atender ao estatuto legal dos seus pais ou à sua nacionalidade. Muitos desses descendentes de pais imigrantes têm nacionalidade portuguesa.

REFERÊNCIAS

BANKS, J. A. Multicultural education for young children: racial and ethnic attitudes and their modification. In: SPODEK, B. (Ed.). *Handbook of research on the education of young children*. New York: MacMillan, 1993. p. 236-250.

BANKS, J. A.; BANKS, C. M. (Ed.). *Handbook of research on multicultural education*. New York: MacMillan, 1995.

BARROS, J. A. Igualdade, desigualdade e diferença: em torno de três noções. *Análise Social*, v. 40, n. 175, p. 345-366, 2005.

BARROSO, J. O século da escola: do mito da reforma à reforma de um mito. In: AMBRÓSIO, T. et al. *O século da escola*: entre a utopia e a burocracia. Porto: ASA, 2001. p. 63-94.

COUSINET, R. *A Educação nova*. 4. ed. Lisboa: Moraes, 1978

FERNÁNDEZ ENGUITA, M. *Poder y participación en el sistema educativo*: sobre las contradicciones del sistema escolar en un contexto democrático. Barcelona: Paidos, 1992.

FERRIÈRE, A. *A escola por medida, pelo molde do professor*. Porto: Educação Nacional, 1934.

FORMOSINHO, J. A escola das pessoas para as pessoas: para um manifesto antiburocrático. In: FORMOSINHO, J.; FERREIRA, F. I.; MACHADO, J. *Políticas educativas e autonomia das escolas*. Porto: ASA, 2000. p. 147-159.

FORMOSINHO, J. A renovação pedagógica numa administração burocrática centralizada. In: FORMOSINHO, J. et al. *Comunidades educativas*: novos desafios à educação básica. Braga: Livraria Minho, 1999. p. 11-23.

FORMOSINHO, J. De serviço do estado a comunidade educativa: uma nova concepção para a escola portuguesa. *Revista Portuguesa de Educação*, v. 2, n. 1, p. 53-86, 1989.

FORMOSINHO, J. *Educating for passivity*: a study of portuguese education: (1926-1968). London: University of London; Institute of Education, 1987.

FORMOSINHO, J.; MACHADO, J. Anônimo do século XX: A construção da pedagogia burocrática. In: OLIVEIRA-FORMOSINHO, J.; KISHIMOTO, T. M.; PINAZZA, M. A. (Org.). *Pedagogia(s) da infância*: dialogando com o passado, construindo o futuro. Porto Alegre: Artmed, 2007. p. 293-328.

FORMOSINHO, J.; OLIVEIRA-FORMOSINHO, J. Associação Criança: uma comunidade de apoio ao desenvolvimento sustentado na educação de infância. In J. OLIVEIRA-FORMOSINHO, J.; FORMOSINHO, J. (Org.). *Associação Criança*: um contexto de formação em contexto. Braga: Livraria Minho, 2001. p. 27-61.

FORMOSINHO, J.; FORMOSINHO, J. (Org.). *Childhood association pedagogical perspective for early childhood education*. Lisbon: Aga Khan Foundation, 2008.

FOUCAULT, M. *Vigiar e punir*: nascimento da prisão. 13. ed. Petrópolis: Vozes, 1996.

FREIRE, P. *Pedagogia do oprimido*. 2. ed. Porto: Afrontamento, 1975.

FREIRE, P. *Uma educação para a liberdade*. 3. ed. Porto: Textos Marginais, 1974.

OLIVEIRA-FORMOSINHO, J. A educação multicultural da criança pequena - um contributo para a construção da qualidade na educação de infância. In: OLIVEIRA-FORMOSINHO, J.; FORMOSINHO, J. (Org.). *Associação Criança*: um contexto de formação em contexto. Braga: Livraria Minho, 2001. p. 125-147.

OLIVEIRA-FORMOSINHO, J. Pedagogia(s) da infância: reconstruindo uma praxis de participação. In: OLIVEIRA-FORMOSINHO, J.; KISHIMOTO, T. M.; PINAZZA, M. A. (Org.). *Pedagogia(s) da infância*: dialogando com o passado, construindo o futuro. Porto Alegre: Artmed, 2007. p. 13-36.

PACHECO, J. A. *Currículo*: teoria e práxis. Porto: Porto, 1996.

PLANCHARD, E. *Introdução à pedagogia*. 3. ed. Coimbra: Coimbra, 1979.

RICO VERCHER, M. Temporalización del trabajo escolar. In: SÁENZ, O. (Dir.), *Organización escolar*. Madrid: Anaya, 1989. p. 465-496.

ROLDÃO, M. C. *Os professores e a gestão do currículo*: perspectivas e práticas em análise. Porto: Porto, 1999.

ROUSSEAU, J. J. *Emílio*. Lisboa: Europa-América, 1990. 2 v.

SAVIANI, D. *Escola e democracia*: teorias da educação, curvatura da vara, onze teses sobre a educação política. Campinas: Autores Associados, 2008.

SILVA, A. S. Análise sociológica e reflexão democrática sobre a educação: um diálogo com vantagens recíprocas. *Análise Social*, v. 29, n. 129, p. 1211-1227, 1994.

SOUTA, L. *Multiculturalidade e educação*. Porto: Profedições, 1997.

7

Perspectiva pedagógica da Associação Criança: Pedagogia-em-Participação

Júlia Oliveira-Formosinho
João Formosinho

Este capítulo apresenta a Pedagogia-em-Participação como a perspectiva pedagógica da Associação Criança. A Associação Criança é apoiada pela Fundação Aga Khan de Portugal desde a sua formação. Essa perspectiva foi sendo desenvolvida desde 1996, a partir da teorização da ação pedagógica e organizacional em contextos de educação de infância em várias localidades do país.

Neste momento, a Pedagogia-em-Participação é utilizada em uma parceria com a Fundação Aga Khan de Portugal em diversos contextos da Grande Lisboa.

PRÁXIS COMO LÓCUS DA PEDAGOGIA

A pedagogia organiza-se em torno dos saberes que se constroem na ação situada, em articulação com as concepções teóricas (teorias e saberes) e com as crenças (crenças, valores e princípios). A pedagogia é um espaço "ambíguo", não de um-entredois – a teoria e a prática – como alguns disseram, mas de um-entretrês – as ações, as teorias e as crenças –, em uma triangulação interativa e constantemente renovada. Convocar crenças, valores e princípios, analisar práticas e usar saberes e teorias constitui o movimento triangular de criação da pedagogia. A pedagogia sustenta-se, assim, em uma *práxis*, isto é, *em uma ação fecundada na teoria e sustentada em um sistema de crenças*.

A pedagogia como *construção de saberes praxiológicos na ação situada* recusa o academismo redutor em que a lógica dos saberes se constitui em critério único, tal como recusa o empirismo em que a experiência primária do cotidiano, não ampliada nem refletida, traduz-se em referência central (FORMOSINHO, 2002).

Diferentemente de outros saberes que se identificam pela definição de domínios com fronteiras bem definidas, os saberes pedagógicos criam-se na ambiguidade de um espaço que conhece as fronteiras, mas não as delimita, porque a sua essência está na integração.

Mas há dois modos essenciais de fazer pedagogia – o modo da transmissão e o modo da participação (OLIVEIRA-FORMOSINHO, 1998, 2004, 2007a, 2007b; ver também Capítulo 5). A pedagogia da transmissão centra-se no conhecimento que quer veicular, a pedagogia da participação centra-se quer nos atores que coconstroem o conhecimento participando nos processos de aprendizagem, quer nos documentos.

O contraste entre esses dois modos principais de fazer pedagogia faz-se analisando: os *objetivos* que cada um se propõe; a *imagem de criança* que pressupõe; a *imagem de professor* que propõe; o *processo de ensino-aprendizagem* adotado; o *espaço de aprendizagem* criado; o *tempo de aprendizagem* vivido; as *atividades e projetos* desenvolvidos; as *aprendizagens* realizadas e documentadas.

Pedagogias transmissivas

A pedagogia transmissiva para a educação de infância define um conjunto mínimo de informações essenciais e perenes de cuja transmissão faz depender a sobrevivência de uma cultura e de cada indivíduo nessa cultura. A essência do modo de transmissão é a passagem desse patrimônio cultural ao nível de cada geração e de cada indivíduo.

No centro da educação tradicional transmissiva, estão os saberes considerados essenciais e imutáveis, logo indispensáveis para que alguém seja educado e culto. O professor é visto como o mero transmissor daquilo que ontem lhe foi transmitido, o elo entre esse patrimônio perene e a criança.

Os objetivos da educação são baseados na transmissão desse patrimônio perene e na sua tradução em aquisição de capacidades (pré)acadêmicas, na aceleração das aprendizagens, na compensação dos déficits que obstaculizam a escolarização. Os objetivos cifram-se, assim, em escolarizar, compensar, acelerar. A imagem da criança que aqui está presente é a da tábua rasa, a da folha em branco, sendo a sua atividade a de memorizar os conteúdos e reproduzi-los com fidelidade, discriminar estímulos exteriores, evitar os erros e corrigir os que não puder evitar. A imagem do professor é a de um transmissor que utiliza geralmente materiais estruturados para essa transmissão – manuais, fichas, cadernos de exercícios. A motivação da criança é baseada em reforços seletivos extrínsecos, vindos geralmente do professor.

O processo de ensino/aprendizagem que utiliza predominantemente o modo de transmissão define a memorização dos conteúdos e a sua reprodução fiel como o cerne da atividade educativa. Assim, esse processo vive de uma iniciativa exterior à sala, à escola, aos professores e às crianças, acentuando a função respondente da criança e optando por propostas padronizadas para a sala de aprendizagem.

A pobreza dessa proposta para as crianças é isomórfica com a pobreza das propostas do adulto e para o adulto. Este centra em si a iniciativa, prescrevendo objetivos e tarefas (por meio de materiais que não são da sua autoria), devendo, seguidamente, verificar, corrigir, reforçar, avaliar. Esse contexto reduz a riqueza das interações e relações adulto-criança e propicia a seleção precoce das crianças cuja função respondente é apreciada, sobretudo, quando executam com prontidão e exatidão as tarefas reprodutivas que lhes são atribuídas e que cumprem a realização individual de normas referidas à idade. Em algumas variantes extremas da pedagogia transmissiva, o centro deixa de ser a criança, e mesmo o professor, para serem os materiais estruturados para essa transmissão que se encontram disponíveis no mercado.

Pedagogias participativas

As pedagogias participativas produzem a ruptura com uma pedagogia tradicional transmissiva para promover outra visão de processo de ensino-aprendizagem e do(s) ofício(s) de aluno e professor.

Os objetivos das pedagogias participativas são os do envolvimento na experiência e a construção da aprendizagem na experiência contínua e interativa. A imagem da criança é a de um ser com competência e atividade. A motivação para a aprendizagem sustenta-se no interesse intrínseco da tarefa e nas motivações intrínsecas das crianças.

A atividade da criança é entendida como colaboração no âmbito do cotidiano educativo. O papel do professor é o de organizar o ambiente e observar a criança para entendê-la e responder a ela. O processo de aprendizagem é concebido em desenvolvimento interativo entre a criança e o adulto. Os espaços e os tempos educativos são pensados para permitir a interatividade educativa. As atividades são concebidas como ocasião das crianças fazerem aprendizagens significativas.

PEDAGOGIA-EM-PARTICIPAÇÃO

Passa-se a apresentar a Pedagogia-em-Participação, a perspectiva pedagógica da Associação Criança, que se situa na família das pedagogias participativas e que vem sendo construída e desenvolvida nas duas últimas décadas.[1] Seguiremos o roteiro a seguir:

- sustentação teórica: crenças, valores e saberes;
- eixos pedagógicos;
- áreas de aprendizagem;
- organização das dimensões da pedagogia (ambiente educativo):
  - organização do espaço pedagógico;
  - organização dos materiais pedagógicos;
  - organização do tempo pedagógico;
  - organização dos grupos;
  - interações adulto-criança(s);
  - planificação com a criança;
  - atividades e projetos;
  - documentação pedagógica.

Sustentação teórica: crenças, valores e saberes da Pedagogia-em-Participação

A democracia está no coração das crenças, valores e princípios da Pedagogia-em-Participação. Assim, os centros de educação de infância deverão ser organizados para que a democracia seja, simultaneamente, um fim e um meio, isto é, esteja presente tanto no âmbito das grandes finalidades educativas como no âmbito de um cotidiano participativo vivido por todos os atores.

A democracia está no coração das crenças da Pedagogia-em-Participação porque esta incorpora na sua missão a promoção da igualdade para todos e a inclusão de todas as diversidades. Isso implica assumir responsabilidade social pelas crianças e famílias e promover sucesso educativo como instância de educação para a diversidade.

Aspira-se a que esses princípios estejam presentes e vivifiquem todos os níveis da intervenção educativa: a definição das grandes finalidades e dos objetivos educacionais, a escolha dos meios e técnicas para o desenvolvimento do cotidiano pedagógico, a organização das instituições educativas, a organização da formação, o desenvolvimento da investigação.

O paralelismo de valores, crenças e princípios para todos esses níveis representa a exigência de um dinamismo isomórfico como proposta ética. Isso implica a exigência de um cotidiano coerente que analise a práxis à luz dos princípios que a devem sustentar, tanto no que se refere à aprendizagem das crianças quanto dos adultos, tanto no nível organizacional quanto no nível investigativo.

Partir da democracia como crença e valor fundador deste conjunto de princípios é partir de uma certa visão do mundo. Não se trata de um otimismo ingênuo, mas antes de um desafio árduo para criar condições para que os seres humanos, tanto crianças como adultos, possam exercer a capacidade de que dispõem – a agência que os afirma como seres livres e colaborativos e com capacidade para pensamento e ação reflexiva e inteligente.[2]

Esse conjunto de pontos de partida leva à afirmação do respeito por todos os indivíduos e grupos envolvidos nos processos educativos, ao diálogo intercultural entre grupos e indivíduos envolvidos nos processos pedagógicos, à promoção de colaboração na aprendizagem, à procura de sucesso educativo para todos, em um contexto de respeito pelos direitos humanos, incluindo o respeito pelos direitos da criança, entre os quais está o direito a aprender.

A Pedagogia-em-Participação sente como necessário e indispensável o exercício de conscientização (Freire, 1975) do que é uma pedagogia tradicional, desconstruindo-a nas suas características essenciais (Formosinho; Machado, 2007; Formosinho, 2007a, 2007b), para enfrentar o desafio de construção permanente exigido pelas pedagogias participativas.

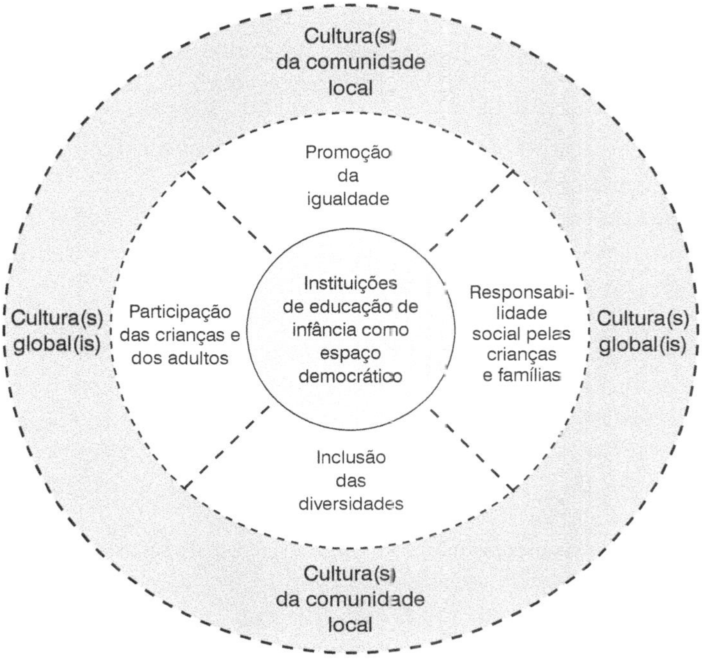

Figura 7.1 Os centros de educação de infância como espaços democráticos.
Fonte: Os autores.

Na Pedagogia-em-Participação, os ofícios de aluno e de professor são reconstruídos com base na reconceitualização da pessoa (a pessoa do aluno e a pessoa do professor) como detentora de competência e agência, de capacidade e gosto pela colaboração, portadora de um direito à participação.

Os objetivos da educação na Pedagogia-em-Participação são os de apoiar o envolvimento da criança no *continuum experiencial* e a construção da aprendizagem por meio da experiência interativa e contínua, dispondo a criança tanto do direito à participação como do direito ao apoio sensível, autonomizante e estimulante por parte da educadora.

A atividade da criança é exercida em colaboração com os pares e com o(a) educador(a) em todas as dimensões da pedagogia e muito especificamente no âmbito do planejamento, da execução, da reflexão das atividades e projetos, aprendendo em companhia (Oliveira-Formosinho, 2009a, 2009b, 2009c). A motivação da criança para a aprendizagem experiencial desenvolve-se na identificação dos seus interesses, criando intencionalidade e propósito e dialogando com as motivações profissionais do(a) educador(a) enquanto detentora de profissionalidade e identidade que projeta no encontro com a criança. O papel do(a) educador(a) é o de organizar o ambiente e o de escutar, observar e documentar para compreender e responder, estendendo os interesses e conhecimentos da criança e do grupo em direção à cultura.

O método de ensino que se centra no aprender dá um papel de relevo à criança, à colaboração entre pares e à colaboração do(a) educador(a). Desenvolve uma epistemologia de natureza construtivista, interativa, colaborativa.

Nesse contexto, torna-se indispensável a autovigilância profissional sobre as interações adulto-criança, perguntando reflexivamente: será que elas desenvolvem empatia com a criança e favorecem a autonomia e, simultaneamente, criam questões e desafios? Será que permitem observações, suportam decisões, organizam processos, providenciam informação? Será que criam bem-estar e envolvimento?

Uma pedagogia da infância participativa é, na essência, *a criação de espaços-tempos pedagógicos onde as interações e relações sustentam atividades e projetos* que permitem às crianças coconstruir a sua própria aprendizagem e celebrar as suas realizações (FORMOSINHO; OLIVEIRA-FORMOSINHO, 2008a, 2008b; OLIVEIRA-FORMOSINHO, 2008a, 2008b).

Entendemos a Pedagogia-em-Participação como a criação de espaços e tempos pedagógicos onde a ética das relações e interações permite desenvolver atividades e projetos que, porque valorizam a experiência, os saberes e as culturas das crianças em diálogo com os saberes e as culturas dos adultos, permitem às crianças viver, conhecer, significar, criar.

EIXOS PEDAGÓGICOS DA PEDAGOGIA-EM-PARTICIPAÇÃO

Quais são os eixos centrais da Pedagogia-em-Participação, isto é, quais os eixos da intencionalidade para o pensar-fazer pedagogia no cotidiano (FORMOSINHO; OLIVEIRA-FORMOSINHO, 2008a, 2008b)? Esses eixos indicam campos onde se aspira a negociar e desenvolver propósitos ao nível de finalidades, objetivos, meios, processos, documentação, avaliação, investigação.

A Figura 7.2 mostra os eixos definidos ao longo de 20 anos de intervenção, formação e pesquisa que o coletivo da Associação Criança desenvolveu.

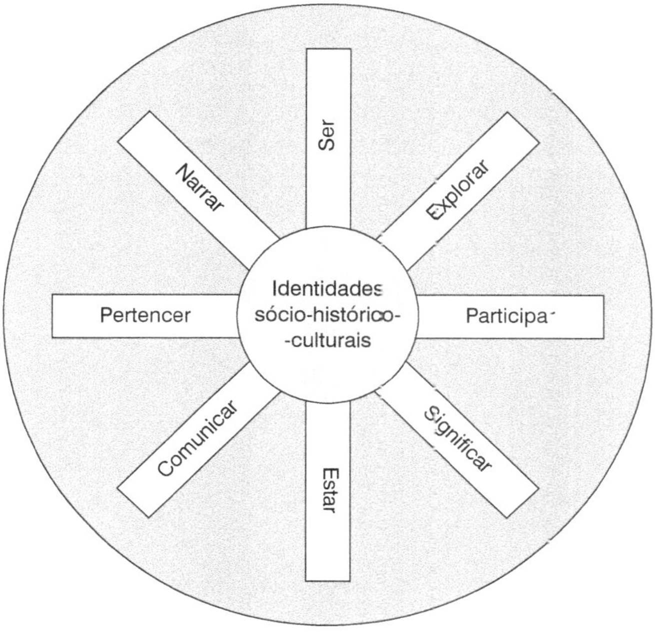

Figura 7.2 Eixos pedagógicos da Pedagogia-em-Participação.
Fonte: Os autores.

Esses eixos definidores de intencionalidade pedagógica são profundamente interdependentes e aspiram a que o processo educativo colabore na construção e desenvolvimento de identidades sócio-histórico-culturais. Um processo de aprofundamento das identidades: cultivar a humanidade por meio da educação fazendo dela um processo de cultivar o *ser*, os *laços*, a *experiência* e o *significado*.

O *primeiro eixo pedagógico* – *ser-estar* – intencionaliza-nos para uma *pedagogia do ser*, onde emergem aprendizagens, desde o nascimento, no âmbito das semelhanças e diferenças.

O *segundo eixo pedagógico* – o *eixo do pertencimento e da participação* – intencionaliza uma *pedagogia de laços*, onde o reconhecimento da pertença à família é alargado progressivamente à comunidade local e à sua cultura, ao centro de educação de infância, à natureza. Também este eixo se intencionaliza para a aprendizagem, em espiral, das diferenças e semelhanças nesse processo tão caracteristicamente humano que é o de desenvolver laços. A participação ganha significado no contexto dos laços de pertença que se honram e desenvolvem.

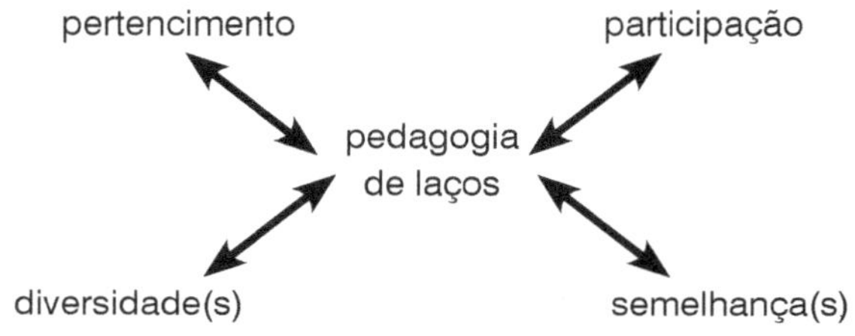

O *terceiro eixo pedagógico* – o *eixo das linguagens e da comunicação* – define uma *pedagogia de aprendizagem experiencial*, onde a intencionalidade é a do fazer – experimentar em continuidade e interação, em reflexão e em comunicação.

Experienciar, refletir, analisar, comunicar é um processo que permite extrair informação e saberes. Como em todos os outros eixos pedagógicos, releva a aprendizagem, em espiral, das semelhanças e das diferenças.

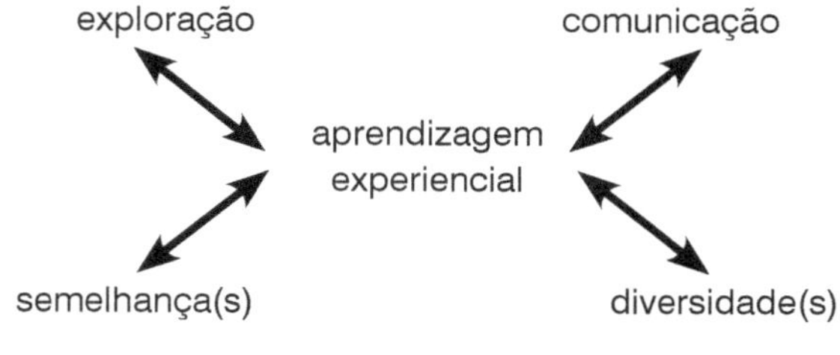

O *quarto eixo pedagógico* – o *eixo da narrativa das jornadas de aprendizagem* – permite uma outra ordem de intencionalidade e compreensão que se torna base da criação. *Compreender é inventar* – compreende-se melhor quando se vive e se narra. Nessa compreensão, torna-se, mais uma vez, visível que as identidades são feitas de semelhanças e de diversidades.

A Pedagogia-em-Participação cria intencionalidade em torno destes eixos e cultiva as identidades e as relações que sustentam o reconhecimento das similitudes e das diversidades; desenvolve aprendizagem experiencial e construção de significado por meio da utilização dos sentidos inteligentes e das inteligências sensíveis; cria conversação e significações que se expressam na riqueza das linguagens plurais.

A interconectividade e a interatividade dos eixos de intencionalidade educativa pedem que se promovam e documentem experiências de aprendizagem em cada um desses eixos e nas suas integrações.

A aprendizagem experiencial é transversal. A Pedagogia-em-Participação propõe a criação de situações experienciais para desenvolver as identidades, as relações (as identidades pessoais e sociais), a pertença e a participação (o pertencimento participativo), as linguagens e a significação ou a exploração, representação, comunicação, atribuição de significado ao mundo fenomênico explorado. Propõe que se crie uma pedagogia da complexidade (Morin, 1995), onde a aprendizagem experiencial das "cem linguagens" se integra com a aprendizagem experiencial do ser, pertencer, participar.

As *metas* educativas necessitam encontrar um método que não reduza a realidade. A realidade a que as crianças se estão a iniciar é, antes de mais nada, a realidade do ser e viver que enraíza o aprender. O significado do aprender reside na criação de relações no seio da experiência refletida e no resgate do sujeito identitário que desenvolve as relações.

A Figura 7.3 representa a aprendizagem experiencial como construção do conhecimento por meio da experiência vivida e da reflexão sobre ela.

A experiência cria laços entre a criança e o mundo (pessoas e objetos), tornando-os um *continuum*. A forma reflexiva de viver a experiência constitui-a em expressão e significação.

Figura 7.3 Aprendizagem experiencial.
Fonte: Os autores.

Assim, uma sala de educação de infância que trabalha a Pedagogia-em-Participação organiza as dimensões pedagógicas, isto é, organiza o ambiente educativo, de modo a criar oportunidades de aprendizagem ricas em possibilidades experienciais para o desenvolvimento de:

- identidades pessoais;
- identidades relacionais e sociais;
- pertença;
- participação;
- exploração, manipulação, representação;
- comunicação em torno de experiências de manipulação, exploração, representação;
- experiências de narração com suporte na documentação e visando à criação de significado.

ÁREAS DE APRENDIZAGEM DA PEDAGOGIA-EM-PARTICIPAÇÃO

A interatividade dentro de cada polo dos eixos de intencionalidade educativa e a interconectividade entre os eixos permite apontar para quatro áreas centrais de aprendizagem experiencial: as identidades, as relações, as linguagens e os significados.

As oportunidades de aprendizagem que se criam proporcionam experiências tanto no desenvolvimento das identidades e das relações quanto na aprendizagem das linguagens e da significação. As experiências de exploração do mundo com recurso aos instrumentos culturais, tais como as linguagens oral e escrita, a linguagem matemática, a linguagem científica, as linguagens cívica, moral e ética, fecundam a exploração e permitem a representação, o sentido, o significado, os saberes.

Pensamos que é importante e decisivo negociar com as crianças propósitos nessas áreas, tanto ao nível das grandes finalidades quanto ao nível dos objetivos, tanto no nível das experiências de aprendizagem quanto no da sua avaliação. Pensamos que é importante e decisivo garantir que o aprender esteja integrado com o aprender a aprender, porque a forma de ensinar está, antes de mais nada, preocupada com as formas de aprender.

A Figura 7.4 evidencia as quatro amplas áreas de intencionalidade para as aprendizagens.

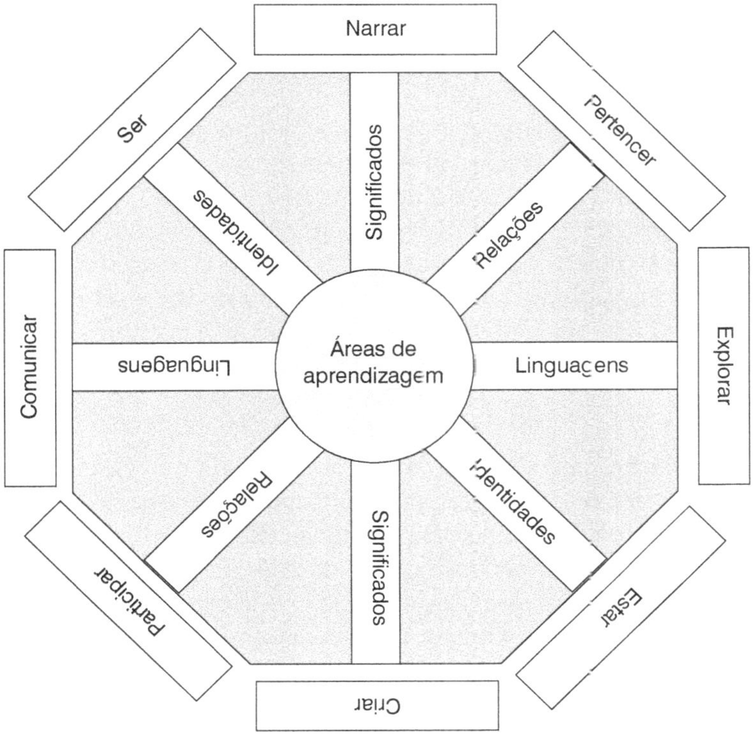

Figura 7.4 Áreas de aprendizagem da Pedagogia-em-Participação.
Fonte: Os autores.

As duas primeiras áreas de aprendizagem – *identidades e relações* – nascem do cruzamento de dois eixos pedagógicos: o ser-estar e o pertencer-participar. Ambos promovem o desenvolvimento de identidades plurais e de relações múltiplas, direcionam para a aprendizagem acerca de mim (corpo, mente, espírito), acerca dos outros (corpos, mentes, espíritos), tal como direcionam para a aprendizagem acerca das relações, interações, ligações, laços.

Estas são áreas de aprendizagem vitais para as crianças, sendo, portanto, necessário que o contexto educativo faculte experiências nesses âmbitos. Essas experiências são, do nascimento aos 6 anos, isto é, durante toda a educação infantil, tão relevantes quanto as experiências de apropriação comunicativa e significativa das linguagens culturais, dos conteúdos curriculares. Desde o nascimento e ao longo de toda a vida, é preciso querer e poder responder a perguntas tão centrais como: *Quem sou eu? Quem é ela/ele? Como nos relacionamos? Como me sinto? Como se sente ela/ele? Como me veem? Como os vejo? Aonde pertenço? Como contribuo? O que aprendo? Como aprendo? Como respondo? Como posso obter resposta?*

As duas outras áreas de aprendizagem – *linguagens e significados* – nascem do cruzamento de dois outros eixos pedagógicos (o explorar e comunicar e o criar e narrar as jornadas de aprendizagem), projetando aprendizagens das linguagens culturais, das funções psicológicas (Vygotsky, 1998) e de outros conteúdos curriculares significativos.

As experiências vividas das crianças são um veículo para aprendizagem dos instrumentos culturais (linguagem oral e escrita, linguagem matemática, linguagem científica, linguagem plástica e estética, linguagem ética e cívica, etc.) e para o desenvolvimento das funções psicológicas superiores (atenção, memória, imaginação, reflexão) quando se realizam por meio de processos de exploração, em comunicação social e interpessoal (Vygotsky, 1998).

A aprendizagem dos instrumentos culturais e o desenvolvimento das funções psicológicas superiores têm lugar no uso refletido, na ação pensada. O mesmo é verdade para a inteligência, isto é, a inteligência desenvolve-se usando-a na reflexão que a experiência pede, antes, durante e depois da ação que provoca. A conversação e a comunicação com os outros apoiam este desenvolvimento (Oliveira-Formosinho, 2008a, 2008b).

A narrativa é um modo de pensamento que permite à criança usar inteligências múltiplas e sentidos plurais. Quando o professor é um "colecionador" dos artefatos culturais das crianças, pode facilmente provocar conversações, comunicações, diálogos em torno desses artefatos e das experiências que os criaram, ou seja, por à disposição da criança a documentação que a ajuda a ver o aprender, identificar processos e aprendizagens, celebrar realizações, construir-se como pessoa com capacidades para aprender.

As narrativas das crianças acerca das experiências de aprendizagem refletidas representam uma análise de segunda ordem acerca da aprendizagem. Enquanto narram o aprender, descobrem processos e realizações e descobrem-se a si e aos outros nesses processos e nessas realizações (Azevedo, 2009; Azevedo; Oliveira-Formosinho, 2008). A complexidade desse processo permite a criação de significado que, por sua vez, impulsiona a criatividade (Formosinho; Oliveira-Formosinho, 2008a, 2008b).

Narrar é um processo de criação de significado que permite compreensão – ao narrar, as crianças revelam os seus modos de pensar acerca da vida, do viver, do aprender, do eu, dos outros, das relações. Na Pedagogia-em-Participação, documentar permite narrar a experiência, significá-la e (re)significá-la (Formosinho; Oliveira-Formosinho, 2008a, 2008b). Uma tarefa constituinte da profissionalidade das educadoras(es) é a de documentar em colaboração, para que as crianças possam exercer sobre a documentação os seus poderes descritivos, analíticos, interpretativos, compreensivos e, com isso, transformar a aprendizagem experiencial em saberes significativos.

O modo como se aprende tem influência na construção pessoal, social, cívica e cognitiva de quem aprende. A instituição da criança como sujeito pedagógico competente e participativo tem influência no modo de aprender, nos conteúdos do aprender e na estabilidade das aprendizagens.

ORGANIZAÇÃO DAS DIMENSÕES DA PEDAGOGIA EM UM AMBIENTE EDUCATIVO DE COCONSTRUÇÃO DAS APRENDIZAGENS

Continuaremos o roteiro de apresentação da Pedagogia-em-Participação por meio de outro dos seus focos centrais: a organização das dimensões da pedagogia, isto é, a organização do ambiente educativo. O ambiente educativo é uma tessitura delicada e dinâmica. Para desenvolver a Pedagogia-em-Participação como escuta responsiva, é necessário organizar as várias dimensões da pedagogia – o espaço pedagógico; os materiais pedagógicos; o tempo pedagógico; a organização dos grupos; as interações; a observação, o planejamento e a avaliação; e as atividades e projetos que concretizam a coconstrução das aprendizagens.

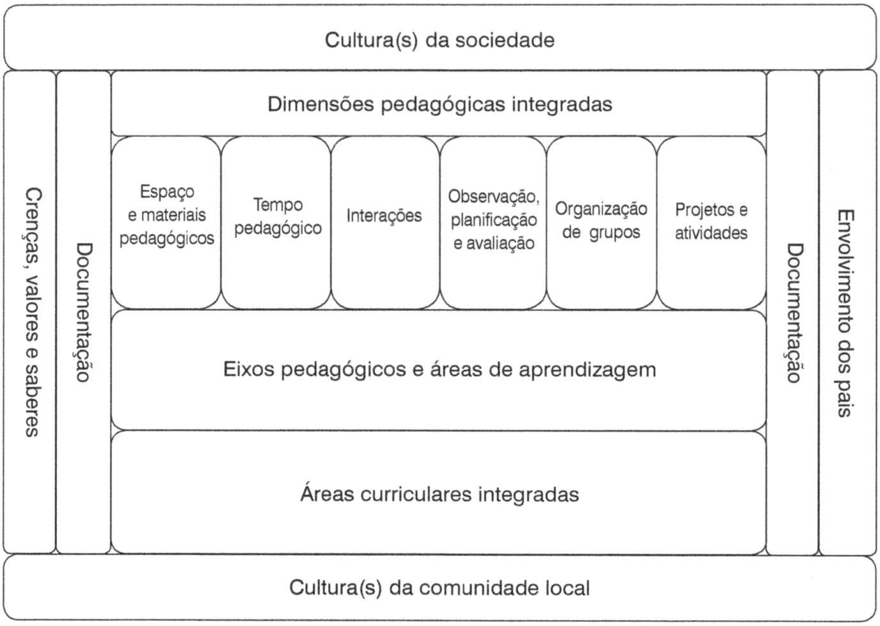

Figura 7.5 Dimensões da pedagogia.
Fonte: Oliveira-Formosinho (2001).

Um dos maiores desafios colocado pela pedagogia da infância provém de se ter mostrado que a construção do conhecimento pela criança necessita de um contexto social e pedagógico que sustente, promova, facilite e celebre a participação, isto é, de um contexto que participe na construção da participação. A Pedagogia-em-Participação quer construir um contexto que participe na participação, um ambiente educativo que facilite e promova a coconstrução das aprendizagens.

A vivência do espaço-tempo pedagógico e as interações e relações que eles sustentam são mediadores centrais do experienciar, refletir, aprender por meio de atividades e projetos. Documentar é essencial para ouvir a *voz* das crianças e lhes criar verdadeiramente espaço na identificação, desenvolvimento e avaliação dos projetos em desenvolvimento. Abrir portas e janelas à comunidade, à natureza e à cultura é essencial para promover a experiência/vida em que se desenvolvem interações e transações entre as crianças e o mundo. Fazer tudo isso de um modo reflexivo é ajudar as crianças a construírem o conhecimento na experiência.

Este livro foca-se nas atividades e projetos, permitindo a reconceitualização do modo como se ensina. O método de ensino-aprendizagem concretiza-se em processos, estes qualificam o tipo de epistemologia em presença, tornando-a transmissiva ou participativa. A conscientização (Freire, 1975) do papel do método é necessária quando se almeja uma epistemologia de respeito pelos direitos da criança a aprender participando. Morin (1995), convocando Bachelard (1938, 1972), mostra claramente que os métodos transportam ideologias. Desafia-nos, portanto, à conscientização que Freire considera incontornável para que seja possível uma pedagogia do respeito, da colaboração, da autonomia, da participação.

Este livro foca-se no trabalho de projeto, reconceitualiza-o e demonstra-o fazendo um diálogo intenso com um cotidiano onde se desenvolvem frequentemente projetos. O Trabalho de Projecto, quando reconceitualizado e coerentemente vivido na ação, não dispensa a conscientização e reconstrução das dimensões da pedagogia. Os métodos, neste caso o método de projeto, não são assépticos, não são neutros. Estão imersos em ideologia (Morin, 1995). O mesmo é a verdade para todas as outras dimensões pedagógicas que sustentam o desenvolvimento praxiológico do trabalho de projeto como experiência reflexiva aprofundada das crianças em diálogo e colaboração com os adultos, nomeadamente com a educadora.

A compreensão dos eixos de intencionalidade educativa da Pedagogia-em-Participação faz a fronteira entre a ideologia de direitos em que se sustenta e os campos de ação em que se desenvolve.

Organização do espaço pedagógico

Há uma pedagogicidade indiscutível na materialidade do espaço, diz-nos Paulo Freire em 1997 quando, como Secretário da Educação do Estado de São Paulo, visitou escolas da rede escolar da cidade de São Paulo.

Como dissemos antes, a Pedagogia-em-Participação é, na essência, *a criação de espaços-tempos pedagógicos onde as interações e relações sustentam atividades e projetos* que permitem às crianças coconstruir a sua própria aprendizagem e celebrar as suas realizações (Formosinho; Oliveira-Formosinho, 2008a, 2008b; Oliveira-Formosinho, 2008a, 2008b).

Para que o *espaço pedagógico* possa desempenhar o seu papel no ambiente educativo, pede-se que seja organizado com critérios coerentes, entre os quais são indispensáveis:

- o da abertura e responsividade às identidades pessoais, sociais e culturais como forma essencial de colaboração em uma pedagogia que inclua todas as diversidades e respeite as identidades;
- o da organização flexível conhecida da criança para que ela possa desenvolver as capacidades de autonomia e colaboração no âmbito do brincar e ao aprender;
- o da preocupação e resposta às aprendizagens experienciais no âmbito das cem linguagens da criança (Malaguzzi, 1998), para que a educação seja efetivamente porta da cultura.

O espaço é um lugar de bem-estar, alegria e prazer; um espaço aberto às vivências e interesses plurais das crianças e comunidades. Um espaço pedagógico que se caracteriza pelo poder comunicativo da estética, pelo poder ético do respeito por cada identidade pessoal e social, tornado porto seguro e amigável, abrindo-se ao lúdico e ao cultural, é um garante das aprendizagens.

A criação de áreas diferenciadas com materiais próprios (mediateca, área das expressões, área do faz de conta, aérea de ciências e experiências, área dos jogos e construções, etc.) permite uma organização do espaço que facilita a coconstrução de aprendizagens significativas. Como as áreas são territórios plurais de vida, experiência e aprendizagem, a organização do espaço não é permanente: deve se adaptar ao desenvolvimento das atividades e dos projetos ao longo do ano, devendo incorporar materiais produzidos pelas crianças.[3]

Organização dos materiais pedagógicos

O espaço sala ganha densidade pedagógica com as decisões profissionais do(a) educador(a) na seleção dos materiais pedagógicos, isto é, na escolha dos "livros de texto". De fato, os *materiais pedagógicos* são livros de texto que têm como função central promover o jogar e o brincar, promover o aprender com bem-estar.

Uma perspectiva pedagógica que promove identidades plurais, como a Pedagogia-em-Participação, tem essa pluralidade como inspiração na seleção dos livros de texto. Uma vez que se trata de pedagogia, detêm-se no seu uso para, em ação, ver as atividades que permitem desenvolver e, em reflexão, perguntar: será que essa boneca se tornou um instrumento sexista? Será que esse boneco contribuiu para uma imagem agressiva de masculinidade? Será que nesses livros constam histórias de outras culturas? Será que os materiais para o jogo simbólico (materiais da área da casa) representam apenas as tradições portuguesas ou se abrem às realidades europeias e de outros continentes e culturas?

Essa escolha remete para o desenvolvimento de identidades pessoais, relacionais e sociais; para o desenvolvimento da pertença participativa; para o desenvolvimento da exploração, manipulação, representação em contexto de comunicação com os pares e os adultos; e para o desenvolvimento de experiências de narração com suporte na documentação. Os materiais pedagógicos são um sustentáculo central para a mediação pedagógica do(a) educador(a) junto da criança, visando experiências plurais para identidades plurais que se desenvolvem em culturas plurais.

A pluralidade das experiências que se criam quando mediadas pela pedagogicidade de materiais fortalece, no cotidiano pedagógico, a coerência da proposta teórica fundante. A imagem de criança competente, como sujeito de direitos e especificamente do direito à participação em colaboração com pares e adultos, encontra apoio diferenciado conforme as escolhas de materiais pedagógicos.

Os métodos não são neutros, são antes instrumentos eivados de ideologia (Morin, 1995). Os materiais, que, na educação de infância, são um segundo educador, dado que fazem a ponte para a mediação do profissional, são parte integrante do método. Estão carregados de ideologia: servem ou não às cem linguagens, às inteligências múltiplas, aos sentidos plurais e inteligentes, todas as diversidades: pessoal, social e cultural.

No âmbito da Pedagogia-em-Participação, a seleção, disponibilização e utilização dos materiais é pensada a montante e a jusante. A montante é pensada em coerência com a teorização educacional que sustenta a perspectiva pedagógica; a jusante com base na reflexão avaliativa sobre como os materiais utilizados têm sustentado, no cotidiano, a coerência da ação.

Como a práxis integra na ação a teorização e as crenças, a Pedagogia-em-Participação precisa avaliar sistematicamente a pedagogicidade humanizante dos materiais que utiliza, porque as experiências das crianças com os objetos constituem-se em transações em que as identidades se vão constituindo como realidade em permanente mudança.

Organização do tempo pedagógico

O *tempo pedagógico* organiza o dia e a semana com uma rotina diária respeitadora dos ritmos das crianças, tendo em conta o bem-estar e as aprendizagens. Ao tempo pedagógico, pede-se que inclua uma polifonia de ritmos: o da criança individual, o dos pequenos grupos, o do grupo todo. Ao tempo pedagógico, pede-se ainda que inclua os diferentes propósitos, as múltiplas experiências, a cognição e a emoção, as linguagens plurais, as diferentes culturas e diversidades.

O espaço e o tempo vividos são relacionais, isto é, a organização, a diversidade, a beleza e riqueza do espaço, dos materiais e do tempo ganham significado através das relações e interações que humanizam o espaço de vida e aprendizagem.[4]

Interações adulto-criança(s) como questão vital da Pedagogia-em-Participação

As interações adulto-criança são uma dimensão tão importante da pedagogia que a análise do estilo dessas interações nos permite determinar se estamos perante uma pedagogia transmissiva ou uma pedagogia participativa (Oliveira-Formosinho, 2007a, 2007b). É que as *relações e interações* são o meio central de concretização de uma pedagogia participativa. Desenvolver as interações, refletir acerca delas, pensá-las e reconstruí-las é um *habitus* que os profissionais que desenvolvem a Pedagogia-em-Participação necessitam desenvolver.

Mediar a aprendizagem na qual a criança exerce agência exige autovigilância dos estilos interativos porque nem todos são igualmente promotores do exercício dessa agência. A agência do professor como poder para fazer a diferença na pedagogia requer transformar estruturas, sistemas, processos, interações que eventualmente se constituem em constrangimento à agência do aluno e, assim, à aprendizagem experiencial participativa.

Mediar a agência da criança requer a compreensão da interdependência entre a criança que aprende e o contexto de aprendizagem onde as interações adulto-criança(s) são centrais (Oliveira-Formosinho, 2007a, 2007b). Essa mediação exige a ética de reconhecer que a participação ativa da criança na aprendizagem depende do contexto educativo e dos processos que desenvolve.

A Pedagogia-em-Participação é uma proposta que honra as identidades relacionais e as relações identitárias como condição prévia de aprendizagem experiencial. É uma proposta que incorpora a coconstrução da aprendizagem no fluir das interações pedagógicas. No âmbito da Pedagogia-em-Participação, a construção dessas interações pedagógicas como mediadoras do direito de cada criança a ser respeitada e a participar tem merecido investigação teórica e empírica, bem como reflexão profissional cooperada sobre o cotidiano praxiológico.

Organização dos grupos de aprendizagem

O significado de participação é, por vezes, apresentado em perspectivas simplistas e em oposição. Há uma *perspectiva individualista* que diz ser preciso permitir a cada criança ter influência no processo de tomada de decisão. Assim, a proposta pedagógica constitui-se em educar as crianças para, baseadas na afirmação do conhecimento dos seus direitos, desenvolverem a assertividade, inclusive o direito de ser parte no processo de tomada de decisão sobre o que lhe diz respeito. O objetivo principal é o domínio do poder de influenciar processos e pessoas, sendo desejável educar a criança para ser assertiva nesse processo.

As *perspectivas sociocolaborativas* sublinham a ideia do grupo-turma ou da classe (e do centro educativo) como comunidade de aprendizagem onde as interações e relações são centrais (Oliveira-Formosinho; Parente, 2005), onde o sentimento de pertença e participação é cultivado como forma de realizar a comunidade. O conceito de *togetherness* de Dewey é aqui muito inspirador.

No nosso entendimento, não se deve procurar a assertividade individual sem o sentido de pertença comunitário, e este não se cumprirá integradamente sem que os indivíduos da comunidade de aprendizagem possam ser assertivos. Uma pedagogia da participação transformativa tem de se certificar que, simultaneamente, realiza o *ator social em contexto*, com formas de participação recíproca, e o *ator pessoal em crescimento*, que é um sujeito autônomo, com expressão e iniciativa próprias. Mais uma vez, a pedagogia se revela na sua complexidade, integrando a autonomia individual de exercício do poder e influência com o exercício social, recíproco e relacional da participação coletiva.

Ao longo do dia, durante a rotina diária, há diversos modos de participação e envolvimento das crianças na coconstrução da aprendizagem experiencial – individualmente, em pares, em pequenos grupos, em grande grupo.

A Pedagogia-em-Participação favorece a organização de grupos heterogêneos em termos etários que incluam a diversidade cultural envolvente.

Planejamento com a criança

No âmbito de uma pedagogia da infância transformativa, preconiza-se um planejamento pedagógico que conceitualiza a criança como uma pessoa com agência, não à espera de ser pessoa, que lê o mundo e o interpreta, que constrói saberes e cultura, que participa como pessoa e como cidadão na vida da família, da escola, da sociedade. Os "ofícios" de aluno e professor são reconstruídos com base na reconceitualização da pessoa como detentora de agência: a pessoa do aluno e a pessoa do professor. Os processos vitais para promover a participação são a observação, a escuta e a negociação.

A *observação* é um processo contínuo, pois requer o conhecimento de cada criança individual, no seu processo de aprendizagem e desenvolvimento, a partir da sua estrutura de criação de significado para a experiência, necessariamente diferente da estrutura de atribuição de significado à experiência desta outra criança individual que, embora da mesma idade, tem já outra história de vida, outra experiência, outra família, em outra cultura.

Isto requer uma simbiose entre teoria e prática, pois exige a observação da "criança-em-ação", não a observação da criança solitária, mas da criança que se situa em vários contextos – familiares, profissionais, comunitários e sociais. Na Pedagogia-em-Participação, a observação é contextual, pois não se avalia a criança, mas as aprendizagens da criança no contexto educacional que se criou, o que requer que, antes de observá-la, se observe o contexto que se criou (Oliveira-Formosinho; Kishimoto, 2002).

A *escuta* é um processo de ouvir a criança sobre a sua colaboração no processo de coconstrução do conhecimento, isto é, sobre a sua colaboração na codefinição da sua jornada de aprendizagem. Para além da discussão sobre os formatos de documentação da escuta, é importante aceder à compreensão holística e integrada da escuta. A escuta, tal como a observação, deve ser um processo contínuo no cotidiano educativo, um processo de procura de conhecimento sobre as crianças, seus interesses, motivações, relações, saberes, intenções, desejos, mundos de vida, realizada no contexto da comunidade educativa procurando uma ética de reciprocidade.

Assim, quer a escuta quer a observação devem ser um porto seguro para contextualizar e projetar a ação educativa.

A *negociação* é um processo de debater e consensualizar com a classe os processos e os conteúdos curriculares, bem como o ritmo e os modos da aprendizagem. Trata-se da participação guiada da classe na codefinição da planificação curricular. É um instrumento de participação que afasta ainda mais a perspectiva construtivista da perspectiva tradicional, pois leva os alunos a entrarem no "santo dos santos" da pedagogia transmissiva – o currículo.

Na Pedagogia-em-Participação, o planejamento cria, assim, momentos em que as crianças têm direito de escutar a si próprias para definir as suas intenções e para escutar as intenções dos outros. São momentos em que a criança ouve e se ouve. O papel do adulto é criar espaço para que a criança escute a si própria e comunique a escuta de si.

Planejar é dar à criança poder para se escutar e para comunicar essa escuta. É um processo humanizante – a criança sabe que lhe é garantida a escuta de si e dos outros (pedagogia do ser, dos laços, do pertencimento). A criança que se escuta cria *habitus* de definir intencionalidades e propósitos e de tomar decisões. O(a) educador(a) cria *habitus* de incluir os propósitos da criança e negociar as atividades e projetos, promovendo uma aprendizagem experiencial cooperativa.

Atividades e projetos

Como dissemos antes, a vivência do espaço-tempo pedagógico, com o fluir das interações e relações que essa vivência sustenta, medeia as experiências e as aprendizagens construídas por meio de atividades e projetos.

No âmbito da Pedagogia-em-Participação, as crianças desenvolvem, em companhia, atividades e projetos que permitem aprendizagem experiencial de conteúdos e modos de aprender. Atividades e projetos implicam o envolvimento das crianças e a mesma dinâmica motivacional, sendo que os projetos implicam, necessariamente, um envolvimento mais persistente e duradouro baseado na pesquisa apoiada de um grupo de crianças para resolver um problema.

A Pedagogia-em-Participação preocupa-se com a simbiose da aprendizagem entre conteúdos e formas de construí-los. Na esteira de Dewey, foge-se ao formalismo vazio dos que acentuam só um dos polos do binômio do processo de aprendizagem: ou os métodos ou os conteúdos! A integração e a interatividade desses dois fatores resgatam a compreensão do reducionismo que representa a mera acentuação do método ou a mera acentuação dos conteúdos e projetam-nos para uma pedagogia da complexidade (Morin, 1995) e da significatividade (Bruner, 1990). Resgata-se a criança como sujeito ativo e competente e resgata-se o aluno como sujeito pedagógico participativo que, em companhia, desenvolve os *poderes* de participar no roteiro da aprendizagem experiencial e nas suas aquisições. Com o resgate da imagem de criança competente, há também o resgate da sua função participativa no processo e resultados de aprendizagem. Cria-se uma epistemologia de participação e integração.

Não há dimensões neutras na pedagogia. A maneira como se pensa e concretiza as dimensões centrais dela está imbuída de uma visão do mundo, da vida, do homem e da sociedade, do conhecimento e, sobretudo, da relação entre homem e conhecimento.

A primeira instância para pensar as atividades e projetos implica tomar consciência de uma visão do homem, resgatar uma ideologia democrática para a escola que participa em uma sociedade democrática onde as crianças são sujeitos de direitos. Mas, na linha de Dewey (1971) e Kilpatrick (2006), implica também resgatar o conhecimento-em-ação, isto é, o carácter prático do conhecimento, como expressão viva da ligação racional e ética das transacções entre o sujeito e o meio. Visa-se resgatar, na educação de infância, a democracia permitindo à criança o exercício dos seus *poderes* na situação em que desenvolve a aprendizagem experiencial.

Na Pedagogia-em-Participação, a revisitação de Dewey (1971) e Kilpatrick (2006) apoiou-nos na reconceitualização de atividades e projetos como atos intencionais. Revisitamos esses dois autores para desconstruir e reconstruir o trabalho de projeto e uma das primeiras recompensas obtidas foi a de esclarecer a unidade base que aproxima, em pedagogia, as atividades e projetos: a da intencionalidade.

Reaprendemos a olhar as atividades e os projetos como atos intencionais, aproximando-os por esse meio. As crianças, escutando a si próprias, descobrindo os seus interesses e motivações, deslindam progressivamente a intencionalidade que conferem às ações situadas. As crianças descobrem a si mesmas enquanto pessoas com dinâmica motivacional e com capacidade de agir intencional e racionalmente no âmbito dessa dinâmica viva que são os seus interesses, criando quer propósitos, quer roteiros experienciais para o desenvolvimento dos propósitos.

Na educação de tendência transmissiva, as crianças fazem atividades pré-programadas pelo professor; o projeto, se e quando aparece, surge como o novo, o diferente, sendo, assim, tantas vezes assimilado e acomodado pelo modo tradicional de fazer atividades. Na Pedagogia-em-Participação, propõe-se que, no contexto educativo que promove a participação das crianças e a problematização das questões, atividades e projetos, nasçam da mesma dinâmica motivacional e ganhem uma intencionalidade para e na ação.

Documentação pedagógica

A documentação pedagógica é o processo para registar a aprendizagem – a aprendizagem das crianças, mas também a aprendizagem dos profissionais e a dos pais. A Pedagogia-em-Participação coloca a documentação no centro do processo de aprendizagem, pois documentar permite descrever, interpretar, narrar a experiência, significá-la e (re)significá-la (Azevedo, 2009).

Para garantir o direito da criança a participar na sua própria educação, é fundamental fazer uma ruptura com as concepções tradicionais de educação que, na sua essência, ignoram o direito da criança a ser vista como competente e a ter espaço de participação.

A documentação pedagógica representa uma conquista a esse nível, pois visibiliza cada criança na sua competência, agência e desafia à criação de respostas (situações) educacionais respeitosas das identidades plurais emergentes, com direitos de participação (Azevedo, 2009).

Uma tarefa constituinte da profissionalidade das(os) educadoras(es) que desenvolvem a Pedagogia-em-Participação é a de documentar, em colaboração, para que as crianças possam exercer sobre a documentação os seus poderes descritivos, analíticos, interpretativos, compreensivos. Refletir usando a documentação enraíza e estabiliza as aprendizagens, descobre erros, motiva para ultrapassá-los, identifica conquistas e as celebra, identifica dificuldades e as compreende, motiva para uma dinâmica de resolução de problemas, promove relações e promove a metacognição (Azevedo; Oliveira-Formosinho, 2008).

A documentação coloca o aprender no centro, facilitando, desse modo epistemológico socioconstrutivista, a aprendizagem de conteúdos curriculares, o desenvolvimento da "supercompetência" (*super-skills*) do aprender a aprender e ainda a criação de disposições para aprender (Katz, 1993).

A documentação permite à comunidade profissional descrever, compreender, interpretar e resignificar o cotidiano pedagógico da experiência de vida e aprendizagem das crianças (Azevedo, 2009) e de vida profissional das educadoras, permite às crianças ver-se a aprender. Um dos grandes valores que se atribui à documentação pedagógica é que ela retira as práticas pedagógicas do anonimato, dando-lhes visibilidade e permitindo colocar em diálogo culturas e identidades: a cultura da criança e a cultura do adulto; a identidade da criança e a identidade do adulto. Nesse processo, revela-nos, desde o nascimento, um ser que sente, explora, comunica, vive. A creche é um lugar de vida, e só assim será um lugar de aprendizagem.

Atualmente, a documentação é entendida como um processo de construção de significado para as situações pedagógicas. Essa (re)significação do conceito deve-se, essencialmente, ao fato de se ter vindo a considerar que uma grande parte da aprendizagem que ocorre na escola assume o sentido de *participação dos sujeitos* (professores, crianças, famílias e comunidade), e isso implica uma nova visão da aprendizagem e sua documentação. A aprendizagem é entendida como um processo de construção que requer o envolvimento dos seus atores centrais e a documentação permite um cruzamento de olhares (os das crianças, dos pais, das educadoras) sobre as *marcas* dos atos educativos que se foram organizando, das situações educativas que se foram vivendo.

A contribuição das crianças revela, desde muito cedo, que, quando olham a sua história de aprendizagem narrada nos portfólios individuais, elas se reconhecem nela, ficam contentes, procuram comunicar, interpretam e significam os seus caminhos do aprender.

Na perspectiva da Pedagogia-em-Participação, procura compreender-se, na história da pedagogia, a emergência de formas de documentar e, com as lições aprendidas, reconstruir um formato de documentação contextual e situado que sirva à grande finalidade de ver e entender o fazer e o pensar da criança para que, simultaneamente, permita:

- reconstruir a imagem de criança;
- conhecer a identidade de cada criança e do grupo;
- "ver" a aprendizagem, falar sobre a aprendizagem, refletir a aprendizagem;
- apoiar a planificação que passa a criar uma intencionalidade educativa de natureza bidirecional, isto é, que compatibiliza interesses, motivações, propósitos das crianças com os requisitos educacionais provindos da sociedade e seu projeto educativo;
- apoiar a monitorização e avaliação das aprendizagens das crianças e dos adultos;
- compreender o fazer, sentir, aprender da criança.

Nessa perspectiva, a documentação pedagógica é uma estratégia para criar descrições, análises, interpretações e compreensão que permitem conhecer a criança competente e participativa, planejar com ela (e não para ela) a aprendizagem, avaliar com ela (e não por ela ou para ela) a aprendizagem. Escutar e responder. É uma estratégia pedagógica para escutar as crianças e para responder educativamente a essa escuta.

A documentação como um espaço-tempo em que as educadoras "suspendem" a sua intervenção para ver, ouvir, escutar a vivência das crianças remete-nos para a compreensão de uma imagem de criança que sente e se expressa, pensa e experimenta, cria compreensões da aprendizagem experiencial, inicia-se a um sentimento de que é um sujeito de direitos de quem se espera que, progressivamente, compreenda a si próprio como um ser com voz e participação.

A documentação representa uma atitude de respeito pela criança que se transforma em centro da ação pedagógica, registrando as suas múltiplas afirmações de identidade como o ponto de partida para, em escuta e comunicação, ser respondida, colaborando, assim, nas suas experiências plurais de aprendizagem no nível de construção de identidades relacionais, de pertenças participativas, de linguagens comunicativas, de narração significativa.

DOCUMENTAÇÃO PEDAGÓGICA COMO PROCESSO DE SUSTENTAÇÃO DA PEDAGOGIA-EM-PARTICIPAÇÃO

A documentação pedagógica é feita em torno das aprendizagens das crianças e das aprendizagens dos adultos. A documentação como descrição, análise e interpretação do pensar-fazer-sentir-aprender da criança requer a documentação do pensar-fazer do adulto. Os portfólios de desenvolvimento profissional, portfólios reflexivos, construídos pelas educadoras em torno das suas práticas são muito importantes para o desenvolvimento e compreensão complexa dos portfólios de aprendizagem das crianças (Azevedo, 2009; Oliveira-Formosinho; Kishimoto, 2002).

Assim, a documentação pedagógica não é apenas um processo central para a (meta)aprendizagem das crianças e dos profissionais, é também um processo central para a (meta)aprendizagem dos formadores desses profissionais (formadores em contexto, supervisores, diretores pedagógicos). Serve, assim, para monitorar, supervisionar e avaliar o fluir das atividades e projetos, dos processos, realizações e aprendizagens (formosinho; oliveira-formosinho, 2008a, 2008b).

No âmbito da Pedagogia-em-Participação, a criação de uma cultura da documentação foi um processo evolutivo longo. Trata-se de uma dimensão complexa da Pedagogia que não dispunha, em Portugal, de experiências profissionais para diálogo; não desejando importar acriticamente práticas desenvolvidas em outras culturas pedagógicas, o caminho da Associação Criança foi o de experimentar em continuidade e interatividade (Dewey, 1971; Gambôa, 2004a, 2004b).

Como a Pedagogia-em-Participação quer ser uma perspectiva coerente, exige-se da documentação que torne visíveis os princípios que a sustentam ou que revele ausência desses princípios; neste último caso, que promova a resolução dos problemas de incoerência e desintegração que eventualmente a documentação revele.

Como o todo está em cada parte, a documentação, porque reveladora, é muito útil na análise da coerência teórica da proposta pedagógica. Por meio desse processo de avaliação, a documentação pedagógica permite a metaprendizagem de todos os que vão (re)construindo a Pedagogia-em-Participação.[5] É, assim, um processo central para, por meio da triangulação interativa entre intenções, ações e realizações, sustentar a práxis e promover o movimento triangular de (re)criação da pedagogia como *ação fecundada na teoria e sustentada em um sistema de crenças*.

NOTAS

1 A Pedagogia-em-Participação foi desenvolvida no âmbito da parceria da Associação Criança com a Fundação Aga Khan.

2 Os nossos pontos de partida estão profundamente inspirados por Dewey e por toda a riqueza pedagógica do século XX (Dewey, Freinet, Piaget, Vygotsky, Malaguzzi). O livro que, em parceria, publicamos com Tizuko Morchida Kishimoto e Mônica Appezzato Pinazza (2007), expressa a nossa convicção de que necessitamos conhecer melhor o nosso pertencimento pedagógico para podermos inventar um presente e um futuro que melhor sirva às crianças, às famílias e à sociedade.

3 Ver o livro anterior dessa série, *Infâncias, Contextos, Diversidades: o espaço e o tempo na Pedagogia-em-Participação*, organizado por Oliveira-Formosinho (2011).

4 Para mais informações sobre esta questão, ver o livro *O espaço e o tempo na Pedagogia-em--Participação*, organizado por Oliveira-Formosinho (2011).

5 A Associação Criança concorreu à primeira edição do Prémio Nuno Viegas Nascimento na área de educação, promovido pela Fundação Bissaya Barreto, na sequência das comemorações do seu 50º aniversário, prêmio que ganhou. O trabalho premiado nesse concurso reflete fielmente esse esforço de construção no terreno de uma pedagogia socioconstrutivista, tornado possível pela documentação pedagógica, por parte de um grupo de membros da Associação Criança – ver *Associação Criança: escutando as crianças, formando os profissionais*, organizado por João Formosinho.

REFERÊNCIAS

AZEVEDO, A. *Revelando a aprendizagem das crianças: a documentação pedagógica*. 2009. Tese (Mestrado em Educação de Infância) – Instituto de Estudos da Criança, Universidade do Minho, Braga, 2009.

AZEVEDO, A.; OLIVEIRA-FORMOSINHO, J. A documentação da aprendizagem: a voz das crianças. In: OLIVEIRA-FORMOSINHO, J. (Org.). *A escola vista pelas crianças*. Porto: Porto, 2008. p. 117-143. (Coleção Infância, 12).

BACHELARD, G. *Épistémologie*. Paris: PUF, 1972. Textes choisis par Dominique Lecourt.

BACHELARD, G. *Formation de l'esprit scientifique*: contribution à une psychanalyse de la connaissance objective. Paris: J. Vrin, 1938.

BRUNER, J. *Actos de significado*: más allá de la revolución cognitiva. Madrid: Alianza, 1990.

DEWEY, J. *Experiência e educação*. São Paulo: Companhia Editora Nacional, 1971.

FORMOSINHO, J. A academização da formação de professores de crianças. *Infância e Educação: Investigação e Práticas*, v. 4, p. 19-35, 2002.

FORMOSINHO, J. et al. *Associação Criança*: escutando as crianças, formando os profissionais. Coimbra: Fundação Bissaya Barreto, 2009.

FORMOSINHO, J. Modelos curriculares na educação básica: um referencial de qualidade na diversidade. In: OLIVEIRA-FORMOSINHO, J. (Org.). *Modelos curriculares para a educação de infância*: construindo uma praxis de participação. Porto: Porto, 2007b.

FORMOSINHO, J. *O currículo uniforme pronto-a-vestir de tamanho único*. Mangualde: Pedago, 2007a.

FORMOSINHO, J.; MACHADO, J. Anónimo do século XX: A construção da pedagogia burocrática. In: OLIVEIRA-FORMOSINO, J. KISHIMOTO, T. M.; PINAZZA, E M. A. *Pedagogia(s) da infância*: dialogando com o passado, construindo o futuro. Porto Alegre: Armed, 2007. p. 292 -328.

FORMOSINHO, J.; OLIVEIRA-FORMOSINHO, J. *Pedagogy-in-participation:* childhood association's approach: research report. Lisbon: Aga Khan Foundation, 2008b.

FORMOSINHO, J.; OLIVEIRA-FORMOSINHO, J. Working with young children in Portugal. In: OBERHUEMER, P. (Ed.). *Working with young children in Europe*. München: Staatsinstitut für Früpädagogik, 2008a.

FREIRE, P. *Pedagogia do oprimido*. 2. ed. Porto: Afrontamento, 1975.

GAMBÔA, R. *Educação ética e democracia*: a reconstrução da modernidade em John Dewey. Lisboa: ASA, 2004a.

GAMBÔA, R. Entre a luz e a sombra: J. Dewey e M. Foucalt. *Diacrítica, Filosofia e Cultura*, v. 18, n. 2, p. 125-155, 2004b.

KATZ, L. *Dispositions*: definitions and implications for early childhood practices. Urbana: ERIC; EECE, 1993.

KILPATRICK, W. *O método de projecto*. Viseu: Pretexto; Pedago, 2006.

MALAGUZZI, L. History, ideas, and basic philosophy: an interview with Lella Gandini. In: EDWARDS, C.; GANDINI E L.; FORMAN, G. (Ed.). *The hundred languages of children*: the Reggio Emilia approach: advanced reflection. Greenwich: Ablex, 1998. p. 49-97.

MORIN, E. *Introdução ao pensamento complexo*. 2. ed. Lisboa: Instituto Piaget, 1995.

OLIVEIRA-FORMOSINHO, J. (Org.). *A escola vista pelas crianças*. Porto: Porto, 2008b. (Coleção Infância, 12).

OLIVEIRA-FORMOSINHO, J. A participação guiada: coração da pedagogia da infância? *Revista Portuguesa de Pedagogia – Infância: Família, comunidade e educação*, Coimbra, v. 38, n. 1-3, p. 145-158, 2004.

OLIVEIRA-FORMOSINHO, J. Aprender em companhia: uma pedagofia participativa. In: OLIVEIRA-FORMOSINHO, J. (Org.). Limoeiros e laranjeiras: revelando as aprendizagens. Lisboa: ME, 2009a. p. 5-13.

OLIVEIRA-FORMOSINHO, J. A visão de qualidade da Associação Criança. In: OLIVEIRA-FORMOSINHO, J.; FORMOSINHO, J. (Org.). *Associação Criança*: um contexto de formação em contexto. Braga: Livraria Minho, 2001.

OLIVEIRA-FORMOSINHO, J. (Org.). *Modelos curriculares para a educação de infância*: construindo uma praxis de participação. 3. ed. Porto: Porto, 2007b. (Coleção Infância, 1).

OLIVEIRA-FORMOSINHO, J. *O desenvolvimento profissional das educadoras de infância*: um estudo de caso. 1998. Dissertação (Mestrado)- Universidade do Minho, Braga, 1998.

OLIVEIRA-FORMOSINHO, J. (Org.). *O espaço e o tempo na pedagogia-em- participação.* Porto: Porto, 2011. (Coleção Infância).

OLIVEIRA-FORMOSINHO, J. Pedagogia(s) da infância: reconstruindo uma praxis de participação. In: OLIVEIRA-FORMOSINHO, J.; KISHIMOTO, T.; PINAZZA, M. (Org.). *Pedagogia(s) da infância*: dialogando com o passado construindo o futuro. Porto Alegre: Artmed, 2007a. p. 13-36.

OLIVEIRA-FORMOSINHO, J. Perspectiva pedagógica da Associação Criança. *Pátio*, Porto Alegre, v. 6, n. 17, 2008a.

OLIVEIRA-FORMOSINHO, J. *Podiam chamar-se lenços de amor*. Lisboa: Ministério da Educação, 2009c.

OLIVEIRA-FORMOSINHO, J. Togetherness and play under the same roof: children's perceptions about families. *European Early Childhood Education Research Journal*, v. 17, n. 3, p. 233-248, jun. 2009b.

OLIVEIRA-FORMOSINHO, J.; KISHIMOTO, T. (Org.). *Formação em contexto*: uma estratégia de integração. São Paulo: Thompson, 2002.

OLIVEIRA-FORMOSINHO, J.; KISHIMOTO, T.; PINAZZA, M. (Org.). *Pedagogia(s) da infância*: dialogando com o passado construindo o futuro. Porto Alegre: Artmed, 2007.

OLIVEIRA-FORMOSINHO, J.; PARENTE, C. Para uma pedagogia da infância ao serviço da equidade: o portfólio como visão alternativa da avaliação. *Infância e Educação: Investigação e Práticas*, n. 7, p. 22-46, nov. 2005.

VYGOTSKY, L. S. *A formação social da mente*. São Paulo: Martins Fontes, 1998.